一本翔实的中国数字营销简史

致敬这个创新思维、理念和模式不断涌现的时代

MORKETING

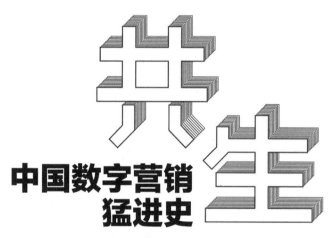

共生

中国数字营销
猛进史

曾巧　王水◎著

电子工业出版社.
Publishing House of Electronics Industry
北京·BEIJING

共生，是指两种生物之间形成的紧密的互利关系。
在共生关系中，一方为另一方提供有利于其生存的帮助，
同时也获得对方的帮助。

自 2020 年新冠肺炎疫情开始，营销人疲于奔命，面对
更多的不确定变数，通过技术、数据、全面内容化、
各种"共生"战略，求大同，存小异，继续不断创新。
建品牌，增生意，生生不息。

行业的各种"共生"在于：
品牌和用户的共生；
互联网平台和营销公司的共生；
国内市场和海外市场的共生；
新品牌和传统品牌的共生……

推荐序一

看到这部中国数字营销猛进史，相信大家或多或少都被触动到了。

书中所描述的历史，正是我们正在经历的历史，是离我们最近的历史。

互联网进入中国后，立刻在广袤的大地上引发了链式反应，在中国改革开放的进程中发挥出其全新的革命性力量。

"数字化"是 21 世纪最动人的词语之一，它蕴含着强大的力量和丰富的内涵，即使现在，人们依旧无法充分地理解它、把握它。但是，毫无疑问，数字化是人类历史上的里程碑，代表着未来发展的重大趋势，这是工业革命之后的一次前所未有的创新。

在这个过程中，旧的秩序不断被颠覆，新的规则持续被构建，新与旧在共生中持续交织、博弈。旧的秩序要么被淘汰，要么被融入新的规则中，成为新的发展过程中的有机组成部分。由此看来，旧的秩序便不再陈旧，而是有了一种全新的样态。但是，由于这种样态的变化日新月异，我们缺乏相应的能够对其进行准确描述的词语。因而，在这样一个重大历史进程中，令人眼花缭乱的新词语、新概念不断被推出、不断进行更迭。

什么是数字营销？要想回答这个问题，我们就需要讨论和辨析以下问题：它如何界定？它的内涵与外延是什么？它同广告的关系是什么？它同营销的关系是什么？如果进行深入研究，你很可能会发现，这涉及一部复杂的概念史。

本书提供了一个数字营销历史全境的叙述角度，既有全球视野，又有对中国实景的展现；既有具体入微的分析，又对变化脉络的梳理。在综合和汇聚中，形成了我们现在所看到的对激动人心的历史进程进行描述的文字。

这是一次我们正在经历的革命，我们每个人都参与其中，我们每个人都为这次变化做出了或多或少的贡献。在某种意义上，这个历史是我们共同创造的。

这段历史离我们很近，非常容易引起大家的共鸣。但问题是，每个人都是当事人，每个人都目睹了这种变化，因此很难形成共识。如何在众说纷纭中聚类、归因？这关乎作者的视野，以及其对资料的掌握程度、对变化的各种判断。

本书经过了作者长时间的精心筹备，不是急就章。虽然书名提及数字营销猛进史，但实际上，本书聚焦移动互联网带来的数字营销变革，浓墨重彩地描绘出在这样一个加速发展的数字化时代，数字营销狂飙突进的画卷。在叙述中，作者采用多个视角，围绕这种变化进行勾勒，并通过典型案例、人物的叙述、资料和数据进行渲染。

作者也是这个历史进程的参与者，他们始终在探讨这种变化的前沿趋势，认真地梳理、思考其发展过程。作者作为数据营销变革的亲历者，对这个历史有着深刻感悟，对细节十分敏感，这为本书增添了一份独特的价值。

由于这场变革尚未完成，技术的迭代、加速仍在持续，更加恢宏的未来正在到来，因而书中所展现的历史，只是当代史中的断代史。关于书中的一些表述，每个人可能会有自己的观点，尤其是书中涉及的案例、人物、企业。我们如果站在未来，回过头看现在，对历史长河中的这样一个具体段落，大家可能就会有不同的解读了。

本书呈现出的景观，万马奔腾、波澜壮阔，这就是我们的时代，这就是我们正在创造的历史！

陈刚

北京大学新闻与传播学院副院长

推荐序二

我刚看到这本书的时候，是在一个深夜，第二天我要赶早班飞机，然而充满吸引力的书名让我睡意全无，于是我便开始阅读这部精心梳理的中国数字营销猛进史。在我汲取了全书的精彩内容之后，我已身处逐渐升空的飞机里，看着太阳跃升于云端。

我们身处伟大的时代，这个时代的每一天都是这样开启的——充满已知的未知，迎接不变的变化。

我很喜欢"共生"这个主题，这是同一时间各端本身的内生增长与所处环境的外生变化的组合，也是不同时间、时代交叠的进化状态。作者在开篇这样写道：

"品牌和用户的共生"，从最早的 I buy you（购买产品），到 I follow you（跟随品牌），再到 I become you（想象成为品牌代言人的样子），I am being you（品牌即我），消费者和品牌之间相互促进、彼此扶持、持续成长。千禧一代和 Z 世代的用户已经在孕育 α 世代的新用户了，新用户对品牌的期待会更加多维与丰富。

"互联网平台和营销公司的共生"，从搜索引擎、门户网站、博客、电商、微博、垂类社区，再到视频网站、微信公众号、内容电商、信息流、短视频 App，从传统的 4A 公司、PR 公司到数字化线上营销公司、MCN 公司，从直播运营到私域运营……多元化的解决方案紧跟互联网平台的迭代步伐。

"国内市场和海外市场的共生"，当今的中国早已摘下十几年前的"代工"等标签，中国科技力量与供应链张力为国内市场和海外市场提供了强大的支撑。2017 年 5 月 10 日中国品牌日的设立，标志着中国国牌规模化质的腾飞。中国 DTC 品牌成功出海，独立站数量激增，2021 年 5 月 18 日 Shein App 下载安装量第一次历史性地超越了亚马逊……这些里程碑事件值得我们骄傲。

"新品牌和传统品牌的共生"，伟大的品牌有着伟大的力量，它们经历时代变迁，依然拥有焕新与生长的内驱力，新兴品牌的出现代表着时代的痕迹、需求的趋势，这些品牌值得我们尊重与学习。这些品牌把一次次的成功，迅速内化为自身发展的成长力，其在敏锐关注市场动态的同时，对用户永远保持敬畏与热爱。

除此之外，底层中的本质其实是新人群与新技术的共生，新人群的需求会促进新技术的发展，正如历史见证的那般，科学技术的发展为我们的生活带来了颠覆性影响、革命性创新。从网络出现的伊始，到移动互联网的发展，从 2G 的文字，3G 的图文，到 4G 的短视频直播，营销方式与互动体验逐渐生态化。2019 年，我国正式进入了 5G 时代，万物互联变为现实，AR、VR、MR 等技术逐步成熟、得到应用，我们惊喜地发现，互联网无处不在。同时，随着 AI 技术的普及，会让品牌与营销变得更加懂用户、懂市场。

我们永远不知道我们不知道的是什么。我非常期待站在不远的未来回首今天，我更期待未来能惊喜地收获作者的下一部著作。

最后，感谢本书的作者邀我作序，让我可以第一时间畅快地通读这本中国数字化营销发展的精华之作。我非常期待与更多同行进行思想上的交流与碰撞，让我们立足中国、放眼全球、感谢时代、敬畏用户，让中国国牌打动世界！

应姗姗

雀巢中国战略及业务运营负责人

极米科技前 CMO

推荐序三

前几天，我与一个投身消费品创业的朋友聊起了有关数字营销和运营的事。他的公司发展得很快，公司在数字营销方面积累了一套成形的原则和有效的打法。他的观点颇为独特，他对"品效合一"的推崇备至与满满信心让我感到非常惊讶。通过这次简单的交流，我收获颇丰。对于这样的朋友，我十分推荐他阅读这本书。人们往往对数字营销的"套路"满怀信心，直到崩塌。

本书是一部翔实的中国数字营销简史，把我带回了 2016 年。那时，我刚刚开始接手宝洁的广告部，宝洁的大部分广告预算投在了电视广告上。接下来的两年时间，在中国，宝洁旗下的所有品牌都把绝大多数预算投到了数字营销上。当时，很多品牌都是踩着坑在学习的。如果那时有这么一部中国数字营销简史方面的书，大家应该可以少交一些昂贵的"学费"。

我之所以推荐这本书，还有一个理由，书中阐述了"广告狂人"约翰内斯·古登堡、马歇尔·麦克卢汉、尼尔·波兹曼、马克·格兰诺维特等人的独特观点。在找不到数字营销的方向时，麦克卢汉的"理解媒介"，哈罗德·伊尼斯的"传播的偏向"，吴修铭的"注意力商人"，曼纽尔·卡斯特尔的"网络社会崛起"给了我很多慰藉，让我看到了多种可能性。从历史中寻找某些媒介传播底层的规律，从而预测未来，这件事很有趣，但也可能徒劳无功。但一想到有曾巧这样做过类似尝试的同路人，还有通过阅读本书计划做一些尝试的读者，我就感到十分欣慰。

书中或许难以给出标准答案，但一定会给你带来灵感和启发。在读到第四章时，我仿佛回到了当年的思考和挣扎之中。百度、微信搜一搜、电商搜索，到底应该把预算放在哪？怎么放？谁代表终局？回顾历史的愉悦在于，可以验证当时的预言或思考的准确性。这些问题现在可能仍然很难回答，但它们已经不像以前那么重要了。因为"信息找人、货找人"的新搜索方式正在崛起。

数字营销的终局是什么？虽然没有明确的答案，但有一些可参考的线索。书中提到，以往，广告主购买的是时段、版面、位置和内容，而 RTB 的出现标志着数字广告直接购买的对象变成了"人"。这个洞察是宝洁的广告预算投放从电视广告转向数字营销的根本逻辑。

书中颇具有趣的细节，例如，一个关于 iPhone 的思考令我印象深刻。

"加拿大的媒介理论家麦克卢汉曾经提出过一个惊人的论断：媒介即人的延伸，我们可以将这句话简单地理解为广播延展了人类的听觉，而电视则扩展了人们的视听能力等。当 iPhone 的推出让人们可以直接借由指尖完成真实世界与虚拟世界之间的交互时，麦克卢汉的这个著名论断随即有了更为直观和易懂的佐证。"

这个评论很直观，苹果公司把数字营销带入了传播的新纪元，手机真正成为人的延伸，传统媒介理论即将灰飞烟灭。

但稍等，我接着往下阅读，直到读到这一段："苹果公司发布了一支极富创意的广告……这支广告发挥了重复的力量，通过单个英文单词的简单重复传递出一个清晰的信息——请准备好在几个月后用全新的移动设备向着新世界说'Hello'。"

什么？重复的力量？没有什么比重复更老土、更无趣的传播手段了。传播的新纪元由 iPhone 开创，iPhone 的崛起依靠一支充分发挥重复力量的广告，而重复来自传统的传播手段。这个颇有些讽刺意味的反差也许会侵蚀一些营销人对"品效合一"的满满自信。

何亚彬

宝洁大中华区男士理容事业部及创新事业部总裁

目录

第七章
"狠角色"与 WPP 挑战者

第八章
信息流鏖战

第九章
成名"5 分钟"

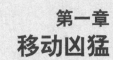

第一章
移动凶猛

"你是怎么破产的？"

"两种方式，渐渐地，然后突然地。"

——海明威《太阳照常升起》

谁能抵抗浪潮?

从 2014 年入职到 2019 年离职,作为公司副总裁的郑香霖在腾讯仅仅待了五年时间。虽然对于变化即为常态的广告圈而言,在一家公司工作五年已经足够"长情",但郑香霖的离开多少也带着点突然又有些宿命的意味。

你很容易在行业活动中感觉到郑香霖的存在,他身上带着近乎所有港台广告人的典型性格特征——开朗、外向且处事周到。他说着一口带有浓郁港台腔的普通话,虽然个子不算高但精力却出奇旺盛。除了频繁出现在各种行业会议的演讲台上,在台下的社交场合中也能看到他游刃有余、谈笑风生。就这一点来讲,他与全球最大的广告传播集团 WPP 前首席执行官苏铭天有些类似。苏铭天为人称道的"功绩"是通过一连串以小博大的资本运作,成功将一家濒临破产的小型塑料生产企业(WPP 的名字甚至来自 Wire and Plastic Products 的缩写)转变为全球广告巨擘。苏铭天个子也不高,在 1989 年以 8.6 亿美元的价格成功完成对奥美的恶意收购后,奥美的创始人大卫·麦肯兹·奥格威曾经压抑不住怒气,用身高挖苦苏铭天,形容他是"可恶的小混蛋"(Odious Little Jerk)。

2017 年 9 月底的某个早晨，我们在纽约时报广场附近的一家酒店的大厅里等待着郑香霖的出现。他正在参加这一年的纽约广告周，当天晚些时候将在主会场发表一场关于技术如何改变中国广告业的演讲。从戛纳、纽约到东京，在几乎所有全球广告营销行业的顶级峰会上都能看到郑香霖忙碌的身影。虽然前一晚才抵达纽约，但在近一个小时的聊天中，郑香霖的脸上没有闪现过一丝倦怠的神情。在成为腾讯公司副总裁之前，郑香霖担任实力传播大中华区首席执行官，实力传播是一家隶属于老牌广告集团——阳狮集团的媒介代理公司。由于他兼具传统 4A 广告公司和互联网公司的从业经历，所以在技术如何及多大程度介入广告产业链方面，他有着比其他很多行业内人士更为切身的体会。

"我们看移动支付，中国市场的成熟程度远远超越西方，中国的 QR Code（二维码）到处都是，人们对"扫一扫"习以为常，但西方却发展不起来。背后的原因是，西方前一阶段建立的信用卡体系太完善了，但现在回过头看，这反而给了像中国这样的国家弯道超车的机会。"他分析道。移动支付的发达促成了中国线上电商和 O2O 的崛起，广告拥有了向后转化的可能性，再加上投放数据和转化数据不再相互割裂，中国线上广告开始加速从品牌端向品效协同转移。在更多的企业主看到广告的实际转化效果后，他们便不再将广告营销的投入视为成本，而将其视作一种产生回报的投资行为，这种更健康的广告营销投放心态进一步扩大了线上广告的市场规模。

在郑香霖看来，像"扫一扫"这类中国特有的移动线上行为，正在让中国的移动广告营销行业变得足够独特，甚至，有时显得更高级。"中国的移动化程度是西方世界难以想象的。"他说。根据中国互联网络信息中心（CNNIC）发布的最新统计报告，截至 2018 年 12 月底，中国网民规模达到8.29 亿人，手机网民规模达到 8.17 亿人，通过手机接入互联网的比例高达98.6%（见图 1-1）。而在十年前，中国的网民规模和手机网民规模分别仅有

2.98 亿人和 1.18 亿人，手机网民占比只有 39.6%。短短十年间，从 39.6% 到 98.6% 这样迅即的占比变动为中国移动广告营销市场的飞速发展奠定了足够厚实的基础。

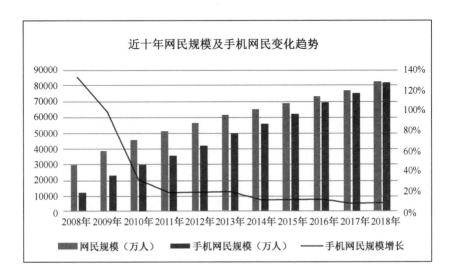

图 1-1　近十年网民规模及手机网民变化趋势

从医药销售跨界到广告业，从文化交融地香港跨足到全球消费大户的内地，从传统广告公司转型进入蒸蒸日上的互联网平台，郑香霖三十年的广告营销从业经历充分得益于不同地区、行业、公司间的文化冲突与对话。眼下，郑香霖看到了东方移动市场的茁壮发展而造就的中西方间新的文化冲突，他像个执着的布道者希望搭建起西方和中国广告市场间沟通的桥梁。

但这显然不是一个轻松的任务。在纽约广告周上，郑香霖的演讲地点被安排在位于百老汇 1515 号的 Play Station 剧院，这是拥有 18 个平行论坛的纽约广告周的主会场。从上座率来看，这场演讲达成的沟通效果并不十分理想。在郑香霖开始演讲之前，整个会场有一半左右的位置都空着，因为西方广告人要赶去其他分论坛听一些在他们看来更有意义或是更有趣的内容。考虑到联合利华首席营销官 Keith Weed 和苏铭天前后两场演讲的座无虚席，这场被夹在中间、来自腾讯的演讲就显得略微尴尬。面对这种始料未及的场景，我的脑海里浮现出了一个问题：美国人对中国的广告市场足够好奇吗？至少在这次的纽约广告周中不是这样。让人意想不到的嫌隙，部分源自移动营销的快速发展正将中国变成带有独特印记的市场，认知上的差异让西方广告人或多或少低估了这种独特性背后可能迸发出的能量。

然而，即便已提前预料到移动广告的势不可挡，郑香霖仍然没能避免广告行业加速的数字化和移动化进程对自己的反噬。2018 年年中，公众号"乱翻书"的文章《腾讯没有梦想》炸开了锅，讽刺的是，腾讯自己拥有的强势社交平台微信是人们疯狂转发的主要场域。这篇自媒体文章给腾讯带来的震撼应该不亚于《计算机世界》于 2010 年 7 月发表的那篇《"狗日的"腾讯》。在《腾讯没有梦想》一文中，作者潘乱指摘了腾讯内部赛马机制导致的"重复造轮子"现象，他认为由不同团队做同一件事、随后优胜劣汰的"达尔文式"发展方式会对企业内部资源造成无谓的消耗，因为"有多少轮子就意味着有多少倍的成本"。虽然腾讯总裁刘炽平在朋友圈中回复道："把腾讯简化为一个产品的得失，一种战略的部署，一个人的意志，都是太狭隘了。"但肉眼可见的事实是，腾讯在随后加速了内部组织架构的调整。其变化始于2018 年 9 月 30 日，腾讯在当天一早正式对外宣布组织架构调整方案，从赛马机制向着眼于内部协同的中台化理念转变，"中台"的概念也随之在互联网圈兴起并开始促使其他同类公司进行相似的变革。以腾讯为代表的互联网巨头在组织架构上转向中台化，在很大程度上是因为大数据、云计算等新兴技术的快速发展迫切要求互联网企业拆除内部的"围墙花园"，而这刚好需要不同业务部门间进行更紧密的协作。

在此轮中台化调整中，广告业务线也成为改革的重点目标。在此之前，腾讯的广告业务由 OMG（网络媒体事业群）与 CDG（企业发展事业群）各管一摊，构成了广告业务层面的赛马机制。其中，前者原本掌握着腾讯网、腾讯视频等媒体资源，偏品牌广告；后者则由广点通发展而来，随后壮大形成的 TSA（腾讯社交广告）掌管着 QQ、微信等社交媒体资源，偏社交与效果广告。在新的组织架构调整之后，OMG 旗下的广告业务最终被并入由 CDG 团队主导的新广告营销服务线，这个整合后的部门被命名为 AMS。也是在这样的背景下，OMG 系统内部负责广告业务的郑香霖于 2019 年上半年正式离开了腾讯，跟他一并离职的还包括大客户销售总经理翁诗雅等。换句话说，主要由数据和技术驱动的社交广告在漫长的赛马拉力战之后总算吹响了胜利的号角。

如果把这视为一场比赛，你很难将胜负归因于郑香霖和翁诗雅这样的个体，它更像是数字广告行业在大数据和移动化浪潮下整体发生巨变的缩影：最早在 2012 年，腾讯在年报中首次提及"社交网络效果广告"的字眼，并指出这是当年广告收入增长水平超越同行的重要贡献者；2015 年，腾讯首次分别公布了品牌展示广告与效果广告收入的数据（见图 1-2），前者增长 72% 至 88 亿元，后者增长 172% 至 87 亿元，在数据和技术的加持下，来势汹汹的移动社交效果广告只差临门一脚便可完成与 OMG 旗下品牌展示广告的"黄金交叉"；2018 年年报则显示，坐拥微信朋友圈、小程序、QQ 看点和移动广告联盟等资源的"社交及其他广告收入"达到了年营收 398 亿元的水平，而这一年在"媒体广告"统计口径下录得的收入还不到社交广告的一半。仅仅几年时间，广告业务间势力范围的剧烈震荡成为郑香霖和他带领的 OMG 广告部门难以抗衡的浪潮，那些能带来实际增长的广告成了在激烈竞争环境下越发焦虑的广告主的心头好，而可监测、可寻址、可归因并且简单直接锚定实际转化的效果广告也就成为这波浪潮中最大的受益者。

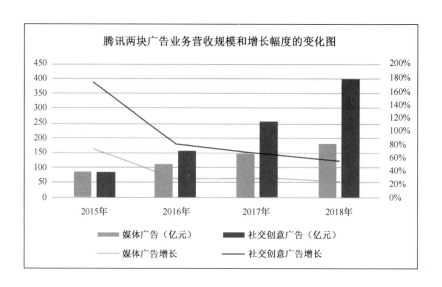

图 1-2　腾讯两块广告业务营收规模和增长幅度的变化图

在 2015 年接受经济观察网的采访，被问到从广告人跨界到互联网人的感觉如何时，郑香霖立马警觉地纠正道："我没跨界，我的选择是对的。"但毋庸置疑的是，在移动互联网的催化下，广告和互联网所代表的新技术力量在经历过去十年的演化后，正变得比以往任何时候都要水乳交融。这时，越来越多的广告人也开始难抵新广告生态的大肆侵袭，他们被迫走出原本的舒适区。无论是否愿意承认，当一面透明玻璃幕墙突然横亘在他们身前时，一种无所适从的感觉随即而生。

疲惫的戛纳与进击的新玩家

"今年的戛纳没有去年那么热闹，感觉参会的人少了有三分之一。"坐在戛纳 Intercontinental Calton 酒店临街的露天水吧，李倩玲看着已经不像往年那般堵车的戛纳街道这样说道，而道路的另一边便是在阳光照耀下显得格外蔚蓝的地中海。李倩玲是 WPP 集团中国区前首席执行官，在这个岗位上一待就是七年。无论从何种角度，李倩玲都算是 WPP 集团的一员老兵，在离开之前她已经为这个广告巨擘工作了整整 27 年之久。在蒸蒸日上的中国广告市场摸爬滚打了近三十年，李倩玲自然也成为戛纳国际创意节的常客，几乎每年都会来到这个美丽的海滨小城。

我们和李倩玲约在了创意节即将结束的一天中午，她在这一年的戛纳国际创意节上担任"创新狮"（Innovation Lions）的评委。因为"创新狮"的评判工作需要将评委关在小黑屋里向参赛者提问，因此我们的见面只能安排在这个时候。虽然评审工作给李倩玲的戛纳之旅带来了诸多不便，但能和参赛者面对面地直接交流还是让她难掩兴奋。根据戛纳国际创意节官网的介绍，"创新狮"这个类别在 2013 年设立，旨在鼓励"具有突破性的创新、技术及问题解决方案"，这正是李倩玲眼下的关注重点。在离开 WPP 集团之后，她创办了创业孵化器和早期风投基金——碃曦投资协作体。在快速募得 5500 万元的投资款后，李倩玲将风投资本押注在了营销技术赛道。事实证明，这块由广告营销与新兴技术相互交叉而成的价值洼地有着不错的潜力。据她介绍，碃曦的投资回报率（ROI）在三年时间内已经超过了十倍。李倩玲对技术的热情甚至还影响到了她即将就读大学的女儿，这一年她带着女儿一同来到戛纳。在女儿自己排定的日程表中，关注的大多数分论坛的主题都与 AI、大数据这些前沿技术息息相关。

"企业足够移动吗？企业对移动科技是什么态度？有没有去整合？"在多年前的一场分享会上，李倩玲向台下的 CMO 们抛出了直击灵魂的三问。正是提前看到了广告营销行业即将迎来的巨变，并快速借由转型投资人身份跨界到了全新领域，李倩玲在广告行业中又重新找到了属于自己的舒服且正确的位置。然而相较于个人面对浪潮时的腾挪移转，要让戛纳这个拥有近七十年历史的庞然大物转身却是难上加难的事情。对于 2012 年就已经登上戛纳影节宫舞台的李倩玲来说，这里隐隐出现的疲态让人揪心。

实际上，去往戛纳并不是件轻松的事情，来自全球的广告创意人需要从世界各地飞往巴黎戴高乐机场，再从那里转机抵达尼斯。降落在尼斯位于海滨的机场时，你能从空中鸟瞰海面上密集的游艇和粼粼波光的美景。当然，旅程还未结束，最后再沿着漂亮的海岸线开车或搭车半个小时才能到达戛纳这座小城。即便交通不算便利，但以往，人们依然不辞辛劳地纷至沓来，因为这里是全球广告营销创意水平的顶峰之地，并且有机会拓展丰富的业内人脉资源。

戛纳举办的所有大型活动，无论电影节还是创意节，主办方的活动几乎都安排在影节宫。戛纳的小是名副其实的，影节宫前只有一条狭窄的主干道，在戛纳国际创意节仍然如日中天的时候，这里动辄堵车的境况逼迫着参会的人们一大早就得起床。最近几年，戛纳交通依然拥堵但拥堵程度却不如从前，这是参会者减少带来的福利。总部位于纽约的知名广告垂直媒体 AdAge 在 2018 年询问了 Le Grand Hotel 酒店的礼宾人员，对方提到戛纳国际创意节期间的酒店预订量下降了两成之多——要知道，在举办大型活动时，在戛纳并不容易订到合适的酒店，很多远道而来的参会者不得不将房间订到离影节宫开车需要足足二十分钟的地方。颓势甚至还体现在股票价格上，来自英国的公司 Ascential 于 2004 年从法国商人 Roger Hatchuel 手中买下了戛纳国际创意节的经营权，随后来自创意节的收入开始占到公司总收入的两成左右。眼下，Ascential 的股票价格从上市以来的高位下降了两成，远远超过了它作为成分股所在的富时 250 指数的同期跌幅。危机重重之下，戛纳也在尝试做出调整以增强吸引力：它的会议举办时间在 2018 年从原本的 8 天缩减到了 5 天，这将帮助前来参会的广告公司省下一大笔包括住宿、餐饮等在内的差旅费。更为直接的"利诱"则是参会费用的降低，创意节的全程票价在这一年直接降低了 900 欧元（约合人民币 6944 元），虽然单张票价仍然高达人民币 25000 元左右，但相较以往，不小的降幅让广告营销行业的从业者多少卸下了一些沉重的财务负担。

即便如此，依然有全球广告营销行业的执牛耳者毫不领情并试图发起反抗：2017 年 6 月，阳狮集团彼时上任不足一个月的全球首席执行官 Arthur Sadoun 宣布退出次年的夏纳活动，理由是要将剩下的钱投入到人工智能助理平台的开发中；三个月后，WPP 集团作势向广告创意类赛事发出了"第二枪"——它的全球创意总监 John O'Keeffe 宣布退出 Ascential 旗下的另一个欧洲赛事 Eurobest，原因是"它既不能帮我们背书，也无法让我们在客户那里留下深刻的印象"。这才是夏纳和同类赛事尽显疲态的根本原因。当广告越发移动化、数字化和技术化之后，影响广告主决策的核心指标变成了实效而非一座座金光闪闪的奖杯，奖项可能是顶尖广告人心心念念的宝藏，但在广告主的心里已经渐渐激不起涟漪。作为依附性极强的服务业，广告行业的指挥棒牢牢掌握在掷出真金白银的广告主手里，在奖项不再成为广告主选择服务商的重要影响因子后，它便自然地驱动着阳狮集团与 WPP 集团的高层向创意类奖项的主办方发出异见。

不过对于夏纳而言，问题仍有可转圜的机会。在传统广告公司摆出收缩姿态的同时，一些野心勃勃的新角色开始频频在这个舞台上猛刷存在感。

在影节宫斜对面显眼的六层典型欧式大楼上，总部位于美国纽约的云计算软件公司 Braze 包下了两块由德高运营的硕大广告牌。德高是全球户外媒体巨头之一，迄今已拥有五十多年的历史。在其中一块广告牌上，Braze 只写了一句话：记住创意人还没用数据的时候。每个进入影节宫的人都很容易看到这个文案。考虑到广告牌的下方还有一家参会者经常出入、解决午饭的餐厅，要想忽视这个文案几乎是不可能的。人们对这句话的解读千差万别，它既像是在善意地提醒人们留意眼下正在经历的时刻，也像是嘲讽，告知广告营销从业者赶紧转换跑道，并向过去告别。

除了作为科技公司的代表 Braze，来自咨询行业的埃森哲将影节宫外立面的户外广告位包圆儿了，广告牌上面的文案同样简洁：更棒的体验从这里开始。事实上，埃森哲从来没有掩饰过对进入广告营销领域的野心。来自管理咨询公司 R3 的监测数据显示，仅仅在 2016 年至 2018 年三年间，埃森哲就总共花了 23.49 亿美元（约合人民币 161.44 亿元）并购了 24 家来自全球的广告公司。这样的步伐还未停歇，在 2019 年上半年，埃森哲又豪掷 6.51 亿美元完成了五项收购，覆盖荷兰、丹麦、美国和西班牙等国家。其中，最让业内感到震动的消息是埃森哲于 2019 年 4 月初对独立创意热店 Droga5 的收购——Droga5 早在 2006 年就已成立，近年来，这家拥有 500 多名员工的独立代理商开始在全球广告业名声大噪。在这项收购案宣布达成前，没有人会将强调创意自主性的顶尖热店与重视流程及规则的、"西装革履"的咨询公司联系在一起，但这件事居然就这么真实地发生了。令人意外的戏剧性事件背后是不同业态间的势力消长在作祟：埃森哲旗下负责广告营销业务的埃森哲互动（Accenture Interactive），其营收在 2017—2018 年增长了三成，达到 85 亿美元，约占埃森哲整体收入的五分之一；但 Droga5 的收入却同比下降 9.8%`至 1.85 亿美元，这是公司开业以来录得的首次年度收入下降。图 1-3 为埃森哲自 2010 年以来的并购编年史。

对于圈外人而言，影节宫里发生的大小事情（包括白天演讲嘉宾犀利的观点输出及夜晚的颁奖）代表着戛纳的全部；但在懂行的圈内熟手看来，影节宫外才是戛纳真正的舞台。因为这里每年集聚了最大规模的客户、广告代理商及媒体记者，因此不少参会者会抓紧时间在影节宫外和尽可能多的业内好友会面，套套近乎，话话家常。"我听说越来越多的广告主直接将比稿环节都搬到了戛纳。"李倩玲笑着说道。比稿对于广告主和代理商都异常重要，它决定了企业最终将广告订单发往哪家广告公司。而在戛纳比稿的好处显而易见，无论对于广告主还是代理商而言，这都省掉了一大笔开销。当然，比稿并非常态，与客户在戛纳打好关系、为后续赢得大订单奠定基础才是乙方眼中最优先级的事项。所以，以影节宫为原点、周边五千米范围内的游艇和海滩成为接待企业高层的最佳地点。但有趣的是，在烈日下沿着海滨逛上一圈，你会发现像 Facebook 这样的互联网公司、埃森哲这样的咨询公司、IBM 这样的技术公司已然接管了广告公司的权利，成为这些会场外休闲活动及周边活动的主要组织者。

图 1-3 埃森哲自 2010 年以来的并购编年史

图 1-3　埃森哲自 2010 年以来的并购编年史（续）

"我们今晚会办一场 Party，这在去年是规模最大和最热闹的。所以如你所见，推特海滩因为在做准备所以暂时关闭了。"推特大中华区总经理蓝伟纶说道。我们和他原本约在了推特海滩，但眼下的境况让我们不得不移到海岸对面的一座酒店的顶层。这里也是推特在戛纳国际创意节期间包下的区域，依然人满为患，在同事的帮助下，蓝伟纶和我们好不容易找到了一张沙发。虽然推特在影节宫的舞台上并不十分活跃，但它"狡猾地"承包了旁边的一片海滩，为参会的各位来宾提供喝酒交友和短暂休憩的地方，以增加和潜在大客户直接接触的机会。这里偶尔也会组织一些圆桌会议和主题演讲，当然，同样是为了推销推特的各种广告资源。Facebook 也采取了类似的做法，在 2019 年戛纳国际创意节期间，Facebook 在其承包的海滩上至少举办了六场演讲，其首席运营官雪莉·桑德伯格（Sheryl Sandberg）还亲自上阵主持了一场有宝洁首席营销官毕瑞哲（Marc Pritchard）等大咖参与的圆桌对话。桑德伯格对广告的重视众所周知，畅销书作家肯·奥莱塔（Ken Auletta）在他的《亦敌亦友》（Frenemies）中披露过一个细节：桑德伯格在刚刚加入 Facebook 后不久，曾经用了一整天召开高层会议，寻求将平台庞大用户量转变为实际市场收益的办法，最后的回答是"收入来自广告"。

与西方同行相比，来自中国的互联网公司也不遑多让，它们甚至将"俱乐部"开在了影节宫里——在 2018 年戛纳国际创意节期间，腾讯和阿里巴巴承包了影节宫二楼最显眼的两块区域，正对着一二楼间的电动扶梯。参会者甚至不用走出影节宫，就能在腾讯的 VIP 俱乐部里获得免费畅饮的酒水，与好友轻松聊天，运气好的话，甚至还能意外获得一些秘密的行业"情报"——譬如在那里，我们就听说腾讯计划提高广告收入在总营收中的占比，预计在未来将达到三四成，这意味着广告收入有不小的增长空间。因为根据腾讯公布的 2018 年年报数据，网络广告收入占收入总额的百分比只有 19%。当然，腾讯官方对这个"道听途说"的小道消息矢口否认。虽然这个中国互联网巨头加大广告变现力度的动作在最近几年开始变得越发明显，但谁也无法判断这些消息真实与否，最终给出正确答案的只能是时间。

戛纳是观察全球广告营销行业话语权交接的绝佳窗口。十几年前，这里主要是广告代理商施展才华和抱负的舞台；而最近几年，越来越多的新玩家开始在这个有些疲态但依然重要的场合露面。随着移动化时代的到来，互联网公司、咨询公司和技术公司气势汹汹地裹挟着数据和资本而来，它们与广告公司之间构筑起了类似合纵连横的关系，看起来无往不利——既能组成联盟，让产业链的上下游变得更加完善，又能成为"死敌"，在争夺广告主合同的战场上"捉对厮杀"。这种动荡、脆弱、有趣的关系很难用字句精准地表达出来，但一个可以确认的事实是，广告将来不可能再是广告公司的专属领地了。

透过广告，看见移动时代的理想

作为全球知名的风险投资者和证券分析师，玛丽·米克尔（Mary Meeker）每年都会发布一份足以撩拨全球科技圈神经的《互联网趋势报告》。截至2019 年，这份年度趋势报告已经有了 25 年历史。在这期间，互联网行业经历了数个起起伏伏的周期，但米克尔的这份数据翔实的报告让美国《巴伦周刊》为她加冕的"互联网女皇"称号得到了更多人的认可。在 2019 年年度报告的第 23 页，米克尔展示了一个有趣的对比，她将美国人在 2010 年与2018 年花在不同媒体上的时间及企业广告支出结构的占比做了比较。虽然只有仅仅八年时间，但是从消费者与广告主两个截然不同的视角出发，米克尔带领我们看到的是媒体市场俨然已经发生了石破天惊的巨变：消费者在近乎所有媒体上都减少了使用时间，其中甚至还包括同属新媒体范畴的 PC 端（人们用在这里的时间下降了 7 个百分点）。然而，移动媒体却完成了从 8%

到 33%的狂飙突进。和使用时间相比，广告支出结构的变动更激烈，印刷媒体不再成为广告主厚爱的对象，流向纸媒的广告支出只占 7%。移动媒体成为企业的新宠，它所攻下的广告"城池"在 2015 年超过了广播媒体，在 2016 年超过了印刷媒体，在 2017 年超过了 PC 端，2018 年与电视媒体的差距也缩小到了 1 个百分点（见表 1-1），距离成为最大的广告媒介已经近在咫尺。

表 1-1　美国人不同媒体使用时间与广告主投放比例的变化情况[1]

	印刷媒体		广播媒体		电视媒体		网络媒体		移动媒体	
	时间	广告	时间	广告	时间	广告	时间	广告	时间	广告
2010 年	8%	27%	16%	11%	43%	43%	25%	19%	8%	1%
2011 年	7%	25%	15%	11%	43%	42%	26%	22%	10%	1%
2012 年	6%	23%	14%	10%	42%	43%	26%	22%	12%	3%
2013 年	5%	19%	12%	10%	38%	45%	25%	22%	20%	4%
2014 年	4%	18%	11%	11%	37%	41%	24%	23%	24%	8%
2015 年	4%	16%	13%	10%	36%	39%	22%	23%	25%	12%
2016 年	4%	12%	9%	9%	38%	38%	20%	20%	28%	21%
2017 年	4%	9%	13%	9%	36%	36%	18%	20%	29%	26%
2018 年	3%	7%	12%	8%	34%	34%	18%	18%	33%	33%

股市中的价值投资者常用一个精妙的比喻来形容股票价值与价格的关系。价值和价格分别像遛狗的主人和那只狗，价格有时高于价值，有时低于价值，但迟早会回归价值，就像狗会在主人的前后东跑西蹿，但它总会跟主人回家。在某种程度上，消费者在不同媒体上投入的时间可以被视为主人，而企业的广告投放金额占比便是那只狗。虽然两个数值间的差距时大时小，但广告主将资金投向哪里总是会受到消费者的注意力的影响。这一点实际上有迹可循，加拿大传播学者达拉斯·斯麦兹（Dallas Walker Smythe）早在 1977 年的论文《传播：西方马克思主义的盲点》中提及了"受众商品论"

---

[1] 数据来源：米克尔 2011 年至 2019 年发布的历年《互联网趋势报告》。

的概念。他认为媒介生产的商品其实是受众的注意力：媒介用内容做诱饵集聚受众的注意力，再成规模地转卖给广告主以换取广告收入。这个理论在当时引发了一些争议，但时至今日，我们能够强烈感受到斯麦兹对于传媒产业运作规律的把握非常精准。所以，如果广告主对外部环境的感知足够敏锐，那么用户在某类媒体上的时间消耗占比与广告主支出占比的数值应该接近。但早期，企业高层显然忽视了移动媒体这块价值洼地。在每年报告中涉及广告市场结构的部分，米克尔总会将美国移动媒体中被广告主忽略的价值标注出来：在 2016 年之前，待挖掘的价值超过 200 亿美元；在行业不遗余力的影响下，广告主开始觉醒并积极行动起来，2016 年和 2017 年待挖掘的数值价值分别缩减到 160 亿美元和 70 亿美元；直至 2018 年，移动媒体在广告投放上的潜力才算得到全面释放，用户时间消耗和广告主广告投放支出的占比都达到了 33%，差距终于得到了弭平。当消费者开始更高频率、更长时间地使用移动媒体时，广告营销的移动化转型就越发势不可挡了。

持续七季的美剧《广告狂人》在 2015 年 5 月下旬画下了句点，在播出最后一集时，总计有 329 万人守在电视机前观看。这部获得 16 座艾美奖和 5 座金球奖的优质剧集，讲述了发生在 20 世纪 60 年代纽约麦迪逊大道上、一家斯特林·库帕广告公司里的故事。虽然这家公司在历史上并未真实存在，但在一些观众看来，它却是整个传统广告业黄金时代的隐喻。

"我想为世界买个家，用满满的爱来装饰它。种苹果树来养蜜蜂，还有雪白的斑鸠。我想教世界唱一首歌，跟我一起唱，共唱美好和声。我想为世界买杯可乐，然后与它为伴。那才是真正的美好。世界现在想要的就是可乐，可口可乐。"《广告狂人》的最后一幕选用了可口可乐在 1971 年发布的这支经典广告。在电视画面中，200 名不同国籍、肤色和种族的年轻人齐聚意大利的一个山顶，他们拿着可口可乐的包装瓶在阳光下高歌，这首名为《我想给世界买瓶可乐》（*I'd like to buy the word a Coke*）的歌曲随后以简单明快的旋律和积极向上的歌词席卷美国，在广播电台首播后的两周内便登上了 Billboard Hot 100 歌曲排行榜的第 7 位。严格来讲，这支广告歌曲连同它衍生出来的视频广告更像是灵光乍现的产物。当时，麦肯-埃里克森公司（McCann Erickson）负责可口可乐业务的创意总监比尔·巴克（Bill Backer）搭乘的航班临时备降到了爱尔兰的香农机场。他在机场目睹了行程延误的乘客由沮丧和愤怒转变为吃着零食、喝着可乐相互自嘲的过程。"可口可乐不只是一种液体饮料，它成为所有人之间的共同点，并且能够帮助人们在一起待一段时间"，可口可乐的官网记录下了巴克当时的这段感悟，而这个感悟又扣动了经典广告歌曲诞生的扳机。

过去，类似这样依靠灵光一现的点子铸就经典广告的例子比比皆是，甚至顶尖的创意人还会毫不留情地对数据和所谓科学流程嗤之以鼻——在《广告狂人》第一季的开端，男主角唐·德雷柏接到了一笔为香烟公司做广告的生意。当一位博士用调研报告建议他可以朝着"香烟是美国人生活的一部分，甚至是独立自由的象征"这个方向构思创意后，德雷柏不假思索地拒绝了他，并要来了这沓厚厚的报告，然后顺手把它扔进了废纸篓。当下的广告人可能会无比怀念巴克或德雷柏所处的那个将创意奉为圭臬的时代，但这样"唯创意论"的好时光终究一去不复返。这并不代表创意不再重要，而是说，在当下创意已经不是唯一重要的东西了。

"我知道我的广告费被浪费了一半，但不知道被浪费在了哪里。"世界百货业之父约翰·沃纳梅克（John Wanamaker）的这个疑问，也在很长一段时间里困扰着其他的大广告主。资本总是寻觅那些带有更高确定性的回报，移动时代以前的广告显然不能让广告主放心，广告投放和实际销售是两个相互割裂的环节。对于广告主而言，他们不清楚广告投放在多大程度上促进了销售，也不知道哪一笔销售是由广告带来的。企业的高管显然不喜欢这样，但也没有办法，他们既不能挽回"被浪费的一半"，也找不到比广告更好的、能够向消费者批量传播品牌和产品信息的方式。因此，那时的广告代理商拥有更广阔的发挥空间，其不背负投资回报率或关键绩效指标（KPI）的压力。但这种情况更像是广告主的无奈妥协，而不是他们脑中的理想状态，他们一直在寻求广告营销能带来的确定性回报，以便更好地做出看起来理想的决策。换句话说，他们想要挽回"被浪费的一半"的努力从来都没有停歇过。

刚好，移动时代的到来为他们的努力提供了"武器"。如果从更长的时间维度审视人类的传播历史，我们会发现它大概循沿着"人际传播—大众传播—网络传播"的路径发展而来。最早的时候，人们之间的交流依靠口口相传或书信往来，这或许能够让交流更有人情味，但它的代价是传播效率过于低下。英国记者汤姆·斯丹迪奇（Tom Standage）在他的《从莎草纸到互联网：社交媒体2000年》一书中写道："罗马的新闻到达西边的不列颠需约五周的时间，到达东边的叙利亚需约七周。"即使建立了更完善的邮驿系统，信息传播的效率也没有太大提高。随着印刷术的普及及广播、电视等电子媒体的出现，信息流通的速度开始大幅提升。眼下，借由卫星直播手段，位于罗马的民众已经能够零时差地了解远在叙利亚的情况，而不是还要傻傻等待七周。值得注意的是，信息的传播变成批量的、可复制的及规模化的，正是这种特性让当时的广告主如获至宝，毕竟相较于一对一的传播，一次性就能完成一对多的推销足以让他们省去很多口舌之劳。虽然从整体上看，大众传播的效率获得明显提升，但是精准到单个消费者的话，"千人一面"带来的传播效率提升却是有限的。这在生产力不算发达的年代不是个大问题，但眼下，企业面对的竞争正越发激烈，消费者也拥有了更多的品牌选择，这时"只看森林，不看树木"就有些不够智慧。企业主发现大众传播所覆盖的受众与他们的目标消费者不可能完全重合，而错配的那部分就是被浪费掉的广告费。所以，当某天有种技术能够让投放目标不再是乌合之众般的群体、而是一个个千姿百态的个体时，广告主便会毫不迟疑地扭转广告投放方向。

这也成为网络传播时代到来后，美国移动媒体的广告投放占比在八年间从 1% 提升至 33% 的背后原因。相较于收音机、电视和计算机，以手机为代表的移动终端从本质上改变了人类和设备间的关系。简单来说，移动终端与它们的主人间建立起了"7×24 小时"的一对一关系。首先，手机具有强烈的私密性，使用者普遍不太愿意和其他人共同使用同一部手机，这与传统的电视、计算机等终端截然不同，这样的特性让广告主只需要瞄准设备便能够直击设备背后的人。其次，手机具有强烈的伴随性，此前一份由首都经济贸易大学等全国四所高校教师组成的调研团队，在完成对全国两千多名 00 后的调研后指出，这些由互联网贯穿成长始末的"网生一代"平均每天在手机上的耗时达到七个小时，一些典型样本的数值还要更高，达到十二个小时左右。当然，年轻人对手机的热爱是意料之中的，但即便是他们的父辈，在这方面的热情也丝毫不减——根据 App Annie 发布的《2019 年移动市场报告》，2018 年中国手机用户整体在每台设备上的平均使用时间达到了近三个小时。当私密性和伴随性叠加时，手机终端保有量的爆发最终就会产生大量以个人为颗粒度的数据，并且这些数据不仅包含着浏览数据，还囊括了大量的线上、线下行为数据，这让广告主和代理公司欣喜若狂。

2008 年，雅虎前副总裁安德雷·布罗德（Andrei Broder）提出了"计算广告学"的概念，他认为这个新概念要致力于完成"特定语境""给定用户"及"广告活动"间的"最优匹配"。当整个互联网环境的移动化程度开始大幅提高时，对于广告业来说便能在短时间内造出一个更新、更广阔的舞台，由此也衍生出了大量人们曾经闻所未闻的广告技术——解决"特定语境"匹配的"响应式设计"（Responsive Design）和"蓝牙信标"（Bluetooth Beacons），帮助识别"给定用户"的"数据管理平台"（DMP）和"消费者数据平台"（CDP），以及完成"广告活动最优匹配"的"动态创意优化"（DCO）等。精准化的个人数据、大量的新兴技术及直接锚定转化的可能性，让移动营销的发展势不可挡。在这种背景下，广告主也开始变得敏锐，并对广告满怀更大的、甚至偶尔看起来还有些不切实际的期望。这种乐观情绪尤其体现在对5G时代的憧憬中，突然提速的5G技术让不少广告主和广告人看到了广告业继续发展的新希望——就惯例来看，广告通常都是新技术最佳的落地试验田，譬如目前人工智能发展最成熟并产出即时效益的少数几个场景，广告即是其中之一，而虚拟现实（VR）与增强现实（AR）技术也在较早的阶段快速被广告业吸收和采纳。这种对5G的乐观有时是盲目的，譬如2019年一篇名为《5G广告行业的22个预测》的文章被广告圈广泛转发，这是种集体盲目乐观的缩影，文中提到的"5G时代将彻底解决广告欺诈问题"等论点难免比较武断。但是在速率、带宽、时延等方面拥有更好表现的5G技术，确实能给广告带来一些崭新的想象空间。例如，5G时代下的"万物互联"会让广告主与消费者之间产生更多的接触点，无论智能家居还是车联网的发展，都将造就一个与过往截然不同的移动营销生态。与此同时，一些既有的广告媒介也会发生显著的变化，至少目前可以预计，视频类内容将在5G时代再度迎来爆发，而VR、AR、MR等技术也将随着时延减少带来使用舒适感的提升而获得不错的发展。一个更加凶猛的移动营销生态摆在眼前，对于广告主而言这既是机遇也意味着更艰巨的挑战。他们不能掉以轻心，毕竟在4G时代，已经有一些玩家在眨眼工夫内就被甩下了高速行驶的列车。当5G时代提速后，突然被甩下车的风险只会有增无减。

"透过广告，可以发现一个国家的理想。"英国作家诺曼·道格拉斯（Norman Douglas）的"过誉之句"时常被广告业引用，引用频次不低于美国前总统罗斯福那句著名的"不做总统，就做广告人"。在移动时代，广告营销的重要性确实不容低估，它对于广告主而言意味着面向巨变时代的适应能力；对于互联网企业来说，则关乎其生死存亡；对于用户来说，则代表着更多的数字体验、消费选择，但也伴随着对广告业过度侵犯个人隐私的恐惧。图1-4为几家企业2018年广告收入占总营收的比例。

2018年广告收入占总营收的比例						
	阿里巴巴	亚马逊	腾讯	百度	谷歌	Facebook
总营收	3796.04	2328.87	3126.94	1022.77	9006.86	3691.90
广告收入	1383.93	101.08	580.79	819.12	7690.71	3637.35
占比	36.46%	4.34%	18.57%	80.09%	85.39%	98.52%

备注（1）单位：亿元人民币
　　　（2）阿里巴巴总营收及广告收入为2018财年第四季度到2019财年第三季度的数据
　　　（3）2018年美元兑人民币汇率：1美元=6.6118元人民币

图 1-4　2018 年广告收入占总营收的占比

无论何时，广告都是观察互联网生态更迭的最佳窗口，这里集合了近乎所有由技术和商业交叠、衍生出的机会和风险：这里有风头正劲的淘金者，也有铩羽而归的落败者；有呼风唤雨的成熟巨头，也有灵活多变的新晋玩家；有赚得盆满钵满的商业领袖，也有成功搭上便车的平凡素人；有抱着行业远大理想的拼搏者，也有提心吊胆游走于灰产、黑产边缘的投机分子。

移动时代在给予广告营销业新的时代命题的同时，也在给予整个互联网行业乃至商业世界大破大立的突破口。套用道格拉斯的那句话，我们可以说，透过广告这个原本被忽略的视角，或许能看到一整个移动时代的理想，而你手中的这本书也将尽力还原这个独特、有趣又处于不断激变状态的行业。

故事开始了。

第二章
手机，或是手雷？

再这样下去，你们的手机就不是手机了。
是什么呀？手雷，是手雷。

——电影《手机》

You 时代来了

"世界历史往往只是伟人的传记。"《时代周刊》编辑列夫·格罗斯曼在 2006 年 12 月 25 日出版的最后一期《时代周刊》封面故事的开篇这么写道。《时代周刊》创立于 1923 年，在近一个世纪的发展历程中，其在全球范围内享有盛誉。按照惯例，这本杂志会在每年的最后一期评选出年度风云人物，这个系列策划从 1927 年开始，第一位年度风云人物是首位单人不着陆飞越大西洋的查尔斯·林德伯格。随后，包括甘地、罗斯福、斯大林、奥巴马等在内的名人都曾在不同年度获得过这一称号。但是，2006 年评选出的年度风云人物有些特别，它不是单个人，而是一整个群体。当期《时代周刊》的封面上是一台大大的 iMac，显示屏上是一个 YouTube 影片播放器，其进度条显示视频时长为 20 分 06 秒，象征着 2006 年的到来。播放器上展示的画面非常简单，由 Y、o、u 三个字母组成，画面的其他部分由反光镜组成，每位读者都能够通过这个封面看到自己的脸。格罗斯曼执笔的那篇封面故事的标题略显耸动——"你，是的，你是《时代周刊》的年度风云人物"，文中写道："从另一个角度来看 2006 年，你会看到另一个与冲突或伟人无关的故事，这是一个关于社区和协作的故事。"随后作者列举了维基百科、YouTube 和 Myspace 的例子用以说明"许多人正从少数人手中夺取权利，不求回报地相互帮助"的事实，而这"不仅将改变世界，还将改变世界本身的变化方式"。这可能是《时代周刊》年度风云人物涵盖范围最广的一次，前无古人，后无来者。这自然引起了不小的争议，譬如《大西洋周刊》的撰稿人 David A. Graham 在 2012 年的一篇评论中就用"炒作"（Gimmicky）来形容《时代周刊》的这个看起来有些"草率"的决定。当然，这也已经不是《时代周刊》年度风云人物首次引发争议：1982 年，彼时的编辑部将"个人计算机"评为当年的年度风云人物，这是史上首个非人类的当选者。从 1982 年的"个人计算机"到 2006 年的"You"，两个在本质上殊途同归的年度风云人物揭示了信息化时代的到来在二十余年内对人类社会持续产生的深远影响。实际上，2006 年的《时代周刊》在某种程度上铁了心要体现出互联网对社会的影响，编辑部在当年排除了网络民意支持度甚高的委内瑞拉前总统查韦斯和伊朗前总统艾哈迈迪-内贾德，与"You"一同进入最终候选名单的是"The YouTube Guys"（YouTube 家伙）。对于《时代周刊》而言，无论"You"还是"The YouTube Guys"都展现了一种清晰的姿态，那就是计算机和互联网组成的庞大信息网络正在"建立和构建新的数字民主"，而真正促进社会向数字平权前进的技术理念则是当时大热的 Web2.0。

事实上，当我们梳理媒介技术发展史时总能发现一条明显的线索，那就是媒介技术总是促成不同特殊阶层的覆灭及信息流通的顺畅无虞。例如，约翰内斯·古登堡在欧洲 15 世纪推出的西方活字印刷术就间接打破了僧侣等教会特殊阶层对知识的垄断，活字印刷术的发明让信息的大规模复制成为可能，并且印刷规模扩大带来的印刷成本下降让收入不多的平民阶层也拥有了购买书籍的可能，知识的传播从此无远弗届。在印刷术之后，媒介技术的发展开始呈现出加速的态势。在美国，如果以用户数跨越 5000 万来看，广播用了 38 年时间，电视和有线电视分别用了 13 年和 10 年，然而互联网只用了 5 年时间就完成了轻松一跃。新技术甫一出场便迅猛、大规模普及，这种趋势使信息的获取更便捷，这种便捷本身不分阶层、性别和种族，并且还会指明后续技术的演进方向。从更长的时间维度来看，Web2.0 理念的出现可以被视为这个规律的自然延伸。

　　"Web 正处于类似于'文艺复兴的时期'，规则在不断改变，商业模式也在持续演进中。"来自 O'Reilly Media 公司的戴尔·多尔蒂（Dale Dougherty）在一次公开会议上这样说道。多尔蒂以"文艺复兴"隐喻互联网，除了希望凸显 Web 正在发生的剧烈变化，可能内心深处还潜藏着一些更加隐晦的含义。在演讲中，他列举了 DoubleClick 和谷歌（Google）的 AdSense 来呈现 Web1.0 和 Web2.0 之间的区别。DoubleClick 于 1996 年在纽约成立，作为在广告技术领域长期占统治地位的公司，它被认为在纽约再造了一个硅谷，言下之意就是，它让长时间依赖创意的广告界在较早的时候看到了新技术在未来介入广告的可能性。DoubleClick 的商业模式核心是提供一套完整的解决方案，帮助广告主、代理商或媒体应对网络推广过程中的各种问题，涵盖测量、程序化购买、搜索管理等在内的各个环节。围绕着 DoubleClick 的收购，雅虎、微软、美国在线和谷歌之间甚至还进行了一场"拼肌肉"的混战，最终谷歌在 2007 年 4 月以 31 亿美元的报价击败了其他有力竞争者。这一事件对业内产生了很大影响，甚至引发了业界对于网络广告市场垄断的顾虑，不过，这笔收购最终还是获得了来自美国和欧盟反垄断机构的批准。相较于 DoubleClick 更多瞄准单个服务对象的解决方案，2003 年 3 月，由谷歌内部孵化出的 AdSense 则构建起了一个覆盖面更广的广告网络。无论何种规模的网站运营者都可以加入这个网络，并使用谷歌 AdSense 填充网页的广告位，而 AdSense 则会根据识别到的网页内容匹配相关的广告。例如，当你浏览的网页内容与洗发水有关时，你就可能在旁边的广告位上看到洗发水品牌投放的广告。这个模式对于中小站长而言无疑是更加友好的：一方面，这些站长难以像当时的门户网站那样建立规模庞大的销售团队，AdSense 的出现省去了创业者在广告销售上可能耗费的精力；另一方面，站长也很难用技术过硬的团队来提升广告产品的表现。AdSense 基于内容匹配广告的模式让脆弱的创业者有可能获得更高的广告收入，毕竟人们浏览网页这一动作本身就能揭示出其当时的兴趣，这也将增加广告的点击率及广告主的投放热情。更重要的是，AdSense 不只关注用户的点击行为，而是通过分发用户可能喜欢的广告内容来提高点击率。换句话说，AdSense 不是完成广告信息的单向传播，而是实现双向沟通，即便从当下的广告技术发展程度来看，沟通的质量依然有着不小的提升空间。不同的商业模式导致了 DoubleClick 与 AdSense 之间客户结构迥异。一家名为 Attributor 的机构于 2008 年公布的数据指出，"DoubleClick 与 AdSense 是两个差别极大的市场。前者服务于大型网站，而后者的服务对象则以小网站居多"。

在多尔蒂眼中，虽然 Web2.0 没有一个明确且获得共识的定义，但是这个理念本身所引导的方向，是将互联网技术诞生后由程序员等少数人掌控的数字时代的新权利下放给更多的普通人，如同在网络广告领域既出现了服务大型网站的 DoubleClick，又诞生了为中小网站效力并让更多普通站长得以从蓬勃发展的网络广告市场中共享红利的 AdSense。还有很多能够显示Web1.0 和 Web2.0 不同之处的案例，譬如大英百科全书在线版属于前者，而维基百科则属于后者——如俗语"众人拾柴火焰高"所言，依靠全体网民协作完成的维基百科甚至已经拥有了 301 种语言版本。有评论认为，正是维基百科与日俱增的影响力，才迫使大英百科全书在 2012 年传出停止印刷纸质版图书的消息。这也是多尔蒂以"文艺复兴"来形容 Web1.0 向 Web2.0 转型的原因。与发生在欧洲的那场思想运动类似，眼下的 Web2.0 强调的同样是"以人为本"，它重视网络上每个独立个体的作用，并为他们提供与虚拟世界融合的入口。

博客的一时火爆成为 Web2.0 理念的具体体现。博客最早出现在 20 世纪末的美国，但这个创新的内容形态被引入中国则始于 2002 年，当时出现了包括博客中国、博客动力、中国博客网等在内的垂直博客网站。在某种程度上，博客是互联网世界中首个真正意义上的自媒体，通过在博客网站上申请一个账号，个体也就拥有了对外持续发声的渠道。这种能够随时随地、各抒己见的方式在传统媒体中根本无法实现。中国博客热潮的兴起缘于一个名为"木子美"的人。木子美曾是南方报业传媒集团旗下《城市画报》的编辑，她因为在网络上发表性爱日记《遗情书》而名声大噪，其对个人性行为的大肆渲染震动了当时保守的中国社会，引发了整个社会的激烈争论。与眼下众多成功的互联网产品兴起于性诉求类似，博客网站成为"木子美"现象的最大受益者。中国博客用户人数快速从 2002 年的 1 万人激增至 2007 年的近 1 亿人，博客甚至在 2004 年就获得了来自投资机构的 300 万美元融资。与此同时，门户网站和 IT 巨头也裹挟着强大的资本力量开始布局博客业务，包括 TOM、网易、搜狐、新浪、微软、金山等在内的厂商也在 2004 年至 2005 年入局（见图 2-1）。

2003—2006年知名博客及其入局时间						
平台	博客动力	天涯博客	博客大巴	MSN Spaces	搜狐博客	网易博客
入局时间	2003年8月	2004年1月	2004年3月	2005年1月	2005年9月	2006年9月

图 2-1　2003—2006 年知名博客及其入局时间

在某种程度上，博客网站在中国的火热算是对大洋彼岸将"You"评选为年度风云人物的一种呼应。譬如刨除道德等价值判断，木子美这种边缘人物在主流媒体上很难有发声的机会，而技术的发展却让她能够站在互联网构筑的虚拟世界中的舆论中心，甚至还由此引发了传统媒体的跟进报道。这种从互联网到传统媒体的议题反向输出能力，也从一个侧面印证了网络技术给社会带来的广泛影响。事实上，纷至沓来的博客网站也终于撬开了中国网民隐藏已久的、旺盛的自我表达欲，草根阶层的崛起成为彼时的社会底色——有研究者曾经对比过 2006 年与 2010 年的新浪博客排行榜 100 强，最终数据显示，五年间由娱乐明星、文化名人等组成的名人博客占比从 66%锐减至 30%，而普通草根的占比则从 11%激增至 35%。眼下，如果登录微信公众号平台的首页，你会看到这样一句口号——"再小的个体，也有自己的品牌"。追根溯源，当前已经渗入网络生活而变得无所不在的自媒体，在那时就播下了发展的种子，但当时，每个草根都能拥有自己专属的发声平台并能方便地编辑和发布文章却堪称舆论场上的惊人变化。然而，与如火如荼、基于广告的自媒体流量生意不同，虽然当时的博客网站坐拥着不小的流量，但商业化的步伐却亦步亦趋、零散而无序。2004 年 7 月，博客中国的页面右侧出现了一则 LG 的广告，这标志着博客行业正式开始了商业化进程；2005 年 12 月，和讯网以 3000 元的价格与知名互联网评论者洪波（Keso，博客名）的博客签订了三个月的广告合约；2006 年 3 月，厦门书生公司以半年 12 万元的价格与一位博主达成了合作。随后还出现过博客圈的广告联盟，广告主可以透过联盟大规模地将广告投放到合作博主的页面，联盟再以流量和投放效果向博主分成。例如，中信银行的信用卡广告就曾出现在约 1000 名博主的个人博客中，整体的投放价格是 50 万元。虽然企业敏锐地察觉到庞大流量的背后蕴藏着广告投放价值，但博客商业化踟蹰不前成为普通博主依靠广告变现的拦路虎，这背后的原因或许要归咎于人们对广告的天然不信任。《中国青年报》曾经做过一个调查，有 31.7%的被访者认为如果出现广告就代表博客出现了恶俗化趋势；当被问到"如果你经常'逛'的名人博客中出现了商业广告，你还会继续关注它吗？"，高达 54.3%的受访者果断选择了"不会，我不喜欢商业味过重的博客"。正是因为需要面对种种现实难题，所以即便是发展较好的新浪博客也不得不从 2007 年正式开启自己的商业化进程。虽然大多数人无法快速从自己所经营的博客中获取实质的利益回馈，但博客作为当时的新兴内容形态，其所迸发出的新奇感，足以维持整个生态在较长的时间内飞速发展。

美国作家 Nicholas Rombes 曾在自己的书中写道："今天，我们都是作者，我们都是导演，我们都是作家，我们都是电影制作人。与此同时，我们都是理论家，因为我们自己创造了理论。"人类的自我表达欲犹如潘多拉的魔盒，在技术的催化下，一经打开便变得一发不可收。

李宇春和《手机》

登上《时代周刊》封面的不只有"You"，还有李宇春。

《超级女声》作为 2005 年现象级的电视综艺节目，由湖南卫视制作并播出，一炮而红，它也将"选秀"一词带进了中国大陆的舆论场中心。节目的火热程度从超乎寻常的收视率中可见一斑：央视索福瑞 CSM46 城的数据显示，《超级女声》在 2005 年 7 月中旬开始播出的全国总决赛第一场就获得了 2.96% 的收视率及 9.14% 的收视份额，而 8 月 27 日最终总决赛的收视率和收视份额更是攀升到了 11.65% 和 29.54%，这样的收视成绩十分罕见。当时湖南卫视的整体收视率低于 0.5%，收视份额也基本徘徊于 2.5% 至 3.5%。《超级女声》造就了包括李宇春、周笔畅、张靓颖等在内的众多知名流行歌手和明星。尤其是李宇春，她在当年的总决赛中以 353 万票战胜周笔畅最终夺冠。当比赛结果尘埃落定时，台下的"玉米"（李宇春的粉丝）欢呼雀跃甚至喜极而泣，这种由偶像与粉丝组成的利益共同体牢固无比。研究者对《超级女声》为何会在 2005 年名声大噪进行了分析，结果显示由普通观众手机短信投票来决定选手去留的赛制成为其中的重要因素，正是这种机制让观众得以借助手中的权利"养成"偶像。在这个过程中，粉丝对偶像——这个由自己生产的产品——会变得更为偏爱和维护。实际上，"养成"这个概念最早源起于日本的模拟养成游戏（Education Simulation），玩家往往在游戏过程中通过培育特定对象，让其取得成功来获得成就感。在眼下的造星工业中随处可见"养成"的影子，从日本的 AKB48 到中国的 TFBoys 皆是如此，洗版、控评、"妈妈粉"等特殊的粉丝经济现象基本受到粉丝对养成偶像的强烈欲望驱使。几年前，由腾讯视频播出的同属女性选秀节目，并培育出杨超越、王菊等现象级选手的《创造 101》，在本质上其实也属于"养成类"综艺节目。而《创造 101》与《超级女声》的最大不同可能在于前者通过专门的手机 App 为偶像点赞，而后者通过短信投票通道支持偶像。偶像养成方式的变化在无形中成为移动终端从功能机全面转向智能机的最佳见证。

中国民众日益蓬勃的自我表达欲是促成《超级女声》火爆的原因之一：一方面，梦想自己有朝一日也能成为明星的大众积极地直面镜头、参与海选，甚至不惜以迎合社会"审丑"的姿态出现于镜头之前；另一方面，那些未曾参与海选及节目录制的大众也能找到一种参与节目的方法，即拿起手机为喜欢的偶像投票从而彰显自己的态度。这一方面取决于社会心理的变化，另一方面源于手机在 2000 年之后的大规模普及。根据国家统计局公布的官方数据，城镇居民家庭平均每百户移动电话拥有量从 2000 年的 19.5 部激增至 2005 年的 137 部，而农村居民家庭平均每百户移动电话拥有量则从 4.3 部增加到 50.2 部。在手机出现之前，普通观众与电视台的互动方式只有信件、电话等少数几种。伴随着移动终端保有量的增长，手机互动的规模化和即时性优势在《超级女声》引发的旋风中显露无遗。在人们短信投票的热情中，受益的首先是通信运营商及无线增值服务提供商（SP）。当时每位移动用户发送一条短信的价格是 1 元，联通和小灵通用户发送一条短信的资费则是每条 0.5 元。另外，当用户发送投票短信后，其将被移动运营商默认订阅了有关"超女"各类资讯与花絮的增值服务，而这项增值服务的收费高达 6 元。能够分享这笔短信投票收入的主体包括湖南卫视、《超级女声》制作方天娱公司、电信运营商及无线增值服务提供商掌上灵通，而这块"蛋糕"的规模根据估算可能高达 6000 万元。根据行业的分成惯例，节目制作方与播出方、电信运营商和掌上灵通将分别获得 3000 万元、900 万元和 2100 万元，这在当时算是一笔不低的收入。

在《超级女声》火遍大江南北的前一年，冯小刚执导的《手机》在2003年年底的贺岁档上映，上映三天内《手机》就获得了1500万元的票房佳绩。这部电影连同其男女演员一举囊括了第27届大众电影百花奖最佳影片、最佳男演员和最佳女演员三项大奖。百花奖的获奖影片由观众投票决定，《手机》包圆儿似的拿下了百花奖的主要奖项，展现了这部影片良好的群众基础。实际上，这部时长为1小时47分钟的电影讲了一个相对简单的故事：电视节目主持人严守一背着妻子有了外遇，由于不慎将自己的摩托罗拉388C手机忘在了家里被妻子发现，由此引发了一连串的绯闻和误判。当然，推动这些绯闻和误判不断出现就是与人们关系日益紧密的手机。影片的经典一幕是，费墨（演员张国立饰演）的会议发言被同事们来电相继打断，随后他恼怒地表示手机已经过度介入到人们的生活之中，这个小小的机器上承载着太多使用者的秘密。"再这样下去，你们的手机就不是手机了。是什么呀？手雷，是手雷。"他高声说道。归根结底，当时的社会还没有做好应对移动时代到来的准备，而当手机真的成为人们生活不可分割的一部分时，它给用户带来的冲击不亚于电影首次放映时给人类带来的震撼——1895年12月28日，卢米埃尔兄弟将其发明的电影放映机搬到了法国巴黎卡普辛大道十四号大咖啡馆的地下室，他们播放了一部时长仅有50秒、名为《火车进站》的无声电影。据称在放映这部电影时，当观众看到火车在蒸汽机车的牵引下驶进位于法国沿海小镇拉西奥塔的火车站时，人们吓得尖叫并四下逃离到了放映室的后面。"是的，它引起了恐惧、恐怖甚至恐慌。"德国知名杂志《明镜周刊》这样评价《火车进站》这部电影造成的持久影响。然而，现在人们戴上3D眼镜直面阿凡达和各种激烈的战斗场面时，也能安然地坐在椅子上不为所动，新技术与新事物所带来的恐慌总会随着时间的流逝而归于平静，就如同张国立所饰演的费墨在《手机》里大声疾呼也丝毫没有减缓手机的普及速度。截至2012年年底，平均每百户移动电话拥有量在城镇居民家庭和农村居民家庭分别达到了 212.6 部及 197.8 部（见图 2-2 和图 2-3）。

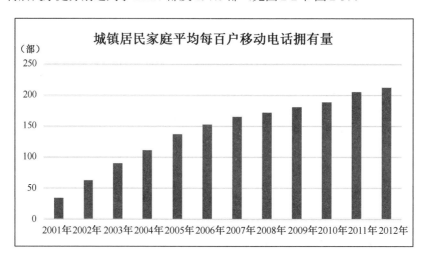

图 2-2　城镇居民家庭平均每百户移动电话拥有量

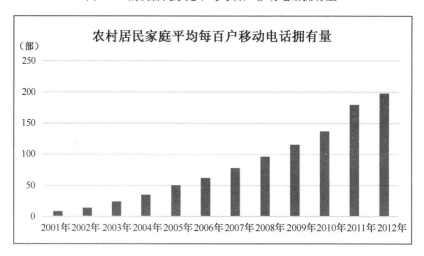

图 2-3　农村居民家庭平均每百户移动电话拥有量

　　略显讽刺的是，虽然《手机》中出现的"手机"形象并不是正面的，但这部电影依然开了中国电影大规模植入广告的先河，其中最为重要的赞助商是手机品牌本身。据称，光是摩托罗拉在这部电影中就赞助了 400 万元，而作为运营商的中国移动则赞助了 80 万元。当你观看这部电影时，你能轻易看见摩托罗拉的商标，因为演员的名字都被印在了摩托罗拉的手机屏幕上。当广告主敢于豪掷重金去尝试回报率尚不清晰的创新型广告形态时，可以说这个行业的市场环境不错。摩托罗拉下的这笔"赌注"算是赌赢了，来自麻省理工学院比较媒体研究所的王瑾教授在她的著作《品牌新中国：广告、媒介与商业文化》中就提道："《手机》的炒作，让摩托罗拉（影片主要赞助商）成为在中国被谈论最多的手机品牌之一，帮助它发展成真正的娱乐品牌。"另外，中国移动和无线增值服务商美通无线也没闲着，它们联合开发了一款与电影《手机》同名的短信游戏。短信游戏是移动产业发展早期的特殊产物，玩家根据游戏指令不断发送短信完成任务推进，这成为前 3G 时代中主要的游戏形态之一。在《手机》短信游戏的发布会上，美通无线总裁王维嘉分享了一组数据：中国移动的短信业务量达到 1700 亿条，而中国市场的整体短信量超过了 2000 亿条，占全球份额的三分之一。正是得益于移动产业的蒸蒸日上，类似手机投票、短信游戏等移动营销的雏形开始显现，它们既能通过提供新鲜的体验聚拢消费者的注意力，同时，一些敏锐的广告主也捕捉到了机会。

在美国，联合利华旗下的多芬于 2004 年在纽约百老汇的街角立起了一块大型互动广告牌，一位名叫艾琳·辛克莱的 96 岁老妇人形象出现在了这个 21 米高、13 米宽的屏幕上。奥美制作的这则广告向行色匆匆的纽约人提出了一个问题："是皱纹"（Wrinkled）还是"太棒了"（Wonderful）？和《超级女声》类似，人们可以通过发送短信进行投票，实时得票结果则出现在互动广告牌及多芬官方网站上。这项巧妙运用手机短信进行投票的户外广告活动是多芬旗下"真实美丽运动"（Campaign for Real Beauty）的一部分，多芬希望借此呼吁人们在头脑中重新审视"美丽"的定义。最终，这个活动吸引了超过 100 万名用户进行手机短信投票，另外约有一万名消费者在多芬的官网中积极地参与了讨论。除了多芬试图将手机与户外广告牌联系在一起，雅虎也在同一年进行了类似的尝试。雅虎使用了路透社位于纽约时报广场大楼顶层的户外广告屏幕，当行人利用手机拨打广告中列出的号码后，便可以在户外大屏上玩一局 45 秒的赛车游戏，这个游戏既支持参与者之间互相竞争，也可以实现人机对决，只要拥有手机，便能参与进来。这个特殊的互动广告形式一经推出便受到追捧，仅一个早上就吸引了两百人排队参加比赛。"这样的反应实在疯狂。"一位来自雅虎的主管向媒体评价道。

从被戏称为"砖头"的大哥大，演化到轻巧便捷的翻盖和滑盖等功能机，手机在 21 世纪初的快速普及不仅促成了类似李宇春、《手机》等社会流行现象的出现，也给广告营销带来了前所未有的想象空间和机会，一股名为移动营销的浪潮开始兴起。

驶入"无人区"

"是谁泄漏了我们的号码？是谁拿我们的隐私在做交易？到底是一个什么样的利益链条在支撑着垃圾短信的泛滥？"在 2008 年，中央电视台 3·15 晚会现场，主持人接连提出了三个问题。这一幕通过卫星直播瞬间传遍全国，在当时信息渠道还算单一的情况下，国家级电视台的连番炮轰让一家公司如坐针毡。

这家公司名叫分众无线，是江南春经营的分众传媒旗下的公司。在中国现代广告长达四十多年的发展历程中，江南春是一名不折不扣的风云人物。20 世纪 90 年代进入华东师范大学就读的江南春曾经是个文艺青年，在大学入学后就担任了学校的诗社社长。虽然他经常在诗歌朗诵会上对商业嗤之以鼻，但他在广告上却展现出了惊人的敏感度：为了宣传社团的活动，他向社团联一口气申请了 100 张海报，而当时其他类似的活动主办者只会申请几张海报。他笃信"广告的价值在于重复"，因此他在学校人流量密集的地方反复张贴大量海报，果然吸引了不少观众前来参加活动。如果仔细审视分众传媒这家中国大陆当前最大的资源占有型广告公司，不难发现，它的起步与发展早在江南春的文艺青年时代就埋下了种子。虽然江南春凭借重复的广告吸引了不少观众，但据他后来回忆，从读诗会开始之后便陆陆续续有人离开会场，留到最后的观众不足 20%。这让江南春清醒地认识到彼时社会观念的变化，属于诗歌的时代正在慢慢消逝，人们开始转而热情地拥抱商业化的事物，就连曾经在舞台上痛斥商业的江南春也抵不过这波浪潮，一脚跨入了广告行业——一个处在商业化极端的行业。2003 年 5 月，江南春创立了分众传媒，这源于他偶然间发现了电梯口的小广告，于是他开始思索电梯场景的广告价值，由此开启了自己拓展楼宇液晶广告机和框架媒体价值的商业征程。一如分众传媒的名字所言，在那个由电视、广播、报纸、杂志共同主宰的传统媒体时代，楼宇场景中的广告载体解决了广告主对于投放精准性的要求。毕竟在北京国贸写字楼、上海陆家嘴金融中心和二线城市办公楼里来来往往的是截然不同的人群，这让广告主有了更多的选择，其可以基于目标消费群体对广告资源进行自由整合。广告主一直希望有更大的自主权，这让分众传媒在当时的广告行业中开辟出了一块新的"战场"。伴随前几年营收年增 100% 的傲人成绩，分众传媒在不到两年时间里顺利完成了在美国纳斯达克的 IPO（Initial Public Offering，首次公开募股），成为第一支在海外上市的中国广告行业股票。与 WPP 集团的苏铭天类似，裹挟着资本优势的江南春连续发动了一系列行业内的兼并收购，在 2006 年 1 月 4 日至 8 日的五天时间内完成了两笔重要的并购，分别耗资 3960 万美元和 3.25 亿美元合并了框架媒介和聚众传媒。分众传媒对聚众传媒的收购被视为江南春的关键一步，当时的聚众传媒与分众传媒在楼宇广告市场打得难分难解，聚众传媒跟随分众传媒的步伐，也向美国证交会递交了上市报告，分众传媒即将迎来一个粮草充足的竞争对手，这让江南春如坐针毡。随后在凯雷投资集团位于香港的办公室里，江南春与聚众传媒的创始人虞锋私下进行了一次长谈。在提高报价、保留聚众传媒作为独立品牌及双方对行业整体发展形成共识后，分众传媒终于夯实了垂直品类领域领导者的地位。对于江南春来说，成为垂直品类领域的领导者既是他的个人信仰，也是他向广告主不断灌输的品牌运营方法论[1]，还成为他日后兜售分众传媒广告资源的必备一步。

但是，在将主要竞争对手聚众传媒和框架媒介收入麾下后，江南春的焦虑感并没有减少。随着中国经济快速发展而不断成长的广告市场，让分众传媒成立初期的营收年增长率基本维持在 100% 的高位，但纯粹依靠占有物理空间资源获得市场份额的商业模式，也决定了这种超高速的增长总有触碰到天花板的一天。并且随着时间的推移，增长率放缓的速度也会明显加快。勤于思考的江南春早早地认识到了这一点，在度过短暂的"蜜月期"后，他和他带领的分众传媒势必将面对增速跌落到 50% 以下的现实。这时，去开拓一个新的并且更加性感的业务成为江南春在焦虑状态下的自然选择，他瞄准的"战场"为"无线营销"。事实上，当我们观察概念流变的时候总会发现一些有趣的事情，同一个事物在不同时代背景下的不同称呼反映了当时当刻人们对它的理解深度。现在，我们将依托手机等移动终端设备开展的广告营销活动称为"移动营销"或"移动广告"，意在强调其随时随地的特点；而在十几年前，那个年代的人们所使用的称呼是"无线营销"，因为人们更着眼于其与有线电话在形式上的区隔。当然，也有部分具有前瞻性视角的圈内人已经注意到手机媒体在形式差异外所具有的真正价值，例如，亿动广告传媒的首席执行官马良骏在 2007 年举办的"新媒体，新营销"论坛上就指出："手

---

[1] 在接受吴晓波《十年二十人》的系列视频采访时，江南春曾经以手机行业为例，进行了一段精彩的论述："消费者只会记住一句话，比如 OPPO 手机是拍照很好的手机，金立手机是超级续航的手机，小米手机是性价比很高的手机，时尚人士用苹果手机，商务人士用华为手机。"

机媒体与其他的媒体甚至互联网有很大的差异。"正是因为看到了无线营销的广阔前景，马良骏在 2006 年 1 月创办了亿动广告传媒。在他看来，要让手机媒体带来更多的广告价值，传媒公司首先需要具有定向的能力，包括城市（一线、二线或三线）和运营商（中国移动、中国联通或小灵通）在内的所有与手机号码有关的信息；还需要了解手机品牌和型号，这既能反映消费者的消费水平，又能辅助广告实现精准投放，解答诸如"他的手机能否投放视频广告"或"他的手机支持 WAP 2.0[1]吗"这样的问题。在手机品牌和系统间兼容性很差的时代，如果不掌握品牌和手机型号的信息，移动营销就会变得寸步难行。事实证明马良骏赌对了，在创业十年后，他的公司虽然因为专注于 B2B 业务不算出名，但其独立移动广告平台的年营收总额已经达到 28 亿元。

急于为公司营收增长找到新引擎的江南春也看到了移动营销的发展潜力。"2006 年，我们一定会进入手机广告市场，方式不一定基于 3G。"江南春曾在多个公开场合直截了当地表达了他对移动营销市场的看好。在收购框架媒介与聚众传媒之后，江南春再次通过资本触角快速抵达了新的"战场"——2006 年 3 月，分众传媒以 3000 万美元的价格收购了北京凯威点告技术有限公司（下文简称凯威点告）。凯威点告的主营业务之一是 WAP PUSH，这是移动营销在前 3G 时代的一种特殊形式。这种形式将 WAP 和短信结合在了一起，在消费者阅读短信并打开其中的链接后就可以直接访问业务。投放广告的站点透过强制性的广告推送，能够快速获得不少流量乃至交易，广告形态本身与电梯媒体的半强制性异曲同工，虽然略显粗暴但不错的数据反馈却能吸引源源不断的广告费用。根据分众传媒公开发布的数据，其收购的凯威点告的数据库在当时积累了近 7000 万的 WAP 用户，占到总量的九成。与此

---

[1] 即第二代无线应用协议。

同时，凯威点告的业务量也分割了八成的市场份额，日发送能力达到 1200 万次，稳固的市场领导地位是分众传媒进军移动营销业的绝佳跳板。在兼并凯威点告和其他一些小型公司之后，分众无线正式成立，除了 WAP PUSH，分众无线也涉足短信及彩信群发等其他业务。分众无线由凯威点告的创始人徐茂栋担任首席执行官，徐茂栋对移动营销业务的前景十分乐观，他认为"制作周期短、发送频率高、广告传达快、广告针对性强"等优势能够保证这块新兴市场的变现能力只强不弱。广告主的青睐印证了他的判断：在收购凯威点告的 2006 年，新业务带来的营收额就已经达到 1010 万美元，毛利率为 40.1%；2007 年的收入增至 4690 万美元，毛利率也同步提高到了 50.6%，营收同比增长 364.36%。虽然新业务带来的营收只占分众传媒整体收入的 9%，但基于可观的现金流及未来发展前景，江南春开始思考将其分拆上市的可能性，直至一只突如其来的"黑天鹅"打破了原本的所有规划。

事实上，在 3·15 晚会"鞭笞"分众无线之前，社会舆论对垃圾短信的痛恨态度已经为后续危机的爆发埋下了引线。根据工业和信息化部发布的统计数据，在分众无线业绩突飞猛进的 2007 年，中国的垃圾短信发送量已经达到惊人的 3538 亿条。中国互联网协会 2006 年发布的一份调查报告显示，中国手机用户平均每周收到 8.29 条垃圾短信，甚至有 6.25% 的用户平均每周收到的垃圾短信超过了 40 条。与此同时，约有 65% 的受访者呼吁政府通过立法、出台相关法律规定、完善管理体制等手段来根除扰民的垃圾短信问题。世界上没有所谓的突发危机，回顾那些危机公关的典型案例就会发现，隐患总是在漫长的社会情绪酝酿后，借由偶发事件突然被引爆，那些被危机瞄准的人或事物在某种程度上就成了大众宣泄情绪的炮灰。在压抑了至少两年之后，大众终于开始倾泻对垃圾短信的怒火，一帆风顺、动作频频并且风头正劲的分众无线成为了那个被选中的"挡枪者"。2008 年的 3·15 晚会花了近半小时详细揭露了垃圾短信背后的隐秘产业链。使消费者倍感困扰的垃圾短信与分众无线漂亮的财务数据形成了鲜明反差，对比间形成的相对剥夺感更激化了人们早已积聚并且急需排解的怒气，熊熊烈火开始向江南春和他领导的分众传媒袭来。"以前很顺，现在好像突然之间迎风的阻力变大，所有的事情都背道而驰，不像以前那样每次都能成功。"江南春坦言，他在顺风顺水的发展中终于遇到了一次真正的挫折。对于此时的分众传媒来说，比较棘手的问题不只是扑面涌来的舆论压力，还包括由此引发的舆论恐慌。受到不利消息的影响，分众传媒的股价在3·15晚会后第二周的周一（也就是危机爆发后的第一个交易日）重跌26.59%，并在盘中一度创下当年的价格新低，这对依靠资本收购同类公司，最终异军突起的分众传媒无异于一次沉重的打击。对于江南春来说，除了及时止损已经没有其他更好的办法了。在被曝光后不久，江南春便接受了记者的采访并就垃圾短信事件向公众致歉。三个月后，分众传媒正式宣布重组分众无线并剥离整个短信业务，同时将集中发展无线互联网广告业务。紧接着，包括徐茂栋在内的大批高管离职及裁撤2/3员工的新闻传来，原本被江南春寄予厚望甚至打算分拆上市的分众无线名存实亡。

"新媒体领域的复制性很强，分众传媒的核心竞争力是什么？"当分众传媒在2006年1月放出将要布局无线广告业务的风声时，易观国际产业研究部的分析师陈海滢就曾向媒体表达了自己的不解。她的疑惑不无道理，分众传媒在楼宇媒体中的"攻城拔寨"源于对渠道资源的强力控制，而控制力的来源基于物理空间的有限性和排他性。然而，以WAP PUSH、短信群发等业务为代表的新媒体开拓的却是虚拟资源，因此资本发挥作用的空间并不大。换句话说，江南春原本百战不殆的"打法"或许并不适用于杀机四伏的新战场，虚拟空间的资源因为可复制所以不再稀缺，分众无线面对的其实是一门关于"人"的生意，而非关于资源的生意。当人大量撤离后，分众无线高价购买的公司价值必然折损，而这也成为美国浑水调研公司在做空分众传媒时最主要的质疑点之一。浑水调研公司是一家总部设在美国加利福尼亚州专门做空中国概念股的机构，它的名称取自中国俗语"浑水摸鱼"，并且它确实摸到了像嘉汉林业和绿诺环保这样几条"大鱼"，逼迫它们最终走向破产或退市。浑水调研公司在 2011 年 11 月 21 日发布的首份长达 80 页的做空报告中，在开端直指"分众传媒明显且故意地为收购付出过高的价格"。但是按照分众传媒事后的解释，其并非故意以高价收购，其中的损失源于人才密集型公司里的人力资源流失。但无论如何，在媒体曝光、浑水调研公司做空与金融危机等多重不利因素的共同作用下，分众传媒的股价从 60 美元跌落至 6 美元，最终加速了其通过私有化退出纳斯达克市场。按照分众传媒副总裁稽海荣的说法，算上亏损和重组的费用，分众传媒在分众无线业务上的损失高达 7900 万美元。无论壮士断腕是否是江南春有意为之，但遭遇危机后果决的业务转向和收缩，像极了那个从痛斥商业化快速转为拥抱商业化的青年江南春。

除了分众传媒及其他一些中小型公司对移动广告业务信心满满，中国移动、中国联通等运营商也对这块"蛋糕"垂涎三尺。几乎与分众传媒入主凯威点告同时，中国移动也开始试点广告业务，其选择了与经销商飞拓无限合作，后者拥有移动梦网首页和各频道首页的独家代理权。与此同时，在用户同意的前提下，广告主还可以将广告以短信、彩信或者 WAP PUSH 的方式精准推送。在 2006 年至 2007 年，中国移动旗下移动梦网的注册用户就已经超过 1 亿人，日均访问用户达到 400 万人，并且整个平台每天的新增用户数也达到了 300 万人，这样的数据与强势门户网站几乎不相上下。当中国移动与飞拓无限的合作传出后，人们开始关注运营商在移动营销市场中可能扮演的角色，毕竟它们把守着进入移动通信网络的入口，其坐拥的庞大用户注意力资源便是一把商业变现的利器——中国联通甚至早于中国移动获得由国家工商总局批准的广告资质，当时也已经在自有的联通新时讯平台上发布广告。与分众传媒类似，运营商看到了移动营销未来的无穷发展潜力，但它们将要驶入的是一个没有任何既有经验可参考的"无人区"。作为第一批拓荒者，它们的淘金之旅同样并不顺遂。在中国移动和飞拓无限达成合作后的两年，便传出了中国移动因不满飞拓无限在代理广告期间取得的业绩，计划中止合作的消息。

大家都看到了眼前摆着的一大块"肉"，但要吃到这块"肉"显然并不容易。无论分众传媒还是中国移动遇到的变现难题，都是那个时代背景下的必然产物。一方面，这是由极速增加的移动用户规模和使用时长所带来的机遇；另一方面，受到前 3G 时代下技术条件的制约，广告主很难找到更有趣、更精准、更合适的方式与消费者进行有效沟通。如果要强力开拓手机普及背后所蕴藏的广告营销价值，其结果自然就是垃圾短信这样的广告形式。从本质上说，这与对农地的过度开垦或是对渔场的过度捕捞无异，都是在野蛮收获短期利益的同时为未来的价值挖掘埋下隐患。而对当时的移动营销从业者而言，这根本是个无解的难题。江南春在移动营销这一役中深受其害，随后他基本退出了移动营销行业。但命运的吊诡之处在于，分众传媒随后的几次大起大落都与手机的普及和移动互联网的发展脱不开干系。在一段时间内经常有人问江南春同一个问题："现在人们都在低头看手机，谁会在电梯里抬头看分众传媒屏幕上的广告？"然而，后来也是包括移动互联网催生出的创业热潮拯救分众传媒于水火。移动互联网在风险资本的簇拥下开始不断诞生新的赛道与玩家，这些有着全新品牌名称的公司在竞争激烈的市场环境中有着更为迫切的投放需求，主要瞄准一二线白领群体的分众传媒自然就成为它们的不二选择。虽然江南春不再亲自下海做移动营销的生意，但移动互联网的钱却不能不挣，他一跃成为颇受创业者欢迎的品牌营销导师，对创业者焦虑的精准把握让他成为分众传媒的 Top Sales（超级业务员），这从分众传媒披露的年报中便可窥知一二：在 2012 年（从美国退市前），由互联网相关行业广告主带来的收入仅有 10%左右；但在回归 A 股后的几年，这一比例几乎都徘徊在 20%以上，甚至一度触摸了 25.85%的高点。"你刚融完资，马上就能收到分众传媒销售人员打来的电话，速度有时比行业记者还快。这边是 VC、PE 在投钱，那边是分众传媒在收钱。"一位创业者在采访中向我们说道。显然，江南春找到了在移动互联网时代赚钱的另一种路子——与其去淘金，不如在淘金的路上卖水，淘金的终点可能前途未卜，但卖水给口渴的淘金者是件能带来确定收益的事。"想要知道谁是独角兽[1]，去看看分众传媒；想要知道谁是下一个独角兽，也去看看分众传媒。"江南春在放弃一块"蛋糕"后找到了一块新"蛋糕"，这让他在说出这样的话时拥有了足够的底气。

图 2-4 为分众传媒 2011—2014 年广告收入占总营收比例，图 2-5 为国内外各大互联网上市公司 2011—2014 年广告收入占总营收比例。

分众传媒2011—2014年广告收入占总营收比例				
年份	2011年	2012年	2013年	2014年
广告收入/亿美元	0.68	0.48	美股退市	美股退市
总营收/亿美元	7.87	9.28		
占比	8.64%	5.17%		

图 2-4　分众传媒 2011—2014 年广告收入占总营收比例

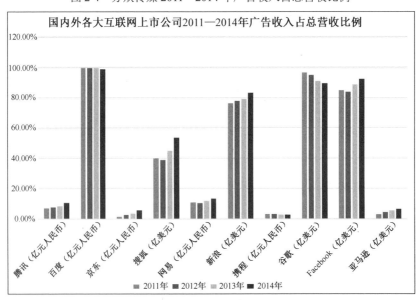

图 2-5　国内外各大互联网上市公司 2011—2014 年广告收入占总营收比例

---

[1] 指成立不到 10 年但估值在 10 亿美元以上，并且未在股票市场上市的科技创业公司。

手机到底是不是手雷？这是个仁者见仁、智者见智的问题。站在普通消费者的角度，手机给生活带来了方便，为人们打开了一个全新世界的大门，让人们感觉自己掌握了数字时代决定舆论走向或偶像命运的权利，但由狂轰滥炸的垃圾短信引起的不间断提示音也像是炸药被引爆前的恐怖倒计时。而对惯于尝鲜的广告营销业同样如此，在手机中孕育出的移动营销市场是个诱人的罕见机遇，但也可能成为随时引爆企业危机的自杀式炸弹，导致"一着不慎，满盘皆输"的结局。但是，对于当时的广告营销人来说，手机的魅力或许就在于它的这份生机勃勃和神秘未知兼有的特性。

第三章
美丽新世界

我向冰球将到达的地方滑去，
而不是它曾经在的地方。

——韦恩·格雷茨基

Hello!

　　摩托罗拉 Q、黑莓、Palm Treo、诺基亚 E62，这四款手机的画面在 2007 年 1 月 9 日同时出现在了美国旧金山 Moscone 中心舞台的大屏幕上，史蒂夫・乔布斯（Steve Jobs）站在它们面前向台下施展着"现实扭曲立场"。在乔布斯唯一授权的传记中，苹果公司的设计师巴德・特里布尔（Bud Tribble）将"现实扭曲立场"详细解释为"有乔布斯在的时候，现实都是可塑的。他能让任何人相信几乎任何事情"。在读完这本数十万字的传记后，你很难将乔布斯定义为一个具有普世意义的"好人"，或者更准确地说，乔布斯绝对不算是"老好人"。性格乖张几乎就是乔布斯的同义词，他对那些保守、刻板且缺乏反抗精神的人或物尤其不持好感。比如在面试一个被他视为有些笨拙的应聘者时，乔布斯便开始用各种问题故意刁难，而在应聘者回答时，乔布斯又会发出怪异的声音打断他，最终逼迫应聘者以"我想我不适合这份工作"的理由退出这个梦魇般的过程。当四款被认为是"愚蠢"公司[1]的产品被示众时，乔布斯也没有打算收起炮火："它们的用户界面有什么问题呢？问题都在下面的 40%。"当他说这句话时，屏幕上的四款手机画面被截得只

---

　　[1] 根据《史蒂夫・乔布斯传》的记载，苹果公司曾与摩托罗拉公司的刀锋（RAZR）系列尝试过合作，但以失败告终。为此，乔布斯曾在一次内部产品评述会议上抱怨道："我受够了跟摩托罗拉这些愚蠢的公司打交道。我们自己来。"

剩下方的机械键盘，台下的观众席传出了阵阵笑声。就在嘲讽对手的三分钟前，乔布斯宣布苹果公司将推出继 Mac 和 iPod 之后的又一革命性产品，一款将"触摸控制的宽屏幕 iPod""革命性的移动电话""具有突破意义的互联网通信工具"集为一体的产品，也就是后来改变了整个全球移动进程的iPhone。在发布会上，乔布斯花了不少时间来解释和演示多点触控（Multi-touch）技术及这项技术带来的好处——它能够让消费者得以使用指尖来滑动手机通讯录找到想要联系的人，移动地图来标注想要去的地方，人们还能够通过两只手指的紧密配合放大或缩小图片。乔布斯的每次 Demo 演示都能引发台下观众的欢呼和尖叫，无一例外，人们意识到一个全新时代即将到来，毕竟 2007 年的消费者还需要通过键盘、滚轮或是手写笔这些硬件才能实现与机器的交互。当手指成为与虚拟世界互动的工具时，这种体验上的巨大进步超出了人们此前对手机的普遍期待。实际上，这也符合媒介技术数千年来的发展方向。加拿大的媒介理论家麦克卢汉曾经提出过一个惊人的论断：媒介即人的延伸，我们可以将这句话简单地理解为广播延展了人类的听觉，而电视则扩展了人们的视听能力等。当 iPhone 的推出让人们可以直接借由指尖完成真实世界与虚拟世界之间的交互时，麦克卢汉的这个著名论断随即有了更为直观和易懂的佐证。如果手机确实成为人的延伸，无论在精神层面还是物质层面皆是如此，还有谁能够抵挡住购买和高频使用它的诱惑？

iPhone 的推出被视为手机产业大规模从功能机向智能机发展的初始点，iPhone 之所以被称为"智能"，就如同乔布斯所言，它是一个"具有突破意义的互联网通信工具"。人们通过手机能够自如地收发邮件、使用地图服务、浏览网页和使用带有更多功能的其他第三方应用程序，更重要的是，收发邮件、浏览网页这些在手机上完成的功能与人们在 PC 端的使用体验别无二致；而在此之前，人们在手机浏览器进入网站后一般只能看到大量的文字信息和少量的小图片，但乔布斯在发布会现场登录了《纽约时报》的官网，人们看到 iPhone 上的页面布局与计算机上的一模一样，包含大量大小不一但排版精美的文字和图片，仿佛就是报纸页面在手机上的再现。如果用户要在小屏幕上浏览细节，只需要通过两只手指的配合就能放大或缩小特定的区域。在某种程度上，我们可以说 iPhone 这类智能机的出现，才让手机完成了真正的触网之旅，并拥有了在互联网时代备受欢迎并且大展拳脚的可能。在那场史上最重要的手机发布会的末尾，乔布斯身后的大屏幕上映出了"把生命装进你的口袋。终极数码设备"这几个大字。这时，又有多少消费者能拒绝这个即将推出的、可以颠覆传统认知的产品？答案是几乎没有。

从 2007 年 1 月 9 日的发布会到 2007 年 6 月 29 日的正式问世，iPhone 在还未发售的接近半年的时间里站在了舆论的正中央。"在过去的六个月里，苹果公司的 iPhone 已经成为 11000 篇文章的主题，而在谷歌上的点击量达到了约 6900 万次。狂热者们在苹果商店前扎营；博主们称它为'耶稣电话'，所有这些都发生在单个消费者接触到 iPhone 之前。"iPhone 发售的几天前，当时于《纽约时报》供职的科技作家大卫·波格在一篇文章里这样写道。不得不说，乔布斯和他带领的苹果公司从来都是一把广告好手，在苹果公司不长的发展过程中根本不缺经典的广告作品。1984 年，苹果公司为 Mac 创作的广告参照了乔治·奥威尔的小说《一九八四》，这支广告提醒人们要打破"老大哥"（当时的 IBM）对个人计算机市场的强势主宰与垄断，而后在 1995 年这支广告在《广告时代》杂志评选中排在有史以来 50 大商业广告之首。1997 年，苹果公司又创作了一支名为"非同凡想"（Think Different）的广告，爱因斯坦、马丁·路德·金、约翰·列侬、甘地这些被认为"改变了事物并推动人类向前发展"的名人在广告中纷纷出现，而其中激励人心的文案"那些疯狂到以为自己能够改变世界的人，才能真正改变世界"成为印在《史蒂夫·乔布斯传》首页的第一句话。在 iPhone 发售前的一段空窗期，苹果公司发布了一支极富创意的广告，它将 31 部电影或电视剧里的场景连接在一起，场景中出现的角色都在使用老式电话或手机并说着"Hello"（你好），广告末尾的文案是"在六月到来"（Coming in June）。这支广告发挥了重复的力量，通过单个英文单词的简单重复传递出一个清晰的信息——请准备好在几个月后用全新的移动设备向着新世界说"Hello"。在苹果公司广告传统中，那种一如既往的、理想主义旗帜高高飘扬的风格，在 iPhone 的新广告中被延续了下来。

当苹果公司向果粉热情地说着"Hello"时，它的目标用户也开始用实际行动予以回应。乔布斯在推出 iPhone 时曾提到一组数据，在 2006 年，手机在全球范围内的销量达到9.57亿部，所以他给苹果公司定下了一个在2008年需要达成的小目标：卖 1000 万部 iPhone 以换取 1%的市场占有率。然而，一向自信的乔布斯显然低估了人们对这款革命性产品的热情，最终 iPhone在 2008 年的总销售量达到了约 1400 万部，占到当年手机市场份额的 1.1%。随后 iPhone 在全世界掀起了长达十几年的智能手机购买旋风，根据德国统计网站 Statista 公布的数据，iPhone 在 2018 年第四季度的市场份额达到18.2%，已经远远超出了乔布斯在iPhone诞生之初的预计（见图3-1和图3-2）。

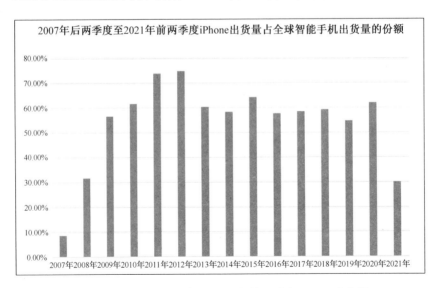

图 3-1　2007 年后两季度至 2021 年前两季度 iPhone 出货量
占全球智能手机出货量的份额

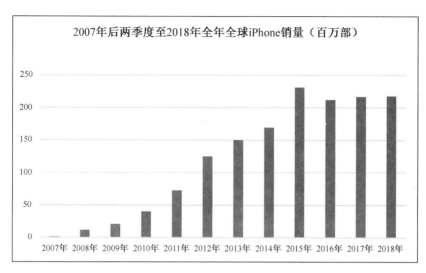

图 3-2　2007 年后两季度至 2018 年全年全球 iPhone 销量

在 iPhone 正式发售十周年时，美国哥伦比亚广播公司在新闻中写道："因为 iPhone 的出现，我们现在认为一直上网是件理所应当的事情。因为 iPhone 的出现，我们的口袋里拥有了几乎所有东西：计算机、计算器、摄像机、闹钟、电话、音乐播放器、答录机和录音机。"智能手机使用多点触控技术并能让人们流畅上网，提供近乎所有消费者能想到的功能，结果是，每个人都对手机产生了一种异乎寻常的依恋感。大多数人难以想象没有手机的生活，他们需要随时将手机带在身边并习惯性地不时翻看，隔一段时间不唤醒手机就觉得会错过重要消息。讽刺的是，为了改变这种依恋感，"万能"的智能手机也开始提供帮人们摆脱手机的控制从而集中注意力的服务，一款名为"森林"（Forest）的第三方应用正受到中国网民的欢迎。这款 App 的游戏规则特别简单：用户在一段时间内不打开手机以换取种植虚拟树木的奖励，那些能够保持长期自律的人会拥有一片茂密的森林。这款 App 的流行刚好印证了智能手机给人们的日常行为造成了巨大影响。不幸的是，大多数人很难抵抗技术带来的诱惑，他们在立下目标后不久便重新坦然地回归手机的怀抱，他们想要改变自己，最终却徒劳无获。

在 iPhone 的带动下，全球智能手机出货量在接下来的十年里突飞猛进。根据"互联网女皇"米克尔披露的数据，智能手机在 2010 年的出货量同比增长接近 75%，并且自 2014 年开始每年新出货量均超过了 12 亿部，这意味着在最近六年里智能手机的市场规模相当于整个地球的人口总数。在智能手机备受青睐的同时，全球消费电子产业也开始出现新变化：首当其冲的就是那些长期主导手机产业发展的强势公司，其陷入无力满足消费者日益旺盛的智能手机迭代需求的尴尬境地。诺基亚从 2007 年超过 50% 的全球市场份额崩塌至 2013 年的 3% 左右（见图 3-3），摩托罗拉面临的境况也与诺基亚基本类似。另外，那些生产计算器、指南针、闹钟、固定电话和录音机的厂商同样也受到严重冲击。拥有 130 多年历史的柯达公司于 2012 年 1 月申请破产保护，并在一个月后停止了数码相机的生产。这一事件标志着一个旧摄影时代的结束，以及新摄影时代的开始。如你所见，近几年智能手机厂商"近身肉搏"的重点"战场"之一便是摄像头性能及成像质量。例如，2019 年 3 月首次发布的华为 P30 系列手机就以"拍月亮"为卖点之一，甚至还因此申请了专利并且登上微博热搜。从智能手机产业的快速崛起到传统功能机巨头及照相机等其他产业的没落，不同产业兴衰更替的背后实际上反映了用户行为的变化。你可以将其理解为人们用钱包里的钱对未来商业的发展进行着实时投票，而最终的投票结果再明显不过，看好移动互联网的一方会在不久的将来主宰商业前进的方向。

如果说手机的流行为移动营销的崛起奠定了物质层面的基础，那么以苹果公司推出 iPhone 为标志的智能手机的普及，则为移动营销的快速发展注入了"灵魂"，让移动营销快速告别纸上谈兵的低效阶段，向具备技术可行性和能带来确定性回报的方向发展。以互动方式为例，iPhone 告别机械键盘的创举让手指成为开启真实世界与虚拟世界间大门的钥匙，通过手指的上下划动及多根手指的不同配合，人们能够自然地向手中的机器发出指令并完成一系列动作。2014 年 9 月 9 日，随着 Apple Watch 的推出而首次亮相的 3D

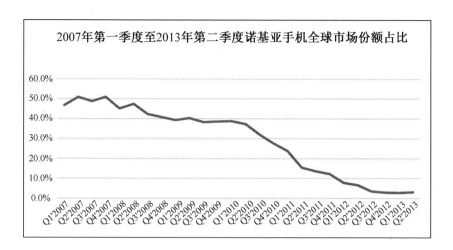

图 3-3　2007 年第一季度至 2013 年第二季度诺基亚手机全球市场份额占比

触控技术更是增加了交互的想象空间，人们通过压力传感器感受手指在屏幕上的施力程度，人们借由手指便能快速传递出更多的指令。比如在绘画时通过加大力度便能让线条变得更粗或是在观看视频时让快速播放的速度随着压力的增加变得更快。

前智能手机时代受制于交互形式有限，其开拓移动红利的方式简单粗暴，人们只能通过短信的大面积推送强行完成价值的采掘，这与在电视、报纸、杂志、广播等传统媒体上刊载或播发广告无本质区别。然而，智能手机的出现让移动营销真正实现了互动，互动这一特性本身也给予了移动营销更大的活动舞台。2016 年 4 月，不少人的朋友圈都被名为"该新闻已被 BMW 快速删除"的链接刷了屏，短短一个小时之内其浏览量就达到 10w+，这成为宝马利用社交平台进行病毒式营销的经典案例。在这个营销活动中，用户点开链接后看见的是与其他公众号内容没有差别的页面，当你习惯性地通过手指上下划动时便会触发一段 40 秒的视频自动播放，画面展示了宝马在不同场景中的行驶状态，最后还邀请目标用户在线留下联系方式。事实上，与汽车品牌以往在电视上投放的视频广告相比，这个营销活动的特殊之处在于，视频广告由手指的上下划动触发，这个现在看起来可能并不新鲜的互动行为却给当时的人们带来了不少新鲜感，人们自愿成为社交关系链条上的转发节点，最终帮助品牌广告获得了超乎预期的曝光量。所以，智能手机的大规模普及和由此带来的全新互动形式，让我们与广阔虚拟世界间的距离变得更近，也让我们在更短的时间里能够快速向真正的移动营销市场挺进。

面对那些对 iPhone 有着无限憧憬的消费者，苹果公司用一支 60 秒的广告向他们热情地说 Hello。当然，这支广告的受众不只普通消费者，还包括对新技术毫无抵抗能力的广告营销业。回过头看，这支广告和它所代表的 iPhone 在无形之中帮助广告营销界叩响了移动营销时代的大门。

无稽之谈？

苹果公司 2007 年年初的发布会具有划时代意义，发布会就整体来讲堪称完美，但其过程中的一些瑕疵也暴露了 iPhone 的推出超前于当时的整个时代。

在演讲中，乔布斯将 iPhone 定义为融合了手机通信、iPod 及上网设备三项功能的产品。当然，其中至关重要，也是给消费者带来颠覆性影响的关键利益点是，它丰富了人们通过手机使用多种上网服务的想象力。而且在当时，iPhone 提供的体验已经能够媲美在台式计算机上"冲浪"的感觉。在发布会上，乔布斯从小到大、一以贯之的恶作剧不时逗乐台下的听众，他通过手机上的谷歌地图搜索到附近的一家星巴克，然后拨通对方的电话，要求订4000 杯拿铁并打包。"骗你的，打错了，拜拜。"乔布斯随后快速说道并挂断电话。台下马上响起一阵哄笑声和掌声，发布会中类似这样意外的小插曲总能增加乔布斯的个人魅力。但是在使用谷歌地图时，网速较慢的现况也展露无遗。当点击进入页面时，地图不会一下就映入人们的眼帘，而是一行行被拼接到了一起；这种情况在放大或左右移动地图时比较明显。如果用户想使用"卫星地图"这一炫酷的功能，则需要做好加载时间更长的准备，以至于乔布斯不得不在演示时用"等它读取一下，我们再进入"的言辞要求听众保持耐心。事实上，无论浏览报纸网页还是使用地图服务，但凡需要获取图片信息，这样的问题就会反复出现。在有关 iPhone 的首轮媒体测评中，《纽约时报》就写道："（在 Wi-Fi 之外）你必须使用 AT&T 提供的古老的 EDGE 蜂窝网络，这种网络速度极慢。《纽约时报》的主页需要 55 秒才能加载完，亚马逊和雅虎网页的加载则分别耗时 100 秒和两分钟。"《今日美国》则直白地表示，智能手机的普及需要"更快的'3G'或'第三代'数据网络"。显然，这并非智能手机或乔布斯可以解决的。原因在于，当时的网络传播速度很慢，并且所有人都清楚这种缺点严重制约着智能手机的普及。

作为支撑通信产业的底层要素，通信技术的发展水平无疑决定着移动营销市场空间的天花板。在拨号上网的时代，曾经有一个海外经典广告描述了慢网速给广告受众造成的尴尬：一个男性用户在征婚网站上与女网友聊天，女网友向他发来了自己的照片。由于网速较慢，图片过了很长时间才加载了一半，这时画面中出现的是一位身材姣好的妙龄模特。男性用户等不及要见女网友，就穿上大衣走出家门。但在计算机中的图片终于加载完后，照片中实际出现的是在一张户外广告牌下照相的"大妈"。在强烈的戏剧性冲突之下，广告创作者讽刺了太慢的网速给人们日常生活带来的困扰，同时也展示了在线广告营销与通信技术水平间强烈的伴生性。

当需要分析企业或行业所处的外部宏观环境时，研究者常使用一种名为"PEST"的分析模型，它由政治（Politics）、经济（Economy）、社会（Society）和技术（Technology）四大因素组成，首字母连起来组成的单词 PEST 意为"害虫"或"讨厌的事物"。从为其取名的巧妙暗喻中便能看出，人们厌恶宏观环境的制约和它带来的不确定性。随着时间的推移，技术在产业发展中起到的作用越发重要，对于广告营销行业也不例外。例如，随着线上技术的日臻成熟，那些不具有交互性、精准性并带有传统媒体单向传播属性的广告形式开始逐步在市场机制的调节下被广告主抛弃。根据在线发行商欧洲协会和欧洲交互广告协会发布的数据，传统在线旗帜广告的占有率在 2006 年从 21%快速下落至 13%。而在消费者端，一种被称为"旗帜广告盲视效应"的广告回避现象也展现出受众对这种广告形式的无情抵制，它指的是即使广告已经出现在了人们打开的网页中，人们也会选择性地忽略旗帜广告所在的区域，这种情况显然会造成广告主投放成本的大量浪费。新媒体不只为广告业提供了一种获取注意力的新渠道，它实际上还代表着一种新的思维方式。当广告营销行业面对媒介技术的快速迭代时，这样的感觉变得越来越强烈。

在 2008 年北京奥运会之前，一种被称为 CMMB 的移动终端正抓紧在全国各大主要城市中快速铺开。CMMB 的全称是中国移动多媒体终端（China Mobile Multimedia Broadcasting），由中国广播电视系统主导推出，其特点是能够使人们通过手机、MP4、数码相机等移动终端实时收看电视节目。由于北京奥运会即将到来，届时人们随时随地收看比赛的需求会增加，因而国家广播电视总局（简称广电总局）于当年 6 月在 37 个城市[1]开始了大规模的 CMMB 实验。能用手机看电视，这在当时的普通观众看来简直是一种创举。CMMB 解决了电视这种硬件设备无法移动的难题，让电视节目能够摆脱局限，从而随时有能力触达受众。早在 1997 年，国家信息化专家咨询委员会常务副主任周宏仁就曾提到"要迎接计算机、电视与电话合一的时代"，十几年后，这样富有前瞻性的畅想终于被大众所知并具有了落地的可能。

---

[1] 37 个城市包括北京、上海、天津、重庆、库宁、那宁、广州、福州、杭州、贵阳、长沙、武汉、哈尔滨、长春、沈阳、石家庄、济南、南京、合肥、南昌、郑州、太原、西安、兰州、银川、西宁、拉萨、乌鲁木齐、呼和浩特、成都、海口、大连、青岛、厦门、深圳、宁波、秦皇岛等。

在中国开展手机电视试点之前，邻国的韩国和日本已经抢先一步开始了布局。在韩国，提供免费手机电视服务的 T-DMB 在 2008 年 6 月的用户规模已经达到 1237.8 万人，考虑到韩国当年总人口仅有 4905 万人，超过四分之一的渗透率显示出这一新兴媒介在当时的受欢迎程度。与此同时，韩国内部还有与 T-DMB 竞争的付费手机电视服务 S-DMB，这套系统的用户规模也有 131.9 万人。虽然 S-DMB 与 T-DMB 相比仍有不小的差距，但也展现出了韩国部分民众对手机电视的迫切需求。在受众规模不断扩大的同时，这个新媒介也滋生出了全新的广告市场，譬如 T-DMB 在 2007 年便获得了总计 4000 万元的广告收入。"由于 CMMB 是一个移动的广播电视媒体，其完整转播传统的广播电视频道，包括广告，所以成就了一个新的广告市场。"2008 年的《广告大观》杂志对于中国版的 T-DMB 满怀乐观。

在 CMMB 发展初期，人们的乐观确实不算盲目。当最强势的传统媒体移动兴起时，其中迸发出的巨大想象空间足以让人们期待一个新纪元的到来。在奥运会试播期间，CMMB 向观众提供了包括央视综合频道、新闻频道、奥运频道、英语频道、少儿频道及一套本地频道等在内的总共 9 套广播电视频道，未来还将继续增加到 20 多个电视频道和 10 多套广播频率，这样的吞吐量足以满足那时大部分受众的信息需求。由于用户在试播阶段收看手机电视是免费的，因此奥运会期间的整体收视情况还算不错，通过手机电视观看开幕式的收视人群占 3.4%。另外，在奥运会期间通过手机观看精彩奥运会视频的人数达到百万人，节目点击次数接近 700 万次，累计播放时长超过了 30 万个小时。除了受众端，越来越多的手机终端厂商也看中了移动电视蕴藏的市场潜力，包括联想、中兴等在内的 145 家终端企业加入到了 CMMB 联盟的行列，诺基亚和摩托罗拉等当时的国际大厂也与广电系统签订了战略合作协议。

广电系统在移动电视上的积极布局，实际上源于移动技术快速发展所带来的焦虑感。正如周宏仁认为电视、计算机和电话将融为一体，越来越多的行业内人士已经看到了移动电信网、广播电视网和互联网相互融合将是大势所趋。如果不能在这个浪潮中提前占位，那么在整个系统"三网融合"之后，自己将丧失市场。丧失市场的后果显而易见，这意味着将丧失整个时代的话语权。所以，广电系统强推 CMMB 实际上是在争夺未来的话语权。在广电系统之外，工业和信息化部也曾主导过一个名为 TMMB 的标准，其同样着眼于占领"三网融合"之后的手机电视市场。由此可见，无论移动通信体系还是传统广电体系都对移动电视的未来发展持乐观态度。

然而，时间终究会回答人们的所有疑问，无论 T-DMB、S-DMB、CMMB 还是 TMMB 都没能熬过历史大浪淘沙的淬炼。时至今日，手机电视这一形态也已经不复存在，如果仔细审视它的发展历程，大概就能明白这个结局从开始就已经注定。

首先是基础技术支撑仍然不足，北京地区的手机用户在奥运会期间登录电视频道时，曾遇到过无法登录、画面效果不理想、出现马赛克等影响收视体验的情况。虽然手机电视冠以"电视"的称呼，但其无法达到传统广电网流畅、清晰和不卡顿的要求，因而普通观众从电视向移动端的大规模迁移难以有效达成。

其次是资费问题，韩国的 T-DMB 和 S-DMB 展示了两种手机电视截然不同的盈利模式，即向用户收取内容服务费和向广告主收取广告费。其中，广告收入的规模大小又取决于吸引了多少用户的注意力。在中国，刚刚起步的 CMMB 难以通过广告盈利，因而在试播免费期结束后就开启了向用户收费的阶段。对于收费标准，时任广电总局广播电视规划院院长的姜文波曾表示，一个频道的月租费不超过 5 元，所有频道加在一起后总共需要几十元。事实上，在最终商用播出时采用的资费标准为每个月 20 元左右。然而，一月 20 几元的收费标准对于当时的中国观众而言远远超出了其愿意承担的成本边界，难以寻觅到合适的商业模式在一定程度上抑制了受众基数规模的扩大。对于手机电视而言，技术和商业模式的局限只是导致失败的表层原因，其失败的根源在于空有移动之名，而无移动之实，聪明的头脑们看到了新传播渠道在媒介接触移动化后能够重聚注意力的能力，但其推进与转型仍然是按照传统媒体的思维路径进行的。例如，CMMB 的标准仍然按照单向推送式广播的模式架构，既没有大量的点播或回看内容供观众自由地选择，更遑论基于视频内容构建起评论、投票、弹幕等双向传播互动模式。其在硬件上不及电视，在内容上依赖广电制作团队，在商业模式上远不成熟，媒介形态创新层面又极为有限，虽然很多人预计到了视频形态最终将在未来线上世界占据重要的一席之地，但种种不利因素相互叠加，将手机电视推向了失败的结局。

如今，移动通信上网速率的加快催生了腾讯视频、爱奇艺、优酷等长视频巨头，抖音、快手等短视频新星，并且还衍生出了包括直播等在内的新型信息样态。时代之所以为它们打开了机遇之门，却关上了手机电视这扇窗，归根结底还是因为它们更好地彰显了移动通信技术的独特优势：趋近无限的内容供给、随心所欲地自主选择、花样繁多的互动方式及从会员、增值服务到广告的一连串成熟的自供血机制。如果将传统媒体的传播模式照搬到移动端，那只能被看作是无稽之谈。

从第三梯队到第一梯队

除了希望打造手机电视帝国的从业者，因为预期落空而深切地体会到切肤之痛，在移动互联网和移动营销世界中经历起起伏伏的人们，也对移动通信技术的关键作用体悟深刻。如果说文字是信息世界的基础，数学是量化世界的基础，那么移动通信技术便是决定移动互联网整个产业发展走向的基础。

移动通信技术的重要性不言而喻，大众对通信技术迸发出的热情似乎是一蹴而就的，这多少源于一些突发事件。2018年12月6日，有新闻报道，华为副董事长兼首席财务官孟晚舟在加拿大被逮捕。这一爆炸性的新闻迅速被媒体记者传递到了全世界的每个角落，各地的评论家和分析者就此衍生出了各种各样的解读。在全球冲突、爱国热情和技术至上主义等不同现象的共同催化下，原本作为技术词语的5G迅速成为活跃于舆论界的符号。5G不再只是一个晦涩难懂的词语，而是成为一个近乎所有人都极力希望弄懂并投注巨大热情的符号。

但5G终究是个不容易被普罗大众厘清的概念，尤其考虑到人们的热情是突然爆发的，在此之前他们并没有足够的知识储备。在人们对美丽新世界的期待与现实世界专有名词的难解之间，那些致力于将艰深的知识大众化的创作者开始获得追捧。2019年6月6日，北京邮电大学的学生、哔哩哔哩网站的UP主"老师好我叫何同学"在哔哩哔哩网站上传了一个七分钟的短视频，视频的主要内容是测试5G到底能带来多快的网速。出乎他意料的是，这个视频满足了人们对新技术实际落地情况的好奇心，视频最终在裂变式传播的帮助下成为全网爆款，在哔哩哔哩网站这个单一渠道获得了接近1500万的播放量。对于大多数人而言，他们通过这个视频第一次见识到了5G的强大——平均下载速率在700Mbps左右，生活类应用的下载数秒内便可完成，下载歌曲只存在全空和全满两种状态，在视频网站拖动进度条观看视频时无缓冲，联网游戏延迟普遍也保持在60ms以下，这些超出人们过往触网经验的全新使用体验，让5G成为人们更加期盼的新技术。不过视频中最发人深省的部分是在末尾，视频创作者在百度上搜索了从2012年6月到2013年6月间关于4G的信息，这个时间段刚好是4G即将步入商用的阶段。最终的搜索结果很有趣：当时的人们对 4G 的期待似乎并不高，质疑"4G 有什么用"的网民不在少数，另外对于流量资费的担忧也让人们对 4G 的发展将信将疑。当然，对于移动通信技术落地场景缺乏想象力也是当时的问题，比如预想的移动支付还需要通过"手机+信用卡+近场通信"（NFC）的复杂模式推进。但事实上，由支付宝和微信支付主导的现行模式是，直接用手机摄像头扫描二维码完成。这种更加简洁的方式快速拓展了移动支付市场，让中国迅速跨越从现金到信用卡的阶段，弯道超车直达领先全球的"准无现金社会"水准。根据 2019 年 8 月 CNNIC 公布的第 44 次《中国互联网络发展状况统计报告》，手机网络支付用户的规模达到 6.21 亿人，占手机网民的比例达到 73.4%。图 3-4 为 2006—2020 年手机网络支付用户规模及使用率变化趋势。有趣的是，回过头看，你会发现移动支付的快速普及无形中也扩大了移动营销的整体规模，正是因为移动支付所带来的实际转化环节与广告投放环节间所实现的数据"无缝衔接"，让对广告投放的投资回报率日益吹毛求疵的广告主开始关注这个全新的渠道。

图 3-4　2006—2020 年手机网络支付用户规模及使用率变化趋势

虽然在 5G 时代，大众对新一代通信技术的憧憬几乎与技术商用的步伐同步，甚至那种乐观情绪偶尔超出技术的普及速度。但从更长的时间维度来看，大多数不同时期的从业者还是会羡慕甚至嫉妒眼下社会公众为技术研发和普及创造的绝佳舆论环境。大多数时候，社会期待滞后于技术发展才是常态，甚至偶尔还会因此阻碍那些相对成熟的技术被更多普通人采纳。老师好我叫何同学的短视频中展现出的 2012 年前后人们对 4G 持有的迟疑态度即是一例，而类似的窘态在更早之前也出现过。在 2009 年年中的一次全国手机网民调研中，仅有 28% 的人表示未来会使用 3G 上网，明确表示不会使用 3G 手机上网的人占比高达 32.4%。值得注意的是，这项由 CNNIC 组织的调研针对的是已经通过手机上网的网民，他们普遍对技术有着较高的敏锐度。在他们之中竟然有不少人不接纳 3G 手机，说明当时 3G 在发展之初并不像如今的 5G 那样拥有广泛的群众基础。这份调查详细地罗列了当时被消费者选出的制约手机发展的主要因素，包括"手机上网速度太慢""手机上网费用太贵""上网时电池耗电量大""手机屏幕太小"等。如果用静态的视角审视当时的手机，这些问题确实普遍存在。例如，中国联通最早的 3G 套餐价格高达 293 元 / GB，最低档的 150MB 套餐价格也高达 46 元。要知道，目前我们在手机上每收看一个短视频消耗的流量在 5MB 左右，而 46 元只够刷 30 个短视频。即便不考虑网速是否足以承载视频流内容，仅资费问题就是短视频行业发展的不可承受之重。所以，移动通信技术的发展就是移动行业整体发展的底色，它在未来掀起了一波又一波的浪潮，并决定了个人、公司、行业乃至国家的命运到底是仁立在潮头还是消弭于浪尖。

从 3G 到 5G，中国移动通信技术的发展实现了从第三梯队向第一梯队的跃迁。如果我们将新制式用户渗透率跨越 20% 的时间点视为门槛，那么中国在 2013 年才正式进入 3G 时代，这个时间点晚于日本与韩国的 2005 年前后，也晚于由英国、澳大利亚、美国、德国、法国和加拿大组成的第二梯队。中国在 2014 年进入 4G 时代，跻身第二梯队，但仍晚于韩国、美国与日本进入 4G 时代的时间。当然，快速缩小差距的"中国速度"让人们看到了中国在 5G 时代成为第一梯队成员的潜质，预计中国将在 2021 年实现 5G 渗透率破两成的目标，而第一梯队的其他成员涵盖了韩国、美国、日本、英国和澳大利亚等传统强国，中国成为其中唯一的发展中国家。考虑到中国庞大的人口基数，达到两成的渗透率意味着规模不小的市场，从 3G 时代到 5G 时代的骤然提速带来的是崭新且生机勃勃的市场机会，大量从中国本土崛起的互联网公司开始喷薄而出。在 2018 年"两会"期间，马化腾曾提到全球前十大互联网公司中，来自中国的公司就占到了四席，包括腾讯、百度、阿里巴巴和京东。如果将拥有今日头条、抖音、TikTok 等强势头部 App 但还未上市的字节跳动也算上，那么中国的互联网力量还会显得更加茁壮。

2012 年 9 月，李彦宏受邀在斯坦福大学的中国 2.0 大会上发表主题演讲，他在其中提到了"C2C"。他当然不是帮助电商平台宣传"个人间电子商务"，"C2C"在这场演讲中代表着"Copy to China"。将硅谷已经成功的模式复制到中国，这是中国创业者在很长一段时间内常采用的方式。这种商业逻辑之所以有效在很大程度上仰仗中国足够独特的互联网环境，这里几乎没有 Facebook、谷歌等巨头的立足之地，那些能够进入中国市场的海外公司又难以适应中国的文化与人们的习惯。足够特殊带来的市场空白总归需要新的玩家进场填补，而最简单的方式，便是将那些已经在其他市场被证明成熟的模式，进行本土化改造，再放入这个潜力趋近无限的市场。这一招的红利期涵盖了互联网发展的很长一段时间，在微博、微信、美团这些当下巨头的身上，或多或少能看到推特、Whats App、Foursquare 的身影。

"你在硅谷有没有对标的公司？"这个问题一度是风投机构在做出投资决定前让创业者必须回答的问题。对于风投机构而言，那些"Copy to China"的公司具有低风险、高收益的特征："低风险"是因为其商业模式已经被验证过，"高收益"则是因为他们成长于具有巨大想象空间的中国。刚好，华尔街投资者能够理解商业模式的逻辑，也喜欢这些创业者讲述的来自遥远大陆的淘金故事，这意味着风投机构投资这些公司也拥有着顺畅的退出渠道，至少它们上市变身为公众公司的难度要小得多。

但是，与红利相伴的一定是窗口期，C2C 公司的反复成功让这种简单复制的逻辑被更多创业者注意到，这使得围绕 Copy to China 的竞争变得日益激烈——用知名投资人、金沙江创投总经理朱啸虎的话来说就是"Copy to China 不是越来越少，而是越来越快"。过于激烈的竞争和快速关闭的时间窗口，让这条原本屡战屡胜的创业路径变得不再诱人。这时，那些不只考虑中国市场的庞大需求，还关注本土市场独特性的创业者和公司迎来了发展的春天。

在 2017 年 8 月百度的年会上，李彦宏提到"世界正在从 Copy to China 变成 Copy from China"。当时的背景是，百度于 2016 年 6 月在手机百度上推出了信息流，而它的老对头谷歌随后才开始发力信息流业务。与此同时，投资者也不再询问"你在硅谷有没有对标的公司"这类问题，一些在本土扎根、发芽、开花和结果的公司开始出现，它们甚至成为南亚、东南亚、非洲等地创业者极力模仿的对象。造成 Copy from China 的原因有很多：中国传统商业基础设施较为缺乏，给了创业者弯道超车的机会，例如，人们缺少使用信用卡的习惯，这让微信支付和支付宝可以快速崛起；消费者看重渠道的信誉，平台型电商取代品牌自运营的独立站成为主流销货平台。所有的一切都在说明，中国既是全球互联网浪潮中的重要部分，又保有自成一派的独特地位。中国猛进的移动通信技术和勃兴的移动互联网触达人群，特征鲜明的国情和精力旺盛的创业者共同擘画了精彩的中国互联网画卷，在十几年间，中国源源不断地孕育出了大量的明星公司。而这些公司，刚好为中国移动广告的发展提供了绝佳土壤。

简单而言，商业模式只有付费模式和免费模式两种，前者采用"使用者付费"的方式，即那些使用服务的消费者付费，从知识付费到视频网站的会员付费都可以纳入这一范畴；而免费模式并不意味着真正免费，只不过付费对象从使用者变成了广告主，消费者虽然不直接付费，但他们也要用自己的资源去交换，这个资源便是越发稀缺的注意力。在传媒产业经济学中，"二次售卖"是支撑传媒业的底层模式，它指的是大多数媒介产品都要经历两次售卖的过程——第一次售卖是消费者为内容付费，消费者与媒体交换了钱、内容和注意力，如我们买了一张电影票；第二次售卖则是媒体平台将收集到的注意力资源转卖给广告主，这时媒体收到了发行收入之外的广告收入，如我们在电影里看到的植入广告。当然在互联网世界中虽然有部分二次售卖的过程，但实际上大多数时候推动商业模式顺利运转的付费方都是广告主，或者说广告主帮助免费使用服务的消费者付了费。毕竟在内容资源供给趋近于无限的环境中，想让用户松松腰包，难度已经变得越来越大，看看知识付费产品的续购率及视频网站在会员页面加塞广告的窘境，你大概就能明白其中的心酸。如果仔细翻看众多互联网公司的财报，你就会发现这样的现象尤为明显：百度的广告收入一度占到了集团收入的99%左右，阿里巴巴的广告营收预估占比为五成左右，腾讯即便拥有极为强势的游戏与在线增值业务，但是其广告收入占比也稳定在20%。不仅是中国公司，包括谷歌、Facebook、亚马逊在内的海外巨头也对广告业务越发看重，这种现象我们称之为"互联网的广告化生存"。

作为人类历史上可能留存最久也最成熟的商业模式，当代互联网企业对广告的倚重并不值得大惊小怪。虽然这些公司以创新能力著称，却很难在广告之外建立起可持续发展的运营模式。因此，当移动终端飞速发展并且带领整个产业步入美丽新世界时，数字广告也随之进入了一个新的黄金时代，并且成为其中最主要的受益者。

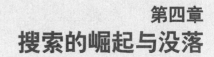

第四章
搜索的崛起与没落

拉里，我不明白，
免费搜索的未来是什么？

——凯文·凯利

Googol

自从人类诞生以来，信息便伴随每个人的一生。其原因复杂多样，可能源于人们与生俱来的好奇心，也可能因为群居属性使人们需要获得足够的信息以便协调与其他人的关系。无论如何，人类需要信息，这是个亘古不变的事实。

然而，随着交通工具和现代科技的发展，人们的生活不再被局限在有限的地理范围。与此同时，我们也开始拥有越来越多的信源，这一趋势的副作用便是我们被迫卷入一个浩瀚的信息海洋之中。与个人有限的注意力相比，信息海洋的广袤程度已经远远超过了我们可以承载的信息负荷，因此那些能够帮助我们找寻有效信息的工具开始涌现。

据称，1815 年一家名为"威斯敏斯特中心市场及环球信息"的机构开张，你可以将它当视为那个年代职业介绍所的雏形。创始人约翰·贝尔（John Bill）颇具商业头脑，他将借贷、买卖、求职等信息分门别类地记在本子上，像极了现在的分类广告。将信息这样组织起来的优势显而易见，这些本子易于检索，能够方便地对接人们的信息需求。每个人都可以免费查看简要信息，但要想了解更详细的信息，就需要缴纳 5 先令的手续费。先查看部分内容，若感兴趣，再付费查看全文，这种模式趋近于现在付费媒体普遍采用的"付费墙"。

无论如何，贝尔创办的这个机构让信息检索成功完成了商业变现。而眼下，你大可以将那些在全球互联网生态中叱咤风云的搜索引擎视为这个机构的孪生子。从本质上说，它们做的是一类生意，只不过赚钱的场域转移到了虚拟世界。

谷歌创始人拉里·佩奇（Larry Page）曾说，他在 23 岁时做了一个梦，梦见自己开发的工具能够下载整个互联网，并让每一位接入互联网的用户能够"随机冲浪"。两年后，1998 年 9 月 4 日，佩奇和他的伙伴谢尔盖·布林（Sergey Brin）向加利福尼亚州提交正式文件，公司宣告成立，谷歌由此才真正走进互联网历史的喧闹舞台。

现在，大多数人都知道 Google，却不知道 Googol，后者给谷歌的两位创始人提供了为公司命名的源泉。Googol 是一个数学大数，意指 10 的一百次方，这在当时是一个巨大无比的数字，乃至最初的一些计算器都无法承载这一数量级的运算。佩奇和布林故意调整了 Googol 的写法，造出了 Google 这个如今家喻户晓的名字。他们的用意十分明显，希望自己的搜索引擎能够帮助网民便捷地检索海量的互联网资讯。

事实上，搜索引擎最初的运作逻辑并不复杂。"一个搜索引擎由两部分构成，一个部分是爬取整个网络然后搜集所有页面，另一个部分就是给这些页面建立索引。"图灵奖得主、计算机科学家巴特勒·兰普森曾经这样简要地解释过。从兰普森的解释中就能大概了解搜索引擎的主要竞争力来源：首先，平台是否能够从互联网的信息海洋中搜集尽量多的资讯？其次，平台的相关性排序算法是否能够真正满足不同用户可能随时出现的各种个性化检索需求？

1999 年，李彦宏已经先后拥有了在美国华尔街和硅谷工作的经历，他还是搜索引擎 Infoseek 的核心工程师之一。即便面临着极多的不确定因素，李彦宏看到中国互联网市场蕴藏着巨大机遇，这推动他做出这个在当时看来极为冒险的抉择：回国创业。

在通过风险投资解决完资金问题，并搭建起一个简陋的创业团队后，在2000 年 1 月 1 日这个千禧年的第一天，从硅谷淘金回来的李彦宏在被誉为"中国硅谷"的北京中关村，创建了百度在线网络技术（北京）有限公司。公司的最初定位是搜索技术方案提供商，向包括新浪在内的众多强势门户和中小企业提供技术支持，以此换取长期维持团队所需的收入。然而，正当人们因为新千年的到来欣喜不已时，互联网泡沫在全球范围内破灭的风险也正蠢蠢欲动。

这场危机严重冲击了当时中国的一众明星互联网公司，包括新浪、搜狐、网易等，其股价最低都跌到了 1 美元左右。这一现实也让李彦宏不得不面对极为棘手的问题：作为一家技术供应商，彼时百度极为倚赖与门户网站等客户的合作关系，甚至可以说两者之间建立起的是"唇亡齿寒"的关系。但与此同时，在互联网泡沫破灭的影响下，百度的主要客户掌握的资本已经不算丰裕。当时，"更低的价格"成为客户最关心的因素，甚至有些客户为了节约成本开始自己搭建站内搜索系统，这让李彦宏和他的团队感觉到危机正在逼近。

是否可以直接面向用户端开拓搜索引擎服务？这个问题被摆在桌面上。如果直接开发独立搜索网站，就意味着门户网站与百度间的合作关系将彻底断开。首先，这会使百度直接丧失一大块足以维持团队正常运转的收入；其次，在谷歌和其他国内潜在竞争对手的夹击下，百度能够顺利突出重围吗？

由于现实和未来的双重不确定，百度内部在讨论未来发展路径时争议极大。最后李彦宏力排众议、一锤定音，在2001年10月正式推出独立的百度搜索网站。

与Google类似，百度的命名也有渊源，它取自辛弃疾《青玉案·元夕》中的名句："众里寻他千百度，蓦然回首，那人却在灯火阑珊处。"这首词描述的是主人公在人群中寻觅意中人的故事，而作为帮用户寻找契合其需求的信息的平台，李彦宏从该词中获得了灵感，取名"百度"，这与佩奇从Googlo中为产品取名异曲同工。不同的是，"百度"两个字带着点鲜明的传统文化色彩，其扎根中国市场的目标不言而喻。

无论谷歌还是百度，其提供的服务刚好切中的是由数字时代衍生出的崭新刚需市场，因此它们在接下来近二十年面对的都是以亿计的用户规模。根据CNNIC的数据，截至2019年6月，搜索引擎的用户规模仅在中国就已经达到近7亿人，使用率高达81.3%。其中，百度搜索在搜索用户中的渗透率达到90.9%。

虽然搜索引擎拥有庞大的用户基数，但其工作机制决定了它的运营成本较高——平台既要随时通过爬虫抓取网页，以便建立庞大的索引数据库，还需要保证算力足以应付各地民众日均数十亿次的搜索需求。与此同时，谷歌和百度提供的服务都面向C端的普通网民，人们在使用这些平台时除了要付出注意力，不需要付出其他成本。

"拉里，我不明白。免费搜索的未来是什么？"凯文·凯利（Kevin Kelly）在谷歌创业初期就向佩奇抛出过这样的问题。凯利被人们称为KK，他的代表作是包括《失控》《科技想要什么》《必然》在内的"KK三部曲"。除了畅销书作家，他还以全球顶级科技类杂志《连线》创始编辑的身份为人所知。

凯利的问题直击谷歌和百度这类搜索引擎运营模式的核心。如果既不通过向 B 端客户提供技术解决方案获得收入，又不愿意向 C 端用户收费，仅靠资本投资何以维持平台的长久运营？况且，风险投资者并不是好心的慈善家，他们之所以投资也是着眼于未来公司能够带来的潜在回报，有时这种对盈利的迫切渴求太过强烈，甚至会摧毁那些无法找到合理变现模式的创业者及他们的公司。

所以，凯利的问题变得凌厉——免费搜索的未来是什么？

再往后，这个问题的答案终于变得清晰：广告。

搜索引擎三大定律

2001 年 9 月 7 日，在独立搜索网站上线前夕，李彦宏在自己的个人专栏里发表了一篇文章。这篇文章提到了一个全新的概念——搜索引擎三大定律。或许正是因为对搜索引擎有了全面的理解，百度直接面向 C 端用户提供服务的步伐才得以加快。

这篇文章中提到的三大定律包括三个部分：相关性定律、人气质量定律和自信心定律。搜索引擎运行的基础模式是，平台首先对用户发出的需求进行切词处理，随后在包含爬虫抓取的庞大网页库中搜寻与之匹配的内容，最终经过相关性排序将所有内容呈现在用户的屏幕上。因此，"相关性排序"成为最关键的环节之一，也成为决定搜索引擎平台服务质量的核心。李彦宏口中的三大定律，实质上都瞄准了"相关性排序"这个过程。

第一定律，即相关性定律是搜索引擎排序的原始模式。简单来说，它基于词频进行统计，当用户发出检索需求并且平台完成切词后，匹配词语越多、频数越高的网页就将出现在搜索结果中的前列。但这种模式太过简单，容易被人们钻空子，比如很多运营者在网页中添加了很多无谓的关键词，通过这种方式人为干扰排序结果，严重损害用户的搜索体验。

在这样的背景下，第二定律人气质量定律被引入搜索引擎相关性排序的思考中。它借用了学术界评价文献质量的指标之一，即引文数与下载数。在学术圈，人们在评价一篇文献是否足够优秀时，往往看重研究成果被多少同行引用与下载。引用数与下载数越多，就意味着文献匹配了更多学者的需求，因而质量更高。李彦宏提出的人气质量定律便让相关性排序脱离了单纯局限于文本的窠臼，而是引入了其他人的搜索行为，并对结果进行评价。换言之，那些能够真正满足普通用户需求的内容，其质量自然也更高。这一发现随后演进为"超链分析"技术，国外媒体甚至提出，这一技术与傅里叶转化、RSA算法等一起"统治"着当下的世界。

2000 年开始发端的互联网泡沫破灭，促使自信心定律出现。"各大搜索引擎要么遭人收购，要么推迟上市。那么，搜索引擎的出路到底在哪儿？"李彦宏在文章中这样反问道。随后，他便给出了自信心定律的答案。在他看来，搜索结果的相关性排序除了要重视前述的词频统计和超链分析，还应该重视竞价排名在机制中的调节作用。原因很简单，谁对自己的内容有信心，谁就应该排在前面，而自信的表现形式就是，愿意为自己在搜索引擎结果页中的排名付费。

李彦宏提到，自信心定律是他自己生造的，在此前的文献中无人提及。但事实上，这一想法并不算新颖。在广告学与营销学者看来，品牌在现代商业社会中之所以重要，除了因为它能够帮助企业确立差异化的形象、协助消费者快速做出消费决策，还因为它能够为企业与消费者之间的关系提供信誉保证。达成这样的效果，源于一个基本判断——品牌的产生一定是因为企业倾注了大量资金和精力，也正因为投入巨大，因此生产者不会傻到为了蝇头小利砸了招牌。企业对自己的产品有信心及随后在生产过程中始终保持克制，才使得那些知名品牌数十年如一日地获得广告消费者的信任。李彦宏口中的自信心定律，似乎也表达着差不多的意思。

自信心定律的出现源于李彦宏在互联网泡沫的冲击下开始反思搜索引擎的出路，结果是，它成功回答了凯利曾向佩奇抛出的那个问题。竞价排名作为搜索引擎生态下衍生的全新广告形式，成为"免费搜索的未来"。

在独立搜索网站上线的 2001 年，自信心定律就为百度创造了 20.2 万元的在线营销服务（Online Marketing Services）收入。不过，广告收入在当时正处于起步阶段的公司总营收中所占份额并不算大，仅有 3.1%。到了第二年，百度的广告收入开始猛增，在短短一年时间里翻了 20 倍，总额达到 429.2 万元。对于李彦宏和他的百度而言，他们在极短的时间内便看到了竞价排名模式顺利跑通了通道，越来越多的企业开始在搜索引擎平台上展现自己的自信心。毕竟，百度在 PC 时代流量分发中心的地位让其拥有极强的话语权，它的相关性排序规则可以算作当时互联网生态发展的"法律"，而网站站长和其他运营者日常要做的功课之一便是参透这套规则，以获取更多付费流量或自然流量。

推出独立搜索网站的前七年，百度的广告收入均维持着每年翻倍的增长速度。直到 2007 年，百度的年广告营收达到 17.41 亿元。随后，它对广告收入愈加依赖，从一组广告营收在总营收中的占比数据中便能窥见其中的轨迹：2001 年是 3.1%，2002 年是 38.95%，2003 年是 78.32%，2004 年是 90.98%。在 2005 年上市之前，百度便完成了从技术服务费主导到倚重广告收入的转型。要通过技术换取收入，显然需要不小的人力团队和客户沟通成本，挣的是"辛苦钱"。但竞价排名就不同了，只需要研发一套技术并且设定好游戏规则，用户在搜索平台中投注意力资源便能实现大规模、可复制的变现。换言之，规模经济效应也就更容易达成。由此，隐藏在搜索这门生意之下的商业潜能被彻底激发，由此创造出不菲的、躺着也能赚钱的"睡后收入"。从"挣辛苦钱"到"坐享睡后收入"的变化，也支撑着百度走出一条从一家小型技术供应商发展、转变为中国互联网商业巨头的猛进之路。

2004 年，广告收入在百度总营收中的占比就已经突破了九成，拥有这项绝佳现金牛业务的百度就像躺在了印钞机上。自那以后的十三年，百度的广告营收占比始终在九成以上的高位，并且几乎在人们认为数值已经趋近极限时还能给人们带来惊喜，从 2006 年到 2014 年，均稳定在 99% 左右，峰值出现在 2010 年——当年百度的在线营销服务收入为 79.13 亿元，同比增长幅度高达 78%。正是由于对以竞价排名为代表的广告营收的高度依赖，不少人已经习惯将百度等同于一家"网络广告公司"。

李彦宏提到的搜索引擎自信心定律为免费搜索找到了一个可能的未来，通过建立一套成熟的注意力（或者说流量）资源变现机制，搜索引擎便能长久地运转下去。2010 年 3 月，原本在中国搜索引擎市场占有三成左右份额的谷歌宣布退出中国市场。在此之前，人们普遍将谷歌视为百度在中国市场的唯一挑战者。谷歌退出中国这一戏剧化事件，让百度得以迅速接管谷歌退出后留下的注意力资源，这在客观上使得百度夯实了自己在整个中文互联网生态中的有力角色，这种影响甚至持续至今。CNNIC 于 2019 年 6 月发布的《中国网民搜索引擎使用情况调查》显示：在所有搜索引擎中，百度以 90.9% 的品牌渗透率遥遥领先，位列它之后的包括搜狗搜索（53.5%）、360 搜索（46.1%）、神马搜索（31.1%）、必应搜索（10.7%）。一个成熟的搜索引擎产品便足以满足人们的各种搜索需求，这使得搜索平台常常呈现出一家独大的态势。由于用户在使用搜索引擎时往往有排他行为，百度和它的追随者在实际渗透率上构成的差距可能还将远远大于品牌渗透率本身。

然而，无论从影响力、流量规模还是上市时间等各种因素来看，百度在发展初期的实力都远弱于当时的几大门户网站。同样依靠普通用户的注意力完成变现，为什么百度这类搜索平台的变现路径如此顺遂？从广告收入的增长角度审视，百度的增长曲线甚至要比门户网站的增长曲线陡峭得多。广告主为什么表现出了对搜索广告的强烈热情？他们为什么买单？

如果将门户网站和搜索引擎进行横向比对，我们很容易发现其中的差异。门户网站初期的主要广告位来自文字链广告、横幅广告、弹出式广告等，无论点击文字跳转目标网页，还是通过在显眼的位置将商业内容强制曝光在用户视野中，都更像是传统广告的线上版本——千人一面、被动曝光、毫无个性化可言。这些广告形式与页面中的上下文无相关，与正在浏览网页的受众毫无瓜葛，其实质是门户网站一方在人们的计算机屏幕上硬性地划分出了一块专属于广告内容的空间，这一点与在报纸上划分出广告全版或半版的做法无异。当人们的注意力因为越来越高频的"网上冲浪"开始部分从线下迁移到线上时，广告主需要的不过是将从电视、报纸、杂志、广播等传统媒体中迁移出的注意力重新聚集的机会。他们向门户网站付费，实质是购买了从传统媒体中流失的注意力。除此之外，这一阶段的数字广告本身并未给用户的注意力提供太多附加价值。

搜索广告的出现打破了数字广告难以从传统广告中脱胎换骨的窘境。

1898 年，美国广告学家 E·S·刘易斯（E·S·Lewis）提出了知名的AIDMA 模型，他认为消费者的任何决策过程都需要经历从 Attention（注意）、Interest（兴趣）、Desire（欲望）、Memory（记忆）到 Action（行动）这五个阶段。刘易斯提出的这一模型实际上是对更早的 AIDA 消费决策模型的修正，他认为 AIDA 模型忽略了 Memory（记忆）在消费决策链条中的调节作用，因为并非每一次注意、兴趣、欲望都会直接促使消费者采取行动。很多时候，人们会记住可口可乐这个品牌，然后在运动后口渴想喝水时唤起品牌记忆，最终"临门一脚"购买产品。当然，还有各种各样的其他消费决策模型，例如，日本电通在 2005 年提出的 AISAS 模型——由 Attention（注意）、

Interest（兴趣）、Search（搜索）、Action（行动）和 Share（分享）五部分构成。为了方便理解，你可以将 AIDMA 模型视为评估线下行为的消费决策模型，而后来的 AISAS 模型诠释的便是人们在线上世界的行为。

这些消费决策模型有如下几个共同点：首先，它们都是由几个独立的节点层层递进、组合而成的；其次，它们的起点基本都是用户产生注意，而终点则是用户开始采取行动，当然这也是广告主进行广告投放的终极目标；最后，这些模型也指向了一个基本事实，那就是任何一次消费行为的达成绝非易事，即便消费者很快就会做出购买抉择，其实这也是长时间、各种行为堆叠达成的结果。在从起点到终点的过程中，潜藏着大量的干扰因素，其中任何一个变量的突变都会最终影响人们的消费去向。

所以，消费本身就是个不受控的黑箱。

在如此复杂的环境中，搜索广告的价值得以突显，这在 AISAS 模型中有所体现。传统的门户网站一般作用于前两个阶段，即让用户产生注意力并形成兴趣；但搜索广告并没有瞄准链条的前端，因为用户在网上发出检索请求这一行为本身，就约等于他已经发出了需求产生的信号。搜索广告与当时其他的广告形式相比，在消费决策链条中的位置更加靠后，可以说它是唯一在用户需求产生后进行响应的广告形式。越靠近转化终点，广告的价值就越高，这是评价数字广告位价值的一条永恒真理。搜索广告十分接近末端的特殊地位，这让它的转化率和投资回报率更高。基于流量分发入口的地位和投放数据的亮眼成绩，广告主源源不断地投放广告。

另外，由于竞价排名作用于"相关性排序"这一环节，在不同的用户搜索不同的关键词后，购买目标关键词的广告主才能获得展示的机会。这一机制让搜索广告不再是"千人一面"，而是"千人千面"。从广告主的角度来看，他们在运用资金时不用再纠结"广告费浪费在哪一半"这个老套的问题了；

而从平台的角度来看，这显然是个更大的革命，每个注意力都因此找到了它的最佳"归宿"。在这层表象之下涌动的变化是，每个注意力都能卖出更高的价钱。在门户网站中，广告只能按照包时段的形式售卖，这迫使广告主承担庞大的注意力成本，即便他们明知其中有不少用户永远不可能成为自己的目标用户；与此同时，它也降低了广告媒体的议价能力，流量变现效率的参差不齐和打包销售的现实，阻碍平台方为自己所掌控的注意力资源卖出好价钱。然而，以上种种问题在搜索平台中都迎刃而解——广告主投放的每一笔钱都能用于找到目标用户，平台方经由竞价排名也能实现每一个流量的价值最大化，精耕细作比粗放经营的广告效率更高，参与其中的主体皆大欢喜。

更重要的是，相较于传统媒体和门户网站单笔动辄数十万元的投放费用，搜索广告较低的投放门槛对于中小企业主更加友好。人们常将百度视为长尾市场效应的最佳体现——2004 年 10 月，美国《连线》杂志主编克里斯•安德森（Chris Anderson）首次提出了长尾理论（Long Tail Theory），是指如果那些易被忽视的中小市场价值累积起来，其潜力与头部市场相当。

由于搜索广告的投放并非高不可攀，其自助与价廉的特点让数万广告商分享数字时代的流量红利，这从根本上改变了广告市场的既有格局。百度2018 年第四季度财报的数据显示，活跃广告主数量在这一季度同比增长 15% 至 52.9 万人，而单客户季度 ARPU（用户平均价值）则为 4 万元。百度的ARPU 值远远低于传统媒体，但庞大的活跃广告主数量将长尾效应体现得淋漓尽致。这 50 多万名活跃广告主中的绝大部分人原本并没有广告投放的渠道，搜索广告和竞价排名横空出世，使其变成广告市场在数字经济时代下的全新增量。

人们在汹涌的信息洪流中需要用搜索引擎更便捷地检索信息，而搜索引擎运作原理中必备的相关性排序，又让付费广告拥有了可乘之机。位置越靠前意味着具有更多的曝光机会，也就代表着存在着更多潜在交易机会，那些自信的广告主也就愿意在竞价排名上投入资金。与此同时，广告主的每笔钱都能带来比以往更高的转化率，平台掌握的每个流量也同时拥有了合理的价格，投放门槛降低，使数字广告的大门向中小企业彻底敞开，搜索广告生态就在一片祥和的气氛中于短时间内加速运转。

在李彦宏推出百度并致力于搜索商业化的初期，竞价排名堪称当时的革命性创新。但经过多年发展，这种思维在当前的互联网经济中已经随处可见。阿里巴巴、京东等电商网站，在某种程度上也可以被视为搜索网站。唯一不同之处在于百度匹配的是人和信息，而电商网站对接的是人和商品。

问题出在哪里？

2014 年以后，百度广告营收虽然仍处于上升通道，但增幅已经出现了回落的态势——2015 年的同比增幅首度下降到 32%左右；2016 年受"魏则西事件"的影响，百度当年放缓了商业化变现的步伐，增长率仅为 0.76%；在随后的两年里情况依然没有太大的好转，2017 年和 2018 年的增幅分别只有 13.36%和 11.98%。

你大可以将增长幅度的萎缩视为一种自然现象，毕竟当基数已经扩增到足够大时，要想保证增长率持续稳定几乎是一件不可能的事情。但对百度来说，问题的严峻性在于增长曲线扭头向下不是平滑的，而是义无反顾地掉头向下，中途没有任何缓冲的余地。用股市里的"黑话"来说，算是形成了一个很大的跳空缺口。

仅仅几年时间，搜索引擎就从广告主追捧的宠儿变成了收入压力巨大的"问题少年"，何以至此？

2019 年 5 月 17 日，一则高管离职的消息强烈地冲击着百度员工。当天，百度高级副总裁、搜索公司总裁向海龙宣布辞职。向海龙最早是百度广告代理商，随后百度收购了他的公司，他于 28 岁跟随自己的公司进入了百度。在 14 年的历练沉浮中，向海龙手中掌握的实权越来越大，以至于外界在后期时常调侃百度内部李明远可以动，陆奇可以动，但向海龙不能动。向海龙由于长期掌管着搜索广告这个现金牛业务，此前在百度内部有着不小的话语权。正因如此，他的突然离职像是一场巨大的人事地震。

有媒体报道称，向海龙的离职或与当时百度的营收表现不佳有关。《财经》杂志的一篇报道显示，在向海龙离职当天，李彦宏在百度内部连开了两场会议。

"What's the problem？"（问题出在哪里？）这是李彦宏在会上抛出的问题。他观察到百度的广告营收在最近几年出现了问题，并尝试着给出了自己的答案。在他看来，宏观经济压力、广告主预算压力和内部广告业务的问题，是导致百度广告营收遭遇困境的原因。一些外部行业资深观察者给出的结论更让人悲观，在他们看来，百度的广告营收已经接近天花板。作为一家高度依赖广告收入的互联网公司，外界给出这样的评价似乎直指这家公司未来将不再具有想象力。

实际上，百度广告营收下滑的根本原因并不在宏观经济压力、广告主预算压力和内部广告业务。李彦宏在内部会中的反思并没有触及根本，颓势的本质源于移动化进程的加快让数字生态结构发生了巨变。在这轮巨变中，百度的信息分发权被严重削弱，而强大的信息分发权恰好是百度此前在数字广告生态内拥有强势地位的原因。

春江水暖鸭先知，搜索引擎地位的变化在代理商那里体现得更明显，毕竟他们是离广告主最近的人。对于百度的代理商来说，最近几年的日子似乎都不如以前那么好过了。他们中的不少人都发现，现在与客户见面沟通时，广告主的视野不再局限于百度，他们也开始关注类似字节跳动、小红书这样的新广告平台。要知道，大多数中小广告主对新媒体生态的理解并不透彻，当他们开始对其他媒体产生兴趣时，那就意味着整个生态的变化已经到了不容忽视的地步。

在 PC 时代，百度是信息分发的最重要入口。人们打开浏览器或者要测网速，往往会首先进入百度的首页。百度太过重要，"百度"不再只是一个名词，甚至成为"动词"。遇到问题时"百度一下"，成为彼时人们的口头禅。

但在移动时代，游戏规则发生了根本变化。行业内一度掀起过预测哪些互联网公司能够拿到移动互联网时代"船票"的讨论，但当天猫、淘宝、微信乃至今日头条的日活跃用户量均快速增加时，PC 时代的霸主百度却始终难以登上这艘"诺亚方舟"。

人们不需要搜索引擎了吗？既是，也不是。人们对信息的渴求根植于基因，人和信息的匹配永远都是刚需，只不过眼下的信息匹配方式出现了变化。今日头条等信息聚合类平台的出现部分承接了人们过往的搜索需求——以往人们要主动去搜索信息，但现在通过技术和算法对人的信息需求进行预测，今日头条让信息主动寻找目标受众。除此之外，微信等移动社交平台的崛起也在一定程度上满足了受众的需求，通过朋友圈等基于社交关系链构建出的信息流也集聚了大量注意力，并使人们的信息需求趋于饱和。总而言之，信息的主动分发部分替代了人的主动搜索，类似今日头条的平台也就顺便接手了原本由搜索引擎死死掌控的信息分发权。

当然，除了注意力资源流向其他平台，搜索引擎在移动时代承载的功能也开始减少。正如计算机科学家所言，搜索平台的强大与否取决于两点，相关性排序是否能够真正满足用户的个性化需求，以及在后台能够爬取到多少网页内容也。在西方，人们用"围墙花园"（Walled Garden）来形容各大互联网平台跑马圈地、各自为战的境况。在这种越发封闭的移动互联环境下，百度这样的搜索引擎不再像以往那样掌握足够丰富的信息。由于展示位有限及各种各样的限制，在百度搜索结果页中不容易检索到微信公众号、头条号或微博上内的内容，但在移动互联网时代，这些渠道恰好源源不断地供给着规模最大也最具影响力的内容。当能够触达并检索的数据库有限时，用户在百度上的搜索体验自然也不会太好。

搜索广告最初十几年的突飞猛进让百度享受到了巨大的红利，但也有媒体提到：正因为太过顺利的发展让百度躺在了功劳簿上，对外部环境缺少敬畏。而这里提到的"外部环境"，更多指的是移动互联网的迅猛发展。百度在互联网生态中地位下滑的态势非常明显，人们要么选择将它踢出 BAT 俱乐部，要么用后起之秀字节跳动（ByteDance）替代百度作为"B"的指代者。

相对幸运的是，困境让百度猛然间意识到问题兹事体大，百度随即开启了一轮激进的移动化转型战略。2017 年 11 月底，在百度每年最重要的世界大会上，当时的百度副总裁沈抖将"有事搜一搜，没事看一看"的 Slogan（云题广告语）展示在身后的大屏幕上。这个 Slogan 展示出了一种清晰的姿态，即要夺回在过去几年丢失的信息分发权——有需求的时候，你可以在手机百度上搜索；没有急迫需求的时候，手机百度上搭载的信息流也能够满足你获取信息的渴望。

紧接着，2018 年一开年，百度立刻宣布将"手机百度"更名为"百度"，去掉前面的修饰语，将主品牌直接交予移动端 App，展现出百度更明确的向移动端倾斜的态度。而在一连串的密集攻势之下，在 2018 年年中时，百度 App 的日活跃用户达到了 1.5 亿人。

2019 年春晚成为百度开启移动化转型之后最重要的一场"战役"，当年，百度斥资 4 亿元投标拿下了春晚红包的合作资格。春晚作为全国收视率最高的电视节目之一，对于急需实现活跃用户增长的百度意义重大。如果再加上后续总计发放的 9 亿元红包，这一品牌事件营销的投入超过 10 亿元。

大石头砸下，池塘泛起水花。百度的大手笔投入换来的是在 2019 年春节期间，百度系 App 长时间霸榜——百度、好看视频、全民小视频、看多多等四款 App 始终位列 App Store 下载量排行榜前五。来自第三方数据监测机构 QuestMobile 的数据显示，百度 App 在除夕当天的活跃用户猛增 1 亿人。德意志银行发布的研究报告提到，百度的移动产品矩阵在春晚红包的催化下获得的新用户约占过去三个月平均日活跃用户的 78%。在移动流量红利期即将结束时，百度春晚红包一役还算打得漂亮——2019 年百度第四季度财报显示，百度 App 的日活跃用户已经稳定在 2 亿人左右。与几年前苦于移动化突围无果的窘境相比，此时百度肩负的压力小多了。拥有了稳定的活跃用户，也就拥有了稳定的广告库存和广告主投放的信心，广告营收增速掉头向下的趋势至少能得到些许缓解。

在向海龙离开百度后，他曾负责的版块改组为"移动生态事业群"。这表示百度在移动端的强势布局还将持续下去，但这足以解答李彦宏对百度广告营收的困惑吗？搜索的骤然崛起回应的是 PC 时代兴起的信息浪潮，而它的没落也是时势变化使然。更小的屏幕、更碎片化的时间，以及互联网生态不再信奉"用完即走是最佳体验"这一信条的现实，让曾经的宠儿越发不合时宜。

外部环境的变化，逼迫百度迈出深度变革但前途未卜的一步。眼下，百度用自己的行动证明其拥有改变的勇气，然而这远远不够。重新找到与移动时代共振的频率，关乎维持百度生存最重要的广告业务，也是百度与它所代表的搜索在移动时代重回舞台中央的关键。

搜索的第二增长曲线

从本质上看，人和信息之间的精准匹配无非依赖于两条路径：

第一，依靠对用户未明确表意需求的识别，也就是当用户并未明确对外表达自己的兴趣和需求时，借由大数据、深度学习和人工智能等前沿技术预测用户的需求。今日头条等资讯聚合媒体的崛起便依托于此，它们不断为人和信息进行动态画像，从而提高匹配的精准度。

第二，依靠对用户已明确表意需求的满足，也就是当用户对外明确表达兴趣和需求时，通过 Learn to Ranking（排序学习）等技术从海量内容中抓取适合用户的内容，并将最有可能引发用户兴趣的内容置顶。这一场景主要发生在我们常说的搜索中，而用户明确表意行为的具体表现便是在搜索框中键入需求。

在这两者中，前者需要识别用户未明确的表意行为，后者则直接建立在已明确表意需求上。所以，后者相较前者更早出现。然而，今日头条等后起者之所以能迅猛发展，主要源于它在用户体验上更好并且能够适用更广阔的场景。首先，在大多数情况下，用户省去了键入需求这一明确表意步骤，使信息的获取更加快速、便捷；其次，用户有时在获取信息时也并不清楚自身的需求。譬如对于不少受众来说，他们都有过在观看电视时不断调频道的经历，之所以产生这样的行为，源于他们并不清楚自身的需求，这时也就很难明确表意。

但我们也需要看到，搜索和信息精准分发之间并非替代关系，搜索仍然具有它不可替代的价值。比如当用户已经有非常清晰且强烈的需求时，他们就更倾向于通过搜索高效找到所需的信息。这一倾向的价值对于广告营销极为重要，因为当用户对需求明确表意时，也就表示其中存在更大的转化可能。这也解释了为什么越来越多的巨头开始布局搜索场景。

2020 年年底，字节跳动开始向搜索场景发起猛攻。当时就有媒体报道，字节跳动正在加紧整合今日头条、抖音、西瓜视频等不同内容形态的产品线，通过打通资源，实现搜索广告全量上线。有趣的是，在字节跳动崛起的过程中并不缺乏搜索的身影。

2005 年，张一鸣从南开大学毕业后，就曾加入一家旅游搜索网站，担任工程师全面负责搜索研发。随后，同为龙岩人的王兴看中了张一鸣过硬的技术实力，邀请他以技术合伙人的身份加入团队，负责解决饭否网和海外网等两家平台的搜索技术问题。

2009 年，饭否网被封，这促使张一鸣决定重新创业，这次他瞄准的市场是正步入上升通道的房地产。他认为通过搜索能够解决房产信息不对称的问题，从而提升交易效率，他推出了房产这一垂类搜索引擎九九房，并迅速坐稳了这个垂直赛道的头把交椅。但与此同时，随着智能手机的快速普及，移动互联网的发展成为大势所趋。因此，即便九九房的发展蒸蒸日上，张一鸣还是果决转身，投入到构筑移动互联网内容平台的创业大潮。

假如"企业基因"这个说法属实，那么渗透在字节跳动血液中的一定不乏搜索基因。字节跳动通过信息精准分发重构了连接人与信息的模式，但其依然在寻找进入搜索战场的时机。字节跳动与搜索发生了许多交集：2019 年 8 月，字节跳动首次宣布进入搜索引擎领域；2020 年 2 月底，字节跳动推出名为"头条搜索"的独立 App；2020 年 9 月，各业务账号的搜索权限打通，巨量引擎所有竞价账号均可投放搜索广告。

　　当然，除了锚定搜索广告这个庞大的市场蛋糕，搜索还有助于提高整个内容生态的流转效率。移动互联网时代下的搜索与 PC 时代主要依靠爬虫搜集内容不同，更偏向于站内资源搜索的形式，这意味着其不仅依赖技术，还建立在所依附内容生态的基础之上。因此，当一个足够庞大的内容生态接入搜索时，便能够确保其中的内容能够在更长的时间维度上释放出可观的中长尾价值。

　　值得注意的是，百度以外的其他互联网巨头并不仅仅在移动互联网上提供搜索功能，它们也开始通过推出 PC 版本延展自己的势力范围。譬如 Windows 版微信搜一搜就实现了手机搜一搜的全部功能。以前，Windows 版微信搜一搜仅限于查询本地记录，但现在它已经实现了从公众号、小程序、新闻、表情、朋友圈、视频等在内的全部搜索功能。另外，在抖音 PC 版的发布过程中，抖音官方强调了视频搜索功能。从以上种种布局不难看出，搜索新"战事"大有从移动互联网向更广范围扩展的趋势。

　　目前巨头围绕搜索这一重要场景，在上线相关产品的同时也在广告营销业务布局上有所规划。

　　以微信为例，它的搜索功能被塑造为公私域间引流的重要渠道。在海外，企业常使用"搜索+独立站"的模式促进交易，即用户通过谷歌等平台搜索品牌名，随后点击企业官方链接进入官网，完成购买。而在中国，腾讯也希望复制这样的模式，只不过采用了"微信搜索+公众号 / 小程序"的模式。在腾讯这一围绕品牌营销的构想中，体现了搜索的重要性，它将成为企业从微信庞大公域流量中高效引流获客的重要入口。

　　抖音与微信的做法一致。围绕抖音搜索，巨量引擎快速上线了各种营销产品。从品牌专区、搜索彩蛋、活动品专、明星品专、直播品专到热点品专，这些搜索营销产品的集中释放意味着搜索的势能正被巨头快速发掘。

虽然百度仍然在中文互联网搜索领域优势明显，但其已经不再是唯一可以与搜索进行连接的平台，更多的巨头正在加速布局并且已初见成效。站在百度这个单一平台的视角去观察搜索的沉浮，你会发现它正因为移动互联网的发展越发落寞；但如果从搜索整个大的视角去审视，你会发现其正在迎来属于它的第二增长曲线。

如今，当人们猛然发现信息精准匹配和分发机制无法涵盖所有场景时，搜索的价值就得以重新突显。

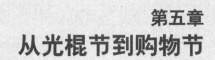

第五章
从光棍节到购物节

我们没有更好的算法，
我们只有更多的数据。

——彼得·诺维奇

补齐数据空白

2019 年 11 月 11 日 16 时 31 分 12 秒，位于阿里巴巴集团总部二楼的天猫全球狂欢节媒体中心突然爆发出一阵欢呼。此时，2019 年天猫"双 11"购物节的交易额达到 2135 亿元。2018 年天猫"双 11"打破了总交易额纪录，而 2019 年打破这个纪录的时间足足提前了 7.5 个小时。

直至当天深夜，最终的日交易额纪录尘埃落定，2684 亿元。

这个新的"双 11"记录超出了部分人此前的预估。在外部经济环境严峻，而且对消费市场形成冲击的背景下，天猫"双 11"的交易额不仅没有降低，甚至还维持着与前一年近乎一致的同比增幅——2018 年的交易额增幅为 26.93%，2019 年的增幅为 25.71%。

2019 年是"双 11"购物狂欢节的第 11 个年头，它的出现是个偶然。现任阿里巴巴董事局主席和首席执行官的张勇，在 2009 年就关注到了大洋彼岸的"黑色星期五"。"黑色星期五"是每年感恩节后的第二天，是美国最重要的网购节日。从感恩节开始直到圣诞结束，美国人习惯疯狂抢购大量商品，急速释放的消费能量让商家赚得盆满钵满。美国商界有一个持续已久的传统习惯，即用红笔记录赤字，用黑笔记录盈利，而"黑色星期五（简称黑五）"带动的大量消费让不少商场都能在这一天扭亏为盈。久而久之，"黑色星期五"的名号在全球范围内打响。

根据美国零售商联合会发布的数据，张勇正式推出"双11"的前一年，美国"黑色星期五"总共吸引了1.72亿购物者消费，他们的平均消费金额达到372.57美元，单日交易金额高达410亿美元，这让张勇产生了打造一个网上购物节的灵感。

他带领团队早早地将购物节的时间范围缩小到第四季度，因为在全球范围内，岁末年初带有辞旧迎新之意，更容易让消费者掏出钱包。为了避免10月的国庆黄金周及12月的圣诞节冲突，11月就成为最佳选择。专属于中国的网络购物节要想成功，就需要给消费者一个可以掏出钱包的理由，这时带有浓厚青年亚文化色彩的"光棍节"进入了张勇的视野，11月11日这一天被中国的单身人士笑称"光棍节"。张勇第一次听说"光棍节"这个奇怪的节日，直觉告诉他，选择这一天肯定是最理想的答案，因为由两个数字11组成的日子对于普通用户来讲太好记了。

"当你单身时，没有男朋友或女朋友，很无聊。这时，你可以买一些东西消遣，我们只是想让单身的人快乐。"马云在巴黎举行的2019 Viva Tech峰会上这样解释推出"双11"的初衷，以及在短短十年内快速成功的原因。哲学家维特根斯坦曾说"人是仪式的动物"，仪式将人们从琐碎的日常生活中解救出来，这一点在"双11"的发展中体现得尤为明显。无论最初的"光棍节"还是随后的网络购物狂欢，它们的共同特点是，让中国的年轻人愉快地度过这一天。

2009年举办的第一届"双11"购物节，单日成交金额仅有5000万元，交易额在随后 11 年间增加了 5367 倍。参与第一届"双 11"的商家仅有 27 家，其中交易额最大的是 Jack&Jones，为 500 万元。时至今日，所有入驻平台都愿意主动参与和分享"双 11"的消费红利，销售额破亿元的品牌在 2019 年已经达到 299 个，其中 iPhone11 的销售额破亿只花了 1 分钟而已。

"双 11"成功的背后，反映的是以阿里巴巴为代表的电商网站在互联网生态中日渐凸显的影响力与话语权。电商人在创业早期屡屡被当作骗子赶出门外，现在几乎所有人都意识到电商对时代商业体系有巨大作用。CNNIC 的数据显示，截至 2019 年 6 月，我国网络购物用户规模已达 6.39 亿人，占整体网民的 74.8%；而在"双 11"刚刚推出的 2009 年，当时中国的网络购物用户刚刚超过 1 亿人。

消费者对线上购物的接受度不断提高，广告主开始更加重视这个新兴的消费场景。企业重视搜索场景，源于搜索是用户消费需求产生后主动发起的行为，理论上，其离消费决策链条的末端更近。而电商场景下的广告相较之下更进一步，从展现广告到最终销售，有时仅差一个点击购物车并发起付款的动作。对于传统线下的营销者而言，谁离消费者更近，谁就占有强势地位。商超等终端渠道在产业链中拥有较强的话语权，是因为其企业与消费者接触的窗口，在货架摆放、POP 广告（卖点广告）乃至堆头陈列上的细微变动都有可能对商品销售产生巨大的直接影响。当越来越多消费者的注意力和钱包开始从线上渠道流向企业时，在传统线下实体渠道中形成的客观规律也会在线上渠道应验。

对数字广告的发展来说，在线支付在中国市场的崛起是个里程碑事件。中国消费者最初对线上支付的安全性存在疑虑，2009 年的一份调查显示，仅有 29.2% 的网民认为在网上进行交易是安全的，愿意在注册时填写真实资料的用户比例不到四成。在中国这样一个储蓄率极高的国家，看得见、摸得着的纸币对人们来说有着更强的掌控感，人们对新技术信心不足，成为在线支付发展的阻碍，同时也制约着电子商务（尤其是 C 端业务）的发展。据统计，我国网络支付用户规模在 2008 年仅有 5200 万人，截至 2020 年 6 月，CNNIC 数据显示，我国网络支付用户规模达 8.05 亿人。在消费者对技术的信心增强、电商的发展逐渐有序，以及信用卡体系的成熟使产业转型没有负担等多种因素的共同影响下，中国获得了难得的弯道超车机会并向无现金社会加速前进。

支付宝是中国在线支付发展的缩影。2003 年 10 月，淘宝就推出了支付宝服务，但直到 2013 年 6 月，支付宝与天弘基金共同推出账户余额增值服务"余额宝"之后，移动支付端的用户规模才开始明显增长。5 个月之后，支付宝手机支付用户突破一亿人，支付宝钱包正式成为独立品牌。支付宝在 2013 年完成超过 27.8 亿笔支付订单、金额达到 9000 亿元，一跃成为当时全球最大且最受瞩目的移动支付公司。

在线支付和移动支付的崛起使广告主对数字营销更加重视。首先，电商普及的一大阻碍被扫清，伴随人们高频与高额的线上购物行为，企业将广告投放在离交易最近的电商场景中合情合理。其次，在线支付的普遍化与日常化也让线上数据的维度变得更加多元，交易数据的大量产生极大地提升了数字广告的精准性与投资回报率，使它真正能够有别于传统媒体广告，并展现出独特的优势。

在传统媒体时代，广告展现的数据与实际交易数据较为断裂。企业在报纸或电视上投放广告，最终能获得的结案数据只有收视率、发行量这类指标。这类指标反映的只是有多少人看见了这则广告，但其中又有多少企业的目标消费者呢？有多少目标消费者对品牌产生了兴趣？又有多少目标消费者愿意掏钱购买呢？以上种种问题都得不到回应。因为广告的展现是在传统媒体上完成的，而它的行为反馈却作用于线下终端渠道，媒体渠道与销售渠道间互不联通，不同维度间的数据难以相互打通，为每一笔最终转化进行广告传播层面的归因成为不可能完成的任务。

电子商务与在线支付的无缝衔接，让这个原本难解的议题在线上环境中有了合适的解决方案。与无限丰裕的商品相比，电商网站上有限的优质展示位成为稀缺资源，因此淘宝和天猫虽然是通过线上实现商品供需的高效对接的，但其本质上做的仍然是广告生意，这一点在 Morketing（数字营销商业观察者）每季度公布的互联网公司广告营收榜中体现得十分明显。以 2019 年上半年为例，阿里巴巴在六个月内获得的客户管理收入达到 720.73 亿元，客户管理收入的统计口径涵盖了营销服务、展示广告及淘宝客计划等。紧随其后的百度和腾讯，同期广告营收分别为 368.94 亿元和 298.09 亿元。从这样的数字广告生态格局中可以清楚地看到，电商场景因靠近消费决策链条末端，而拥有得天独厚的优势。

阿里巴巴在牢牢掌控天猫、淘宝等电商交易平台的同时，也拥有诸如支付宝这样的在线支付工具，这让展现数据和交易数据能够更紧密地衔接在一起。另外，两个平台上相通的账号体系也让广告主能够完整地追溯消费者决策全链条，并以个体为分析颗粒度更精细地实现对每次销售转化的回溯与归因。由此形成的 ROI 等指标，让广告主的每次投放更动态、科学和有理有据。广告投入和回馈变得可控，也驱动着广告主将越来越多的投放预算倾斜到电商这个更直接的交易场景之中。

"马老师（指马云）说阿里巴巴是一个数据公司，我也认同这一点。阿里巴巴做的事情是让数据赋能整个商业，我的部门负责数据赋能营销，后面紧挨着的就是销售。"在 2017 年的一次采访中，阿里巴巴首席市场官董本洪这样说。

电商平台和在线支付衔接后产生的庞大交易数据，终于将驱动数字广告快速发展的数据版图中最后也是最重要的一块空白完全补齐。电商平台在势力范围内产出并掌握的庞大、多维且直接的数据，成为其在数字广告竞争中攻城拔寨的利器。

阿里妈妈"全版图"

如果你不是广告行业的从业者，你大概不知道阿里妈妈这个平台。当听到"阿里妈妈"这四个字时，不少人的脑中满是问号，甚至会认为这是阿里巴巴的山寨版。但实际上，阿里妈妈对阿里巴巴生态内广告营销的发展起着不可替代的作用。

2007 年 4 月的一天，马云将六个年轻人叫到自己的办公室，他们原本来自 B2B、淘宝和支付宝等其他业务条线。马云将他们聚集起来，是因为阿里巴巴打算新创一个"中小企业交易平台"，这就是阿里妈妈的雏形。马云之所以有这样的想法，源于他早期创业时的一段让他印象深刻的经历。

淘宝刚刚成立时，面对的是当时强大的竞争对手——易趣，双方在资本层面差距悬殊，制约着淘宝的早期推广。当时的新浪、搜狐和网易等三大门户均与易趣签订了排他性的广告投放协议，协议规定，这些掌握巨大流量的网站不能与其他电商平台建立合作关系。而在搜索平台上，易趣也通过巨大的广告投放截获了不少原本应该去往淘宝的流量。据称，当时在百度上搜索"淘宝"这个指向非常明显的品牌关键词，出现的第一条付费搜索结果也会是"想圆淘宝之梦？来易趣吧。"

在与头部网站合作不利的情况下，阿里巴巴最终选择与中小网站进行合作的迂回路线。这些中小网站的单体流量虽然有限，但如果将它们视为整体，那么其获客潜力就不容小觑。与此同时，淘宝由于规模较小，因此在议价上并不具有太强的话语权，推广成本处于可控的水平。虽然当时淘宝在中小网站铺天盖地地投放广告引来了诸多类似"流氓推广"的争议，但"农村包围城市"的战略确实极为有效。根据第三方市场调研机构艾瑞发布的数据：在淘宝刚刚成立时，易趣掌控的个人电子商务市场份额高达80%；而这个一家独大、近乎垄断的局面在次年就发生了戏剧性的变化，淘宝迅速获得了41%的市场份额，与易趣的差距仅为12%。

早期推广的经历让马云意识到，中小企业和中小网站或许是阿里巴巴进行突破的市场。"没有人比马云更了解中小企业，特别是中小网站的境遇，这也正是阿里妈妈成立的初衷。"阿里妈妈原总经理吴泳铭曾对媒体回忆道。吴泳铭是阿里巴巴创始团队"十八罗汉"的成员之一，也是阿里妈妈最早的创始成员。

在阿里妈妈推出之前，阿里巴巴在线上已经搭建了一个相对完善的商业体系，但这个体系中缺少系统的广告营销解决方案。很多人将广告视为现代商业社会的产物，但广告的历史可能比人们想象得更悠久。从最早的叫卖广告、响器广告到招幌广告，只要有供需关系，就会有广告。即便交易的场域迁移到线上的虚拟世界，这样的规律也仍适用，阿里妈妈的横空出世弥补了这个此前显见的缺口。

对于阿里巴巴而言，更重要的或许是它将外界对其商业模式的疑虑一扫而清。在此之前，为了与易趣向卖家收取登录费与交易费的付费方式相区隔，阿里巴巴在成立初期便持续沿用免费策略争夺市场。阿里巴巴虽然实现了平台活跃度的提升，但丢失了电商市场中最重要的收入部分，这让业界对淘宝的盈利问题感到担忧。但在阿里妈妈推出后的第二年，阿里巴巴就于2008年9月宣布，淘宝仅依靠广告收入就足以让当月收支平衡。事实证明，数字广告支撑了电商平台商业模式在困难时期的持续运转。

阿里巴巴有一句众所周知的口号"让天下没有难做的生意"，而阿里妈妈官网的首页顶端写着一句类似的话——"让天下没有难做的营销"。与百度搜索广告的崛起路径类似，阿里妈妈最初瞄准的同样是中小商家，蕴藏在中国互联网生态长尾市场中的巨大潜能令不少观察者心动。

仔细深究阿里妈妈辖下繁杂的产品线，你就会发现每一个广告产品都或多或少地有其他先驱者的影子。换句话说，由于背靠着阿里巴巴电商场景这个巨大优势，任何广告形式嫁接到这个场景中都可以迸发出强大的商业势能。例如，阿里妈妈在 2007 年被推出后，其推广的第一个广告产品便是淘宝直通车，你可以将它理解为电商场景中的"搜索广告"。按照日本电通曾经给出的 AISAS 模型，消费者在注意（Attention）与兴趣（Interest）之后往往会寻求搜索（Search），除了通过百度这样的搜索平台寻找信息，另一个搜索的主要场景便是在电商场景中搜索商品。

目前，淘宝直通车的运营规则与传统搜索平台极为类似，企业的主要购买对象同样是关键词。当消费者在搜索框中输入搜索的词条后，购买该关键词的商家根据竞价排名的结果获得展示位。不过，与搜索平台将付费广告统一置顶的模式不同，电商场景下的搜索广告位与自然结果混合排列，每隔 5 个或 10 个自然结果，便会插入一条付费广告。不同的广告位设置方式与所处场景的不同密切相关，人们在搜索平台上的目的性极强，如果广告位过于靠后，企业就没有展示的机会。线上的电商场景如同在线下逛街，人们习惯于"货比三家"，因此电商平台的付费广告可以分散在不同位置。

广告行业中任何新事物的出现总是需要一段不短的教育广告主的时间，那些由技术驱动的新事物更是如此。时至今日，转化效果较强的淘宝直通车已经成为最受商家欢迎的广告形式之一，但其在刚刚推出的时候，商家对它的接受程度并不高。这种困局直到 2010 年才逐步被打破，彼时已经出现了一些通过淘宝直通车成功打造爆款的案例，部分淘品牌单月销售件数从屈指可数的几件急速飙升到几万件。这时，淘宝直通车这个电商场景下的新广告产品才算走上了正轨。

阿里妈妈在刚推出时面向全网，其选择的模式类似于广告联盟，目的是建立一个大型的广告资源超市，让所有潜在广告主像挑选商品一样便捷地购买各种广告。但这种思路的缺陷也逐步暴露。阿里妈妈本质是在已有的商品交易平台之外另搭建的全新广告交易平台。阿里巴巴创业初期的艰难起步指向了一个清晰的事实：从零开始建设一个双边市场需要大量资源，更何况再建一个新的双边市场。

所以，将阿里妈妈并入淘宝成为必然的选择，或者正如马云所说："把阿里妈妈塞回淘宝的子宫里。"这一决定影响了阿里妈妈的命运，它意味着阿里妈妈开始战略收缩，从面向全网转变为专注淘宝生态。淘宝内部的已有流量和展示位为阿里妈妈的广告产品创新扩大了想象空间；另外，在淘宝上入驻的商家也就成为可以争取的广告主。在已有资源的基础上尝试跑通双边市场，比从零开始轻松不少。

在将阿里妈妈收回淘宝生态后，淘宝商家发出的广告营销需求不出意外地快速膨胀，这驱使团队在已有的淘宝直通车之外拓展其他的广告产品。2009 年推出的钻石展位成为第二个明星级的广告产品。

如果将淘宝直通车视为电商场景下的搜索广告，那么钻石展位就是这个场景下的展示广告。它的核心逻辑与传统媒体类似，通过占领类似首页头图这样更优质的展现位置实现高强度曝光，进而形成品牌声量，在商品销售、转化端快速起量。在钻石展位推出之前，相关的展现位置搭载的是广告信息，只是当时这些广告位的销售由人工团队完成。这些由销售人员拿下的广告订单设定了不低的投放门槛，常常需要企业签订为期一年、动辄百万元的年度框架合同。到 2009 年年底，钻石展位在内部协调下开始接入首页相对优质的展示位，商家对这个新广告产品的重视程度直线上升。因为这代表着他们可以不再需要豪掷千金，也有机会登上引流能力极强的首页。至此，展示广告在电商场景中的嫁接任务基本顺利完成。

几乎在推出钻石展位的同时，名为淘宝客的产品线也在紧锣密鼓中推进，这款产品对广告计价方式进行了更新。在此之前，线上展示广告长时间采用传统媒体按展示付费（CPM）的计价方式，随后在搜索广告等的推动下，按点击付费（CPC）开始在线上广告领域流行起来。淘宝客这款产品自推出开始，就采用了更加激进的按成交付费（CPS）的计价方式。CPS 推广模式的实质是将广告部门转化为销售部门，要求每一笔广告投入向转化负责，这对商家的广告成本管控极为友好，因为只有在完成销售转化后才需要向推广者付费。

淘宝客正式诞生的时间是 2009 年 1 月，到次年 3 月时，淘宝就宣布所有用户均可以申请加入其中，用户在注册申请后便能成为淘宝客。在这个生态中，人们需要做的只是从淘宝站内获取商品代码并将它分享到其他平台，如果有消费者通过代码购买商品，那么卖家就会向淘宝客支付一笔佣金。对于那些希望分享电商红利的人而言，淘宝客为其提供了一个快速掘金的通道。当然，淘宝客的推广水平和累积形成的传播实力也对最终获得的佣金颇有影响。

在此基础上，部分有实力的专业淘宝客成立了自己的独立平台。这类呈"集团军作战"的参与者搭建了大量的返利网站或商品导购平台，成规模地从这个 CPS 推广模式中获利。以返利网站为例，这些网站的运营者将从淘宝上获取的绝大部分佣金，以现金形式返给消费者。因为优惠力度不小，越来越多的消费者开始通过这类平台提供的商品代码购物。虽然淘宝客返佣的绝大部分被分给了消费者，但随着交易量的提升，专业淘宝客获得的绝对收益仍然十分可观。

当然，理论上并非只有专业淘宝客才能从这一渠道赚钱。淘宝客的运营规则非常简单，只需要注册账号并将获得的商品代码转发出去便有机会获得收入。因此，大量个体淘宝客也成为这个庞大体系的有机组成部分。当时，大量论坛、SNS 平台、博客、微博乃至 QQ 群中都能看到很多淘宝的推广信息，在转发的主体中不乏个体淘宝客。无论专业淘宝客还是个体淘宝客，从根本上讲均是淘宝通过精妙设计的游戏规则，高效利用淘外个体掌握社交关系链以扩大影响的做法，而其中的每个人都在利益的驱动下自愿成为淘宝的"流动广告牌"。这个十几年前的模式就像今天的"社交电商"或"私域流量"这类概念，通过社交关系链上的裂变传播机制，商品广告的覆盖边界持续外延，平台方或商家都借此拥有价廉质优的获客渠道。

阿里妈妈将已成熟的广告模式置入电商平台交易环境中的这一思路延续至今。2019 年 4 月，阿里妈妈又推出了一条名为"超级推荐"的新产品线，它可以被视为电商场景中的信息流广告。随着字节跳动等资讯聚合分发平台的崛起，信息流广告开始成为数字广告生态中新的生力军。传统展示广告通过提高曝光度塑造和维持品牌形象，搜索广告的精准和高效转化则需要用户首先主动表达消费需求，信息流广告的作用介于两者之间，它通过预测用户需求并向其推送可能与之匹配的广告资讯，小心维持着品牌和效果、声量和转化两端间的平衡。

"超级推荐"在阿里妈妈的产品架构中有着不低的地位。在产品正式内测前的一两周，阿里妈妈团队就向我们透露了这款产品的相关信息，其中一句话令人印象深刻："这将成为阿里妈妈成立十余年来首次出现的与淘宝直通车、钻石展位平行的拳头业务产品。"展示广告、搜索广告和信息流广告间的优劣对比，同样适用于钻石展位、淘宝直通车和"超级推荐"。由于整合了猜你喜欢、微淘、手淘支付页、直播广场等在内的各类广告位资源，商家在电商平台内能够完成从"人找货"到"货找人"的蜕变。举例来说，当某位目标消费者购买手机之后，销售手机壳的商家可以通过"超级推荐"将产品推广信息插入信息流中。即便消费者并未明确表达过购买手机壳的需求，但信息流仍然能将这类商品广告主动推送到消费者的手机屏幕上，而手机和手机壳之间的强关联属性会直接提升消费者购买产品的可能性。

"超级推荐"广告产品的适时推出也反映了电商用户行为的转变。阿里妈妈团队向 Morketing 披露的一组数据显示：2015 年 8 月，手机淘宝中的搜索流量约为推荐流量的两倍多；但情况在 2018 年 8 月就出现了逆转，推荐流量超过了搜索流量。当电商平台内积累了更多的消费和行为历史数据时，算法在不断试炼中对消费者需求的洞察变得准确，因此信息流推荐就能够部分取代搜索的职能。这一点无论在信息匹配还是商品对接上都得到了验证。

阿里妈妈旗下的广告产品远不止于此，其复杂的广告产品线还涵盖被称为 Uni Desk 的品牌全链路营销解决方案、侧重品牌建设和塑造的品销宝、数据管理平台达摩盘和阿里巴巴系的广告联盟产品淘宝联盟等。从阿里妈妈的演进脉络中，我们大体可以一窥电商广告的发展趋势。首先，电商场景中持续涌动的商业机会成为孕育数字广告的肥沃土壤，大多数广告形态一旦找到与电商平台的衔接点，便会快速展示潜力，创造难以被忽视且源源不断的增长红利；其次，电商场景下产生的行为和交易数据对消费者需求的描摹更加清晰。

这成为阿里巴巴等电商平台在数字广告业突飞猛进的根本原因。在西方，谷歌和 Facebook 虽然牢固掌控着数字广告双寡头的格局，但亚马逊仍然快速成长为占有一席之地的"第三势力"。市场研究机构 eMarketer 发布的数据显示，在 2019 年的零售广告市场中，谷歌、Facebook 所占的份额分别为 38.2% 和 22.8%，而亚马逊的所占份额已经达到了 23.2%。将自己掌握的数据用好，同时对不同维度的数据进行充分整合，借此推动数字广告从投放端到创意端等环节的智能化，这是电商广告未来的发展方向。

"我们没有更好的算法，我们只有更多的数据。"谷歌的研究主管诺维奇曾这样阐释数据的重要性。

数据，广告能源

2017 年 5 月 6 日，英国知名财经杂志《经济学人》在该日出版的杂志封面上打出几个大字——"全球最有价值的资源"（The world's most valuable resource）。标题的下方是带有谷歌、Facebook、亚马逊、微软、优步和特斯拉 Logo 的几座大厦，这些大厦都被改造成了海上油田的模样。在这张图的下方，印着另外一行字——"数据与竞争新规则"（Data and the new rules of competiton）。

"数据之于 21 世纪，就像石油之于 20 世纪。"《经济学人》当期的重磅文章《未来的能源：大数据》中这样写道："数据使新的基础设施、商业领域、垄断机构、政治理论产生，最关键的是，还催生了一种新经济。"作者在用石油类比数据的重要性的同时，还关注到了数据作为新世纪"能源"的与众不同：数据采用以与石油采用截然不同的方式被提取、加工、估值和交易，而围绕谁拥有数据及谁能从数据中获利的争议可能会在未来引发很多"战争"。

类似的争论在 2017 年已经不算新鲜。马云就曾在 2015 年 10 月举办的阿里云 2015 云栖大会上提出过这样的观点。在主题演讲中，他表示："第一次技术革命是体能的释放，让人的力量更大。第二次技术革命是对能源的利用，使人可以走得更遥远。而这一次技术革命，是 IT 时代走向 DT（Data Technology，数据科技）时代。"通过这场大会，DT 被更多人熟知，行业对

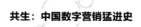
数据的重视程度陡然增加。

"未来计算能力将会成为一种生产能力，而数据将会成为最"大"的生产资料，会成为像水、电、石油一样的公共资源。IT 时代生产的知识可以帮助我们进入另外的星球，而 DT 时代的数据将让我们进一步了解人类的内心世界。"马云说。2015 年的这番话几乎预言了接下来的几年中数字广告和移动广告的转型发展主题。

"数据赋能，品效协同"，阿里巴巴首席市场官、阿里妈妈前总裁董本洪用这八个字向我们这样描述阿里巴巴期待在广告营销层面达成的目标。董本洪出生在台湾，拥有工程学背景，这与他当前正从事的广告营销工作关系不大。自 1995 年开始，董本洪先后在宝洁、欧莱雅、百事中国、VML 中国等公司任职。2016 年 1 月，董本洪被延揽加入阿里巴巴，出任首席市场官一职。2017 年 11 月，他接替朱顺炎担任阿里妈妈总裁。

董本洪加入阿里巴巴之后，给业界留下的最鲜明印象或许是一套被称为"全域营销"的方法论。这套方法论还拥有英文专有名——Uni Marketing。"这里的 Uni 是指 Unified，意思是大一统的全场景。"董本洪介绍道。

20 世纪 90 年代，美国广告营销研究重镇西北大学提出了著名的 IMC 理论，即整合营销传播（Integrated Marketing Communication）理论。该理论的提出者是唐·舒尔茨教授及其研究团队。

整合营销传播理论被视为市场营销学在 20 世纪 90 年代取得的最重要的进展，它的提出刚好印证了那个时代的商业发展。

首先，随着社会生产力的提高，以生产者为中心的 4P 理论显示出局限性。相较于让企业思考产品（Product）、价格（Price）、渠道（Place）和促销（Promotion），西北大学的罗伯特·劳特朋提出，经营者更应该从消费者的视角出发审视他们的需求（Consumer wants and needs）、可承受成本（Cost）、便利性（Convenience）和沟通（Communication），即 4C 理论。劳特朋提出的 4C 理论逐步取代已沿用多年的 4P 理论，并在日后成为学界和业界采用的新思维框架。理论变革的背后潜藏的是市场中供需双方地位的变化，卖方市场逐渐向买方市场移转，这逼迫企业更加注重消费者的感受。

其次，全球化进程的推进与品牌触点的增多让企业面临着严峻的营销挑战。其中，前者意味着标准化供应的产品乃至服务，开始在日渐发达的国际贸易推动下，跨过边境进入多元化的经济体并参与竞争；而后者则意味着品牌的形象可以无时无刻地在各种渠道中展现给消费者，从报纸、杂志、广播、电视、公交车到户外交通站台，乃至企业自营或加盟门店的招牌和员工形象，都有可能影响消费者对品牌形象的认知。无论进入陌生市场，还是拥有更多展示品牌形象的触点，都削弱了企业在对外沟通上的控制力，成为令高管抓耳挠腮的难题。

这时，舒尔茨教授团队提出的整合营销传播理论刚好直击企业的痛点。整合营销传播理论的核心观点之一，就是强调对所有消费者与企业间可能的接触点进行集中管理，因为这些接触点承担着或直白、或隐晦的信息传递职能。与此同时，企业需要确保传播一元化，即需要在所有渠道上发出同一种声音，这样才能使企业传递的信息相互呼应，从而给消费者留下清晰而非相互矛盾的模糊印象。通过对信息和传递信息的触点进行有计划的控制，当时的企业在 IMC 理论的指导下足以应付广告营销外部环境的变化导致的各种难题。

"现在，新媒体渠道环境变得非常碎片化和泛化，在这种情况下还需要整合吗？还能整合吗？如果能，应该如何整合？"在 2017 年底的上海，我们和来到中国的舒尔茨教授进行过一场深访。在这场题为"广告营销如何应对技术挑战"的对话中，我们抛出了上述问题。舒尔茨教授虽然年过八旬，但依然精神矍铄、思维清晰、讲话中气十足，除了从椅子上起身时需要妻子搀扶，全程丝毫看不出老态。他听到我们的疑问后不假思索地回答，那种感觉就像这个问题在这几年间已经被他反复琢磨过无数次。

"三十年前的整合是将不同的媒体形态整合在一起，现在这样的整合基本上完工了，接下来我们要做的是以消费者为中心进行整合。"舒尔茨给出了这样的答复，"现在有更多能和消费者进行沟通、触达的渠道，又产生了社交媒体和数字媒体的新维度，这确实对品牌提出了更大的挑战。但这时，我们的当务之急是向消费者讲一个完整的好故事。"在他看来，要想直面这个更加碎片化的世界，需要企业针对消费者提出更精细化的沟通方案。

董本洪的全域营销理念也源于此。"营销的经典定义，就是让目标消费者喜欢自己的产品。"董本洪说。在阿里巴巴经典的"人—货—场"模式中，董本洪认为"人"才是其中的核心要素，掌握了"人"也就能够带动另外两个因素的改变，创意和执行等在内的其他更琐碎的问题也就迎刃而解。

在新媒体环境中，企业与消费者之间可能发生接触的界面接近于无限。一方面，这是因为企业拥有了更多数字营销手段，随着 AR、VR、AI 等新兴技术的成熟，触点预期将呈几何级增加；另一方面，消费者的注意力与无规则的布朗运动相似。布朗运动是指那些悬浮在液体或气体中的微粒所做的永不停息且没有规律可循的无规则运动。在新媒体环境中，受众的注意力流向也有着类似的特征，人们的兴趣从哪里来、到哪里去几乎无法准确预测。热点总是伴随着下一个热点的出现而消失，并且更新换代的速度加快。在潜在触点增加而受众注意力流动无规则可循的状态下，与其盲目地对不同媒介渠道进行整合，不如直接对个体进行追踪。或者说，整合对于营销传播仍然重要，但在全新的数字广告环境下，整合的对象不再是渠道，而是变成了个人。

从传播的信息入手便能高效地整合渠道，让其发出同一种声音，这是整合营销传播理论的最初见解。但如今，为不同的消费者有针对性地提供个性化沟通方案才是数字营销的重要方式，数据逐步走向了舞台的中央。

"在数据的世界已经无所谓'广而告之'的广告，我们需要精细到每一个人的维度去做营销，这就是 Uni Marketing 的真正内涵，以真人维度做营销。"在 2018 年 9 月的一场演讲中，董本洪面向台下正受困于数字化转型的企业家这样说道。与此同时，他也呼吁人们"宜早不宜迟"地拥抱数据，因为越早积累消费者数据，就能更早让企业走入深度运营的新阶段。

在全域营销的背景下，对消费者进行跨屏、跨设备、跨场景的识别和追踪是不能缺少的一环，它是掌握消费者的基础。根据董本洪的介绍，不同人的不同账号、不同手机号码都能通过人工智能技术归因到唯一的 ID 上，这就像每个人在阿里巴巴的生态内都拥有了一张专属的身份证。"阿里巴巴的数据既多又好，并且实时。市场上很多玩家都说自己有大数据，但他们的数据不够多，效率不高，所以很难把握自己想触及的人群。"董本洪告诉我们，阿里巴巴内所有的营销产品和营销计划，都获得了阿里妈妈的数据支撑。

为了帮助企业更好地监测其与消费者间在阿里巴巴体系内不同触点上的沟通效果，董本洪专门提到了"数据银行"的概念，这被他视为全域营销版图的底层。在数据银行中，每位用户的行为都能追溯到唯一的 ID，而品牌与每位用户沟通过程中产生的数据都将被完整地记录在这个银行中。"它如同投资银行，清清楚楚地记载着账本收益。"董本洪说道。品牌作为数据银行的开设者，能随时调取存储在银行中的数据信息，以动态考察自己在品牌营销与销售转化上的整体表现，并据此动态、科学地调整传播方案。

"戴森原本是做吸尘器的，为什么生产吹风机也能广受欢迎？因为购买其产品的都是同一类消费者，是对生活十分讲究的高端客户。"董本洪说。他借用戴森的例子来解释"人"为什么对碎片化环境下的数字广告发展尤为重要。董本洪认为，全域营销总结起来就是在数据的协助下实现消费者身份的统一识别，找到对应的目标受众，知道他们想要什么，在对的时间点、对的触点给出对的信息，并观察他的下一次行为，直到其成为忠实用户。

如果把全城营销和舒尔茨教授提出的整合营销传播理论联系在一起，你就会发现一个有趣的现象：全域营销不过是在新的数字环境下再次强调"以消费者为中心"这一核心理念，但它也在新环境下发生了"变异"。数字技术的迅猛演进帮助我们突破思维局限，让"以消费者为中心"的理念得以纵深发展。如今企业能实现以个体为颗粒度的个性化精准沟通，这在以前的技术环境下几乎是不可能的。

假如说原子是测量真实世界的标尺，那么数据作为一种新的"能源"，就成为另一类基本微粒，让数字世界的商业潜力喷薄而出，塑造着这个焕然一新、令人心潮澎湃的广告世界。

第六章
千人千面？

中国的程序化广告市场，
"越来越模糊化"了。

——陈传洽

对用户负责

2013 年 4 月 15 日，一条看似普通的信息左右了电子商务行业未来的发展方向。当天，阿里妈妈旗下的天猫平台正式对外宣布推出"千人千面"的移动客户端。在这个全新改版升级的客户端中，用户既可以根据喜好选择首页展示的品牌，平台也能针对不同的用户进行个性化推荐。在官方正式发布消息之前，已经有媒体在客户端界面的变化中嗅出了变革的气息。

天猫的"千人千面"指的是什么？一时间，这个话题成为行业观察者的关注焦点。以往，每个用户的每台设备在同一时间登录天猫网站首页，收到的是近乎一致的信息。而"千人千面"打破了固有格局，意味着每个用户在手机中看到的首页商品将迥然不同。

天猫在当时推出的新版本中新增了三个不同的功能："账号关注"意味着用户可以对感兴趣的品牌、店铺或类目持续追踪，当有新的信息发布时，人们在首页上就能及时了解动态，而不需要每次通过搜索抵达相应页面。这显然受到了前一年微信公众号的启发，电商平台开始为企业提供可以沉淀用户关系、维持长效沟通的渠道；"精品频道"邀请用户通过最新、分类、热门和品牌四个维度浏览不同的内容，满足不同消费者的个性化购物需求；另外，还增加了将店铺一键添加至手机桌面的功能，这让消费者能够更便捷地直接访问店铺，缩短了原本冗长的跳转路径。

其实，天猫 PC 端首页在 2012 年 10 月就已经开始测试"千人千面"的功能了，并于 2012 年 11 月 1 日全面对外推出。当时在解释改版策略时，阿里巴巴提到要将首页展示品牌的决定权交还给消费者，具体实现方式便是根据每个消费者的浏览、消费和品牌关注数据进行个性化推荐。其中，包括首屏焦点图等极为优质且稀缺的展示位也将按偏好进行个性化展示，可见这轮迭代的力度之大。

"互联网购物不需要物理区隔，所以非常容易通过数据挖掘对人群进行定向。最终，我们希望能做成一个'千人千面'的商圈，每个消费者的个性化购物需求都能够在天猫上得到满足。"在 PC 端推出"千人千面"时，当时的天猫总裁张勇曾这样对外表示，他于 2019 年 9 月接替马云成为阿里巴巴新任董事局主席。

天猫在 2013 年 4 月发起的这个新动作，不过是将"千人千面"的信息聚合模式从 PC 端覆盖至移动端。当时有平台商家曾提到，相较于 PC 端，移动端实际上是更适合推行"千人千面"的场景。一方面，由于计算机无法被随身携带，制约着它产生的数据量和数据类型，而手机与使用者之间构筑起的密切接触联系，则让消费者端产出的数据猛增。例如，在智能手机大规模普及之前，企业单纯依靠 PC 端数据无法提供 LBS（Location Based Services，基于地理位置的服务），更遑论形成被称为 SoLoMo（Social 社交+Local 本地+Mobile 移动）的趋势。智能手机的广泛使用让营销者可以更方便地收集和处理用户的位置数据，从中便拓展出了很多个性化服务的空间。另一方面，家庭计算机往往对应着家里的数个成员，他们的性别、年龄、兴趣偏好不同，多个成员产出的数据使得数据源本身无法以个体为单位进行精细分析，"千人千面"的效果自然也就大打折扣。甚至，在某些极端情况下，PC端的"千人千面"还会衍生出不同家庭成员间如何有力保护隐私等新困扰。相较之下，手机就没有类似的问题，它和使用者之间完全一对一的关系让平台方在收集数据后较易溯源与整合，在此基础上推进的"千人千面"才真正具备为每个用户提供个性化商品推荐服务的实力。

从商家层面来看，"千人千面"不仅意味着阿里巴巴生态内游戏规则的重要变更，其实际产生的影响在日后愈加凸显。第一，作为长尾市场的中小商家将从中获益。此前，当电商的信息分发主要依托搜索流量时，那些财大气粗、有雄厚资本支持的大品牌更容易垄断能带来高流量的关键词，这会严重挤压中小卖家的生存空间。"强者恒强，弱者恒弱"的马太效应既对电商生态的健康发展不利，又会在大品牌崛起后削弱平台方掌控的话语权；第二，流量的对接分发将更加高效。从"千人一面"到"千人千面"，消费者在自己的移动端页面中更易看到那些自己可能感兴趣的商品，每个手机屏幕上有限的优质展示位得到了物尽其用的机会；第三，那些正处于建设初期且还不具有高知名度的品牌，"千人千面"也将让其获得对外展示的宝贵机会。试想一下，如果消费者都不知道可口可乐这个品牌，又怎么会有目的地主动寻找这个品牌？当平台通过数据分析出消费者有购买饮料的需求时，可口可乐的信息直接出现在首页个性化推荐的信息流中，这是品牌获取新用户的有效渠道。

通过对商品信息"千人千面"式的分发，阿里巴巴移动端的运转效率大幅提升。而作为信息的付费形式，广告的"千人千面"也会被更多人憧憬。所有人都明白将"千人千面"移植到广告上，不仅有助于提升广告位资源的商业价值，还能让用户更容易看到自己感兴趣的商业信息，有助于丰富使用体验。这时，阿里妈妈开启了国内数字广告的先河，在天猫试行"千人千面"的前一年（2011年9月1日），一个名为TANX的RTB(Real Time Bidding，实时竞价广告）平台上线，中国轰轰烈烈的 RTB 征途由此开始。

自数字广告在全球出现以来，效率始终是决定广告技术和形态发展趋势的主轴。从点击率到投资回报率，成体系且多样化的量化指标让实时监测广告效果成为可能，也在客观上促使广告产品和模式更新迭代。

互联网甫一出现，便凭借着去中心化的乌托邦式故事俘获人心。然而，问题随之而来，在真正建立起"所有人对所有人的传播机制"之后，要实现受众与信息之间的有效对接，成本十分高昂。这便促进了用搜索引擎这类产品去解决人们在信息浪潮中产生的新需求，互联网开始调转身姿，再次从去中心化走向中心化。甚至有时，这种中心化的强度比以往任何时候都要高。

广告市场的早期演变也遵循此理。最早，广告主只需要确定希望投放的网站及广告位，然后找到网站运营者达成协议、签订合同（或口头协商）便能完成投放。这种直接借用传统媒体投放的模式在早期没有问题，但当互联网日渐繁荣之后便显得捉襟见肘。网站越来越多，意味着广告主投放工作量与日俱增，另外，他们也无法靠人工完成对所有广告位的日常追踪。在这种情境下，广告网络（Ad Network）于 1998 年首次出现。

你可以将广告网络视为广告市场中出现的原始形态的"批发商"。小卖部不可能独自联系不同的品牌厂商采购饮料，这时，它通常会选择一家批发商满足自己的采购需求。同理，当广告主直接联系网站运营者既不高效也无可能时，这种旺盛的需求自然会在产业链中催生出广告网络这类主体，其负责直接与网站运营者联系，大规模采购各种广告位。而广告主只需要提出自己的需求，广告网络就可以快速将广告位资源打包销售。在这个过程中，广告主节省了投放环节可能耗费的精力与成本，广告网络也能从交易中获利，双方在这种模式下各取所需。

但随着广告网络的发展，这种形态背后的问题也逐渐暴露出来，譬如广告网络中的广告位资源不可能与平台中广告主发出的需求完全匹配。在广告主大量采购后,总会留下一部分无法销售出去的剩余位置。这时,广告网络的经营者就会考虑将这部分流量销售给其他广告网络经营者,或许那里的广告主会对这些资源感兴趣。但这种网络间的交易并没有相应的规则制约,最终使得广告交易市场趋近无序。这种需求催生了创新,广告交易平台(AdExchange,ADX)由此出现。

在广告交易平台中,广告网络能够放上自己无法销售的剩余位置;与此同时,还能从中寻找自己需要的广告位资源,从而在满足广告主需求时保持必要的弹性。在某种程度上,广告交易平台成为促成、监督并规范交易的市场。在这个市场中,供应商和买家不断询价和成交,RTB 这样的动态定价机制随之出现。从 RTB 的英文全称中就能大体知道这种模式的特点,即价格源于实时变动的供需关系。与股票交易市场类似,这种自动化、非人工的交易模式与以往的模式相比更加灵活,成为促进数字广告后续快速发展的重要因素。

RTB 的出现深度变革了数字广告的运营逻辑,与此同时,围绕着它也产生了大量之前从未出现过的广告业态。在实时竞价交易的架构中,除了广告交易平台,还包括广告位供给方平台(SSP)、需求方平台(DSP)、数据管理平台(DMP)等主体。其中,广告交易平台作为交易场所成为实时竞价的场域,而 SSP 和 DSP 分别服务于拥有广告位资源的供应方和准备投放广告的需求方。DMP 扮演智库的角色,作为 RTB 的底层基础设施,负责为每次服务提供数据咨询参考。

在受众访问一个网站后,供应方平台就会将访问者信息发送到广告交易平台,需求方平台收到广告交易平台发来的竞价请求,会将相关的用户信息发送到数据管理平台进行查询。随后,需求方平台根据查询结果判断用户是否为广告主的目标用户,据此做出是否针对这个访问出价及出价多少的决策。广告位的竞争原则为价高者得，广告交易平台在收到所有需求方的出价响应后，判定哪位广告主有权将信息展现在相应广告位上。最后，需求方提供广告展示物料，整个广告交易流程结束。看似烦冗的流程全部自动化，整个过程的耗时基本在 100 毫秒以内。也正是这短短的 100 毫秒，让数字广告与传统广告"分道扬镳"，成为运作逻辑完全不同的两个相互独立的体系。

自 2005 年美国 Right Media 建立全球第一个广告交易平台开始，程序化广告在随后的十余年间狂飙突进。根据数据资源统计网站 Statista 发布的数据，RTB 展示广告支出短时间内在全球主要数字经济体中快速增长。美国和中国是数字广告发展最为迅猛的两个国家，美国的 RTB 展示广告支出规模从 2014 年的 63.6 亿美元增长到 2018 年的 348 亿美元，中国完成了从 10.3 亿美元到 51.7 亿美元的快速增长。英国、德国、法国和澳大利亚等国 RTB 展示广告支出规模也出现了 3 倍到 5 倍的提升，从中可见 RTB 的出现对数字广告的发展形成强烈冲击。

RTB 的吸引力到底在哪里？业界给出了各种各样的答案，但从根本上分析，其吸引力源于它重构了广告购买的逻辑。以往，广告主买的是时段、版面、位置和内容，而 RTB 的出现标志着数字广告的直接购买对象变成了"人"。

在传统媒体时代，每年的央视广告招标堪称广告业界的发展风向标，那些成功投标《新闻联播》播出前最后一个广告位的企业往往会被赋予"标王"的身份。即便这个位置意味着数亿元的广告投放费，很多经营者也在所不惜，究其原因无非两点：其一，《新闻联播》被视为国内权威的新闻节目，其长期累积的公信力对于品牌而言是获得信誉背书的最佳来源；其二，《新闻联播》的收视率居高不下，意味着注意力规模庞大。正是在质和量两个层面的推动下，这个稀缺资源被打造出来，并获得越来越高的投放报价。值得注意的是，虽然在广告主的购买理由中，有类似"收视率高"这类跟用户观看行为直接相关的因素，但企业评判广告位价值的标准本质上围绕着广告出现的位置及前后的内容。

　　广告投放的决策逻辑在 RTB 出现之前几乎大同小异。门户网站的首页 banner 广告、视频网站的前贴片广告乃至搜索网站的竞价排名，多少都带着点受"位置"与"内容（或语境）"双重支配的意思。这种模式久而久之也就导致了优质流量和剩余流量分野，"优质流量众星捧月，剩余流量无人问津"的现象变得普遍。即便自有流量巨大的门户网站也会受到"剩余流量"的困扰，如果广告的位置处于需要受众多次点击、跳转才能抵达的三级乃至更往下的页面，那么它的销售就会存在问题。解决办法就是，随优质广告位搭售或直接赠送，这对媒体而言无疑是一笔巨大的损失。

　　RTB 打破了原有的广告投放决策逻辑，它将广告投放思维从"位置"与"内容"决定论中抽离出来，并将"人"推到了重要位置上。这时，困扰数字广告运营效率已久的"剩余流量"问题迎刃而解——理论上，如果广告能够在正确的受众面前曝光，那么无论这个广告位处于首页还是边角，它的价值均应被视为一致。

　　换言之，RTB 让原有的广告投放逻辑突变，并接近广告的商业沟通行为本质：广告不再对"位置"和"内容"负责，而是直接对用户负责。广告位的价值也不再取决于"位置"和"内容"，直接取决于看到广告的人的价值。企业争夺的不再是某个曝光量大、信誉度高的稀缺广告，争夺的对象变成了那些最有可能形成转化的消费者。剩余流量不复存在，每个广告位和流量因为有了人的参与都具备价值，并且依托程序化的竞价与计算被重新赋值、估价。

　　最重要的一点或许是，由"位置"和"内容"决定广告位价值的模式，阻碍了数字广告的快速发展，难以使数字广告业形成规模效应。毕竟，稀缺资源之所以稀缺，是因为不易开采和挖掘，每经营出一个被广泛认可的优质广告位，必然意味着在内容层面投入了不菲的新增成本。但 RTB 的出现改变了优质资源的评价模式，当原有限制被打破时，数字广告的规模效应随即被激发，人们对广告未来发展的想象也就更加丰富了。

在阿里妈妈的官网中，TANX 的出现被列入"里程碑栏目"的时间轴中，可见这一事件对阿里妈妈来说有着不低的分量。官网中相应的文字表述为："Ad Exchange 广告交易平台 TANX 发布，成为国内首个实时广告交易系统。其采用 RTB 模式，让每个广告位时刻都有价值，不再像库存一样被浪费。"在 RTB 让数字广告的投放从原本的对内容（或语境）负责转变为对用户负责后，每个本来不能产出价值、大概率会被浪费的广告库存便成功实现了"咸鱼翻身"。

这背后潜藏的逻辑简单、清晰——广告主需要的不是广告位，而是背后的真实注意力。而 RTB 本质上提供的也不是广告位，而是与广告位偶然相遇的每一个真实的人。

靠技术还是靠资源？

"我最近才发现周围很多的好朋友都是从好耶这家公司出来的。"萃弈（The Trade Desk）中国区总经理陈传洽说道。

陈传洽是一位数字营销领域的"老兵"，他在广告行业工作多年，对整个行业的发展历程与脉络有着独到见解。在 2008 年之前，他长期在美国工作，并服务于全球知名市场监测和数据分析公司尼尔森。随后，他看到了中国数字营销领域逐渐展示出的蓬勃生命力，于是他做出了回国的决定。陈传洽在加入萃弈之前，服务于中国最重要的第三方营销数据技术公司

AdMaster，各类行业活动或重要论坛上都能看到他活跃的身影，这些都帮助陈传洽快速在数字营销行业内累积起不错的声誉。

萃弈成立于 2009 年，被视为全球程序化广告交易生态中的一股关键力量，其定位的特殊之处在于始终保持独立 DSP 的身份，即专注于为广告买家提供程序化广告服务。2016 年，萃弈正式在纳斯达克挂牌上市，这多少意味着它所聚焦的赛道开始获得更多资本方的青睐。由于萃弈在全球程序化交易市场中有着重要的地位，加盟新公司不久的陈传洽便能在一个相对更开阔的视野下关注行业的发展并搭建人脉。越深入地进入程序化交易市场，就越能意识到好耶这家公司在中国 RTB 行业发展历史中所发挥的关键作用。

与陈传洽相比，杨炯纬对好耶的发展历程有着更深的体悟，杨炯曾被视为好耶创始团队中最核心的三位元老之一，这一身份伴随他见证了好耶乃至整个中国程序化交易市场的兴衰沉浮。

严格来说，好耶的创始人是王建岗，他在 1999 年毕业于上海大学通信系。王建岗虽然是理工科背景出身，且 20 世纪的中国广告仍处于由创意驱动的时代，但他还是敏锐地察觉到技术能够介入这块庞大的市场，他在毕业后不久便开始研发广告投放管理软件。从本质上来看，广告最终都需要向效果负责，这也是广告主持续进行广告投放的动力。那么如何衡量效果？王建岗的思路是通过技术进行量化评价。刚好，1996 年在美国成立的网络广告服务商 Double Click 让他坚定了信心。Double Click 在美国获得了快速发展，于 1998 年成功上市，并在 2006 年年底被谷歌以 31 亿美元的估值收购。

大洋彼岸的成功故事促使王建岗创办了好耶，而当时中国逐渐兴起的风险投资基金为他扫清了路上的障碍。IDG 的前身"太平洋技术创业基金"成为这个创始团队的投资方，除了通过投资"扶上马"，这家风投机构也决定给好耶再送一程，于早期在人员组织、经营理念等方面提供了大量支持。而杨炯纬也在这时加入了好耶，在各种机缘巧合之下开始投身于中国的广告技术事业。

"我于 1996 年大学毕业，2000 年加入广告行业。"杨炯纬对我们说道。他加入好耶的过程颇富戏剧性——王建岗在决定创办好耶之后招揽的第二位重要人才便是 IDG 推荐的戴尔华东区经理王定标，而王定标又顺势成为杨炯纬的介绍人。好耶身上带有的"互联网"标签让杨炯纬心动，互联网在当时的中国刚刚起步，不少人对它的发展前景犹疑不决，但那些眼光独到的前瞻者很轻易地就从大洋彼岸互联网发展的热闹景象中，看到这一新兴力量在与中国的庞大市场产生"化学作用"后能够迸发出的能量。愿景虽然美好，但现实总让人始料未及。怀揣着对光明发展前景和丰厚福利期盼的杨炯纬在确定工作意向后，才发觉自己应该提前去公司的办公地看看。到了公司之后他才发现，这是一个面积仅有 11 平方米的公司，厕所在公司一千米开外，办公桌椅是从各处凑齐的，公司没有招牌，仅在门口有一张 A4 纸写着"好耶计算机公司"。

杨炯纬最终还是留了下来，这或许源于好耶进入的赛道具有很大吸引力。首先，互联网在当时的中国已经越发受到欢迎和重视。其次，中国的广告市场也正在迅猛发展，虽然当时大部分广告投放还是流向电视、广播、报纸、杂志等传统媒体，但从企业对央视"标王"的热捧中不难看出，中国的企业家对广告营销的重视程度越来越高，因此互联网广告可切分的潜在蛋糕正在快速变大。最后，好耶的创始团队有着在当时看来不错的技术背景，并且这些年轻人都致力于用技术改造广告产业，这其中可以释放的市场价值也让杨炯纬心动。

"我从事的第一份工作其实是卖广告系统。"杨炯纬这样向我们介绍自己加入好耶后的工作内容。当时好耶主要向一些门户网站和互联网平台销售互联网广告软件，而被团队认为"颜值"最高的杨炯纬担负起了销售的重任。

但就在拉满弓准备大干一场时，互联网泡沫突然席卷而来，这家原本只想钻研技术的互联网广告公司不得不重新思考自己的战略方向。

对中国的数字广告行业来说，2000 年前后在互联网泡沫的影响下，很多公司改变了既定发展路线，破釜沉舟、背水一战。而这种没有退路的境况恰好倒逼出了那些优质公司的发展潜力，并使其踏上了另一条快速发展的道路。

例如，百度在互联网泡沫破灭前，主要收入来源是为新浪等门户网站输出搜索解决方案，这种完全 toB 的商业模式限制了百度的营收空间。但在互联网泡沫破灭之后，那些原本长期合作的服务对象开始缩减支出，被逼得走投无路的李彦宏随即决定将搜索能力向公众开放并借由广告实现流量变现，这种思路的转换让中国的互联网生态最终迎来一个"巨无霸"。"永远不要浪费一场危机，一场危机让我们真实地感受到一个时代的结束和另一个时代的开启。"英国前首相丘吉尔曾这样说道。

将突然的危机转换为机遇，百度没有浪费这样的一个好机会，好耶亦然。在美国互联网泡沫破灭之后，技术公司 Double Click 成立了自己的媒介业务 Double Click Media，好耶也同样开始有了自己的独立业务，而这样的转变实际上更多出于无奈。

"刚进入好耶时，广告系统的售前工程师和销售人员要和每个网站解释为什么它们需要广告系统。"杨炯纬说，"有人卖黄金，有人卖挖黄金的铁锹，我们当时的想法就是卖铁锹。"但大环境的突然改变让那些原本卖黄金的人变得有气无力，这时拿着手中的铁锹躬身入局挖掘黄金就成为杨炯纬和其同事的选择。在互联网泡沫破灭后，元气大伤的客户便不愿意花钱买系统，这些合作对象提出的替代方案是，用网站内的广告位资源置换取好耶的服务。当时手中只有技术的好耶只能硬着头皮转型，成为贩卖广告资源的代理公司，而这也打开了好耶营收的上升空间。

2000 年下半年，好耶从技术型公司向"技术+资源"型公司的转型正式完成，它打造了一个成规模的销售团队，开始干起与创立时的预期完全不符的事情。在转型完成后的一年之内，好耶的销售额就已经到了千万级的规模，这在当时对于一家创业公司而言算是一笔巨款。依靠大规模的铺销售团队贩卖手中点位资源的模式非常重要，它对于扩大好耶的营收规模大有裨益。数据显示，好耶在 2004 年的营业收入就已经达到 2 亿元，而利润则超过了 2000 万元。

在营收实现大幅增长的同时，杨炯纬和他的团队也在模式与技术创新等方面也有收获，2004 年推出的 Smart Trade 成为中国最早的一批广告联盟。根据《2004 年好耶网络广告服务报告》，加盟 Smart Trade 联盟的流量主在当年四个季度内分别达到 1314 家、1318 家、831 家和 565 家。与此同时，在 Smart Trade 推出后的第二年，其吸引了近 80 家广告客户进行投放。

"当时较为鄙视 4A 公司。"杨炯纬在回忆最初的创业历程时这样说道。在某种程度上，4A 公司代表着一种更传统、更依赖人力资源、更倚重创意的广告生产模式，这与杨炯纬骨子里对技术的高度崇拜背道而驰。Smart Trade 最主要的特色是技术领先和按效果计费，其对效果负责的态度在当时的广告生态中十分超前。事实证明，好耶在广告领域中大胆探索出的技术路径是正确的。杨炯纬提到，后来在广告联盟领域风生水起的百度，在推出联盟产品的初创阶段也派了第一代的产品经理前来取经。

在好耶，杨炯纬原本对技术的执念在资源的协同下逐步实现，他的发展一路顺遂，从最初的助理、卖软件的销售经理、做广告的客户总监一路攀升至华东区总经理、首席运营官和好耶总裁的位置。顺风顺水的职业晋升道路并没有让杨炯纬丧失忧患意识，实际上，他也不断意识到公司的前景正面临困难。早期的投资者对好耶的发展期待并不高，王建岗此前在接受媒体采访时曾这样形容："投资一只老母鸡，能赚出来三只鸡就行了，赚不出来就走人。"然而，好耶的快速发展超乎投资者的预期，到了 2005 年，杨炯纬明显感到一股催促好耶上市的压力。

上市对于好耶而言是把双刃剑。从正面来看，好耶在上市后的估值能够显著提升，几位创始人的身价也将随之水涨船高，投资者也能顺势获得退出的机会，获得资本加持后，公司规模或许能够持续扩张；但从负面来看，好耶当时的营收更多来自资源销售的加持，而当其成为一家公众公司之后，每年度乃至季度的财报数据需要置于所有投资者和潜在投资者的视野之下，这会给好耶带来持续的经营压力并迫使团队将更多的精力倾斜至销售环节，这和创始团队的技术初心产生冲突。同为创始人的王定标曾提道："如果创业，你愿意成立一个广告公司吗？还是拿风险投资？为什么要去做百分之百与人力资源相关的生意？"

当时，杨炯纬提到他希望公司能够找到一位合适的收购者，以使用一段缓冲期安心做"施肥"的工作，慢慢等待"果实"成熟。他坚信技术在未来能够换回更大的价值，向资源简单销售上过度倾斜的节奏应该有意识地放缓。

此时，分众传媒创始人江南春对收购好耶意向强烈。好耶此前就与江南春旗下的公司有着颇多交集，例如，江南春旗下的永怡传媒广告公司就曾将自己的互联网广告业务委托给好耶。江南春在好耶创办之初，也曾以天使投资人的身份向其注资 20 万元。好耶与分众传媒此前拥有良好的合作关系，这让江南春十分乐意收购好耶。2007 年 3 月 1 日凌晨 5 时，分众传媒正式宣布以 7000 万美元现金和价值 1.55 亿美元的分众传媒普通股收购好耶的全部股份。如果在 2007 年 4 月 1 日后的一年内，好耶能够达到特定收益目标，那么分众传媒还将再度支付 7500 万美元的普通股。

江南春在收购完成后不久接受了记者采访，他表示分众传媒对好耶的兴趣由来已久。然而，当时不少专家与评论者都用"惊奇"形容分众传媒发起的此次收购。因为在收购好耶之前，分众传媒在资本市场的主要方向是"生活圈媒体"，力图通过电梯框架媒体、户外广告等资源渗入人们的生活与工作场景，对好耶的收购潜藏着其进入互联网领域全面覆盖线上触点的雄心。在当时担任好耶首席执行官的朱海龙看来，此次收购能够帮助分众传媒成功进军空间更大的互联网广告领域。"收购好耶，对于分众传媒来讲犹如天黑前开笼，未雨绸缪。分众传媒在主动寻求突破，如果真的等到出现瓶颈再做出改变，就已经晚了。"朱海龙这样表示。所以，分众传媒需要好耶，将其作为入局数字广告的抓手，而好耶也需要分众传媒的收购，缓解彼时需要直面的上市压力，双方一拍即合，各取所需。

然而，看似直面危机的应时之举，实则早已埋下隐患的祸根。好耶当时需要被收购的原因在于其需要"安心施肥"的缓冲期，但分众传媒一贯以狼性销售文化在业内著称，其"生活圈媒体"定位背后的商业模式也同样极度依赖资源与销售。与此同时，彼时在纳斯达克上市的分众传媒同样也面临着公众对营收数据的即时检验问题，因此好耶选择被分众传媒收购可以被视为一次没有直接敲钟的"曲线上市"。在收购方案的安排上，分众传媒最后一笔收购款的兑现以 1200 万元的净利润为基准，由此看来，杨炯纬期待安心做技术的"蜜月期"不可能存在。任何在技术和项目开发上的投入都会被视为成本，而这将压缩利润空间，使对赌协议无法顺利完成，最终损失的将是好耶的利益。

杨炯纬也曾挣扎过。曾有媒体报道，他曾专门就公司的未来发展找过分众传媒并与其探讨，希望从技术和保证团队稳定等方面说服分众传媒用更长远的视角定位好耶。然而在游说中途，江南春便打断了杨炯纬的发言，要求他谈谈好耶在销售和利润上的情况。从企业基因上看，分众传媒和江南春有一套自己的打法，并且这套打法的有效性在市场上获得了反复验证；而从企业所处的境况来看，被投资者赋以重托的上市公司没有像其他公司那般自由腾挪、移动的空间，营收、利润及其增长是大多数投资者的需求。

在成功收购好耶之后，江南春非常看重新公司的发展并愿意倾力协助，但这种协助更多体现在销售上。作为分众传媒 Top Sales 的江南春向来擅长客户关系管理，他曾多次询问好耶是否需要在客户拓展上给予帮助，但这与杨炯纬最初的期待并不相符。在 2007 年的 3·15 晚会上，媒体对分众无线发送垃圾短信进行曝光，挫伤了其期望独立拆分上市的愿景。杨炯纬认为这反映了两种路径最终导向的不同结果："做广告技术的人如果没有足够的研发、投入和长期愿景是撑不下去的。然而，广告代理可以纯粹依靠买进、卖出从中赚取差价。"

2008 年，分众传媒在纳斯达克的股价因浑水调研公司等做空机构的质疑大幅下跌。与此同时，房地美和房利美等次级贷款机构的危机开始在全球掀起规模罕见的金融海啸，好耶在 2000 年互联网泡沫破灭的压力下转换跑道，再度迎来改变的契机。此时，江南春开始考虑卖掉好耶，潜在的收购方包括当时最大的互联网广告平台百度、电商领域的绝对领先者阿里巴巴，以及有着海外背景的谷歌与微软。对于好耶而言，这其实是个重新寻求收购方的绝佳时机。谷歌在 2007 年 4 月宣布以 31 亿美元收购网络广告公司 Double Click，而微软也在随后以 63 亿美元收购了网络广告软件开发商和服务商 aQuantiv。巨头在数字广告领域的连番动作自然也提升了中国数字广告公司的信心，当时国内最大的互联网广告代理商好耶在寻求收购方时自然也获得了更多不错的机会。

但每个收购方都有各自的考量。譬如，百度需要权衡在收购好耶后是否会遭遇其他相似广告公司的反弹，因为百度的营收高度依赖广告收入，与其他广告公司合作，假如关系受损可能会对财务数据造成影响。而阿里巴巴看起来是个不错的收购者：其一，它有大量现成的客户资源；其二，由于平台中集聚了大量特点不同的商家与消费者，它也亟需引入技术，以解决广告信息的精准分发问题；其三，阿里巴巴对数字广告领域很感兴趣，例如，现在已成为阿里巴巴数字营销中台的阿里妈妈最初的定位是"广告超市"，也就是模仿阿里巴巴 B2B 的模式实现广告主与流量主之间的买卖信息撮合。但阿里巴巴的收购卡在了金额上，杨炯纬提到，他曾和江南春在一家酒吧与马云面谈收购事宜，金额从他最初期待的 10 亿美元降至约 7 亿美元，但马云仍然觉得价格过高。阿里巴巴并不需要好耶旗下的广告代理业务，但如果将这部分业务去除，那么拆分后的技术又没有那么值钱。

阿里巴巴的态度其实与杨炯纬最初的观点不谋而合，也就是广告技术公司需要深耕技术，而不应该在短期营收的"绑架"下行至歧路。在回忆当时的想法时，杨炯纬向我们提道："广告代理做得越大，现金流状况就越差，利润率也就越低，越来越多的人要求垫款，所以当时我并不看好这个生意。"在 2008 年的年终会上，当时好耶制定的"海量销售"战略成为压垮骆驼的最后一根稻草。由于收购方大多不重视技术投入，杨炯纬终于下定决心离开这个自己一手创办的公司。

到底是靠技术还是靠资源，这并不是好耶独自面临的问题。对于中国大多数数字广告初创公司来说，这个问题有一定的普遍性。初创技术公司无论在资源、资金还是人力上都极为有限，偏向一方必然以折损另一方为代价。但技术事关创业初心和持续发展，而资源又决定了是否能度过初创期的生存难关，如何平衡其中的关系考验着创业者的智慧。

对于杨炯纬来讲，他看待数字广告发展趋势的视角一以贯之，如果归结为两个字，那就是"效率"。他更愿意将中国广告系统的变迁划分为以下阶段：第一代是静态的传统广告，由人工选择广告类型，并借助排期系统完成展现；第二代则是真正意义上的技术系统，在投放时可以通过简单的定向操作实现自行决策，但由于投放规则在后期越来越复杂，便开始演变出第三代系统；第三代就是目前较常用的 RTB，杨炯纬将它形容为数字广告业从"计划经济"真正迈向"市场经济"的关键一跃，众多交易在众多理性人（或机器）间自由形成，它们共同构成了一个庞大、高效且复杂的生态；而在此之后，杨炯纬预测那些拥有大量数据和足够算力的巨头会形成"多寡头的自给生态"，因为第三方 DSP 等独立个体没有充足的资源做出最优的决策，其有可能被逐渐淘汰。他将这一阶段称为由"网络协同"与"数据智能"共同构成的"智能经济时代"，这一模式既能实现规模效应，又能够确保足够的灵活性。

对数字广告发展路径的全新思考也开始让这个原本坚定的"技术主义者"重新省思。"一家企业要做大，技术可能不会成为唯一的壁垒，资金和客户都有可能成为壁垒。"他说自己眼下的想法已经与最初离开好耶时有了微妙的变化，"一味强调技术也可能不行，当你作为独立的第三方广告技术时，哪有壁垒呢？"伴随中国数字广告生态的发展愈加成熟，越来越多的实例显示出技术差距可以用资源与资金优势快速弥补。

所处的行业环境变了，人们的思考也随之发生了变动。至少对于杨炯纬来说，他更能理解蓝色光标和分众传媒这些广告巨头的决策模式了，他的将技术和创意对立的想法也有了转变。"以前的观点是技术可以取代创意，可以使用自动拼接等方式，但这很狭隘。技术倾向于做推荐系统，通过猜想用户的喜好进行信息传输，但这只能做到精准却做不到打动人心。"他说，"某个创意在抖音里能不能火，难以保证。这完全是玄学。"

中国数字营销环境变动之剧烈让很多人始料未及。杨炯纬列举了一长串在他创业时叱咤风云的互联网广告人，但这些人的名字对于现在从事这个行业的人来讲已经十分陌生，他们正在慢慢被边缘化，逐渐退出江湖。在离开好耶之后，杨炯纬成功创办了另一家数字广告技术公司聚胜万合，并坚持在这家公司中使用 CPS 的广告结算方式，这引发了大量争议，却也引领了行业的发展方向。这家新创立的广告技术公司在 2014 年 3 月以 3.44 亿元现金和 1.5 亿元其他资金的方式被利欧股份成功收购。目前，杨炯纬还担任 360 集团高级副总裁一职。

即便如此，此前一批互联网广告人的境遇也多少令有着忧患意识的杨炯纬感到不安。"直到今天，我感觉自己也在慢慢被边缘化。"但他立马补充道，"我觉得自己目前的想法还没有被时代淘汰，二十年以来为什么还没有被淘汰呢？"

行业的快速进步与激烈震荡总会骤然加快新陈代谢的速度，时代总会馈赠那些信念上的长期主义者和行动上的与时俱进者。

不兑换价值，就活不下去

从尼尔森转战数字广告行业，陈传洽十余年的从业经历见证了行业由"小数据"时代向"大数据"时代的嬗变。陈传洽是全球 RTB 领域重要玩家在中国的负责人，因为有前后对比，他对技术力量的凶猛有着更深的体悟。在传统媒体时代，尼尔森这样的头部第三方调查机构有着绝对的话语权，基于调研问卷的"小数据"被视为洞悉消费市场变化的利器。时至今日，对于电视等传统媒体而言，尼尔森、索福瑞等机构旗下的收视率调查业务依旧是引领广告主选定投放组合的"指挥棒"，可见所谓的"小数据"能在以往的广告市场中掀起惊涛骇浪。

"小数据"的问题很明显。首先，这种由有限样本推及母体情况的抽样调查不是普查，其中可能存在误差。同时由于样本的规模有限，作弊与造假成本也较高,因此一定程度上会折损数据的可信度。其次,抽样调查的目标由小规模样本的抽查推及母体,因此其更擅于描摹群体概况,而无法将颗粒度精细到个体。眼下个体间的差异性日益增强,"小数据"在个性化场景下显得不合时宜。最后,抽样调查一般需要一定的调查与数据处理周期,这一特性决定了其几乎无法满足广告主实时了解消费市场变化的高要求,这也是称霸多年的"小数据"在新环境下不得不面对的问题。

"当经济系统极度复杂时,计划经济就会崩塌,市场经济就会被引入。"杨炯纬这样分析 RTB 出现的原因。在数字广告出现之后,可获得、可监测的数据量开始大规模扩增,数字广告与营销在企业经营中的角色变得更加重要,广告主的需求也变得复杂。这时,将"小数据"作为主要参考的传统模式在复杂环境中显露出不适的一面,而由"大数据"支撑起的各种广告技术体系便逐步接管各种权利,以 RTB 为代表的程序化广告模式便在这一背景下完成了快速发展。

在回望中国的程序化广告发展进程时,陈传洽认为其可以大致分为以下几个阶段。第一阶段的代表公司包括好耶,早期的好耶和易传媒推出了最早的广告联盟和 SSP,互联网广告开始从传统线下广告的合约制购买模式中脱离并有了程序化的雏形;第二个阶段的程序化广告突显出"以受众为中心"的特征。随着移动时代的到来,越来越多的用户数据与标签开始产生,这驱动了程序化广告在 2011 年至 2015 年突飞猛进。陈传洽用"高光时刻"来形容程序化广告此时的发展,中国第一个 ADX 就是那时诞生的,它就是阿里巴巴推出的 TANX。在这一阶段,程序化成为数字广告行业中的热词,这也导致它逐步泡沫化。"在泡沫期中,即便不是做程序化业务的公司,也会说自己的业务是程序化的。最后,在发现程序化广告不赚钱时,这些投机者才放弃这个产业。"杨炯纬也向我们印证了陈传洽的说法。陈传洽在回忆那段程序化广告的巅峰期时用"春秋时代"来形容当时的行业格局,上百家

DSP 群雄并起，但最后有九成不得不关门大吉。

祸兮福所倚，福兮祸所伏。在迎来高光时刻后，程序化广告也以极快的速度堕入泥潭。数字广告与营销专家宋星形容 2016 年是程序化广告的艰难一年。他在一篇博客文章中提到，2016 年年初的程序化广告发展不错，但到了第二季度情势急转直下，据估计当年 ADX 的整体消耗可能降低了五成左右。大量的数字广告公司觉得程序化广告市场有利可图，便纷纷涌入——按照宋星的说法，2013 年全中国的 DSP 数量不超过 20 家，随后这一数据在 2014 年与 2015 年分别达到逾 50 家和逾 100 家。然而，广告消耗量减少意味着这块蛋糕的大小已经缩水，更小的蛋糕和更多的竞争者带来的是恶劣的生存环境，僧多粥少的尴尬局面让鱼龙混杂的市场快速降温。

第三个阶段始于 2016 年和 2017 年，市场环境迅速恶化迫使不少从业者冷静下来、重新思考 RTB 的未来发展。在市场最热闹的时候，诸如流量作弊、媒体质量等影响行业未来发展的问题被淹没在表层的喧嚣之下；但当逐步安静下来时，人们发觉应该解决这些侵蚀产业根基的问题。程序化广告此时步入调整期，在陈传洽看来，这不过是行业愿意静下心来重新整理、蓄势待发而已。他认为在此之后，程序化广告将回归程序化本身的基础、理念和价值，换句话说，它将在大浪淘沙后由那些真正的坚守者引领并回归技术本质。

"本质是什么？"我们立马向他抛出了这个问题，希望能够探究程序化理念到底能为广告行业带来什么。而陈传洽的回答围绕着两个关键词："自动化"与"TA"（目标消费者）。"如果连广告这个最有规模、最成型、理念最成熟的领域都没有自动化，任何营销的自动化都是空谈，自动化的目的就是提升广告的效益和效能。"陈传洽说道。在商业开始萌芽时，广告的初始形态也随之产生，因为商业需要在不同主体间进行交换，而产品、服务等商品的交换必然需要倚仗信息互通。在这个过程中，广告就找到了存在的空间，即通过传递信息沟通产销。可以说，广告与商业间存在着紧密的伴生关系，随着商业的逐步成熟和泛化，如陈传治所说，广告随之成为一种有着成熟理念的商业模式。随着移动设备的普及化，Device ID 等标识码的出现也让数据分析的颗粒度足以精细到消费者个体，而电商和在线支付等新形态在场景和技术层面的支撑又颠覆了展现数据和效果数据间的割裂局面，最终让数字广告行业能够收集规模庞大、维度丰富、链条完整的行为数据。因此，自动化不仅是数字广告行业持续发展期望触及的目标，也是它在数字营销全链中扮演重要角色前必须完成的任务，程序化广告在出现后受到热捧便是遵循了这一逻辑。

在自动化之外，陈传治提到"TA"是程序化广告发展的第二个本质。"现在各种标签铺天盖地，但有哪家广告主在做投放时能实时使用非年龄性别的标签完成更精准的受众触达？"他犀利地反问道，"投放量最大的快消广告主都不敢站出来说自己能完全做到，对吧？"虽然数字广告行业已经收集了大量数据并构筑了异常庞杂的标签体系，但陈传治认为业内对这些能力的调取仍然显得十分初级。如果连广告预算最充足、经验最丰富、地位最强势的广告主都无法保证灵活使用程序化能力，更遑论位居其后的其他广告主。数据和标签能力只是程序化广告抵达目标前的中间站，但这并不意味着拥有它们就拥有了直达并持续运营"TA"的能力。

程序化广告在发展中如果无法回归本质，那么错误的理念自然就会将整个行业带向歧路。"最初客户愿意上车，是因为行业用了部队的办法。"陈传治在回忆中国程序化广告的早期发展时，语气中带着愤愤不平。他认为在程序化广告发展的高峰时期，行业急功近利的乱象葬送了一片大好的行业发展前景。原本应该以技术提升效率这一形象示人的程序化广告，却莫名其妙地陷入了价格竞争的泥淖之中。例如，原本可能需要 20 元才能在视频贴片广告中买到的流量，不少 DSP 的运营者却喊出只要五六元。"低价促销"并不是当时的特例，在一定程度上是普遍现象。

"对吗？大错特错！"陈传浛斩钉截铁地说道。因为每个流量都有基础成本，如果一开始以"低价买好量"的包装吸引广告主，那么多少带着忽悠客户的成本。在客户因为心动价格试了后，就会明白"一分价钱一分货"的道理。陈传浛提到，有一个牙膏品牌当时花了大钱去买DSP，结果一年之后发现全是假的流量。这样，这个品牌的经营者将所有DSP都列入了黑名单，程序化广告行业因为其中某个参与者舞弊，永远丢失了一个可能对其有持续兴趣的优质客户。这种情况发展到最后，DSP在不少广告主的心中名声变得差，甚至有业内人士打趣DSP是"低水平"（Di Shui Ping）的首字母简称。

然而，程序化广告的这种乱象在当时市场的一片火热中很难扭转，短期内就有100多家DSP"群雄并起"，这与从业者都看到这一领域蕴藏的巨大价值，以及资本市场的火热紧密相关。彼时，各种移动营销技术平台的兴起也吸引了资本方的关注。如果一家数字广告公司要以一个看起来还不错的估值获得融资，程序化广告就是必不可少的一部分。最终，这就是杨炯纬说的：不管是不是真正意义上的程序化广告公司，都要给自己贴上程序化的标签。

"如果大家都融到钱，愿意踏实做事，我相信一定会孕育出类似萃弈这样的大平台，但是没有。对广告主来讲，收费高不是问题，但我需要你真心解决问题。"陈传浛为当时的程序化广告的发展感到惋惜，"如果一家广告技术公司没办法用价值来兑现客户给他钱这件事，那么它一定活不下去。"

过于浮躁的广告环境已经不允许这些参与其中的玩家冷静下来，谨言慎行。如果广告大盘持续以50%甚至更高的比例翻倍增长，人们自然会参与到掘金的狂欢之中，没有人会选择站在原地等待。"在这种环境下，我需要精细化运营吗？需要思考效益吗？不需要。举个例子，如果我可以一下子组建

500个人、1000个人的销售团队，为什么要去想自动化呢？人能解决的问题都不是问题，我铺几千个销售，总能拿下订单。"他说。讽刺的是，从业者、资本方、广告主和平台方当时对广告技术展现出的热情，说到底是因为他们在脑中描绘了借助技术无限提高自动化能力的乌托邦。但当愿景落地到现实时却完全扭曲成了另外一番模样，所谓的"技术"不过是一层"包装纸"，本质依然是通过大量铺销售团队贩卖点位资源的老把戏。

市场对效果的检验可能会迟到，但绝不可能缺席，广告主投放费用的迁移就是最好的证明。有一件事情曾经让陈传洽印象深刻，一位客户曾亲口告诉他，自己会将一半的程序化预算转移到内容营销上，陈传洽用"非常打脸"来形容走过短暂高光时刻的程序化广告。

陈传洽所供职的萃弈在2016年，也就是程序化广告最火热的时期进入中国市场。陈传洽坦言这是个合适的时机，如果再早一点进入可能会失败。他认为2016年前后中国的数字广告行业开始有了"自动化"的概念，如果移动技术没有在过去十几年中大规模普及，市场环境便不会支持程序化广告。除此之外，从国家到企业都在这个阶段开始重视数据的作用，这让其能够跳过对早期客户的教育阶段。"所有人都知道做决策不能拍脑门，但以前的老板没有数据辅助其决策。而当数据缺失的情况不再存在时，广告主对程序化的接受程度明显提高了。"陈传洽这样表示。

但对于萃弈这家海外公司来说，中国与美国在程序化广告市场上的不同仍然是在开拓中国市场前需要克服的障碍。在中国，大型流量平台在整个链条中的话语权更大，例如，字节跳动的巨量引擎、腾讯原来的广点通等都有整套的AdExchange解决方案。这些超级平台在用户、资源、数据和技术上都具有优势，因此成为中国程序化广告生态中最重要的"掌事者"。在这些巨头的庇荫之下，很多相对弱小的独立DSP或SSP也就自然不会拥有太多的生存和发展空间。

另外，程序化广告的形态在中国也衍生出了很多创新模式，如退量。退量指的是部分强势广告主在下单后，可以要求媒体平台按一定的富余比例将流量推送给广告主筛选，广告主从中挑选希望投放的流量，而剩下的未被选中的流量就将退回给媒体平台。这一模式的出现与广告主拥有的强势地位有关。为了更好地服务广告主并获得他们手中的预算，平台方需要通过退量等模式满足这些广告主日益多样化的需求。除了传统的 RTB 模式，中国产业界还出现了众多以 RTB 为基础的衍生模式，如保价保量的 PDB（Programmatic Direct Buying）和保价不保量的 PD（Preferred Deal）等。其中，PDB 指的是在广告投放前，广告主按照固定的广告价格、固定的资源位和固定的预订量在媒体平台下单，当目标用户访问媒体继而产生新的广告位时，由媒体平台主动向广告主推送流量，广告主无须参与竞价过程的模式。PD 的前端逻辑与 PDB 类似，唯一不同的是 PDB 支持广告主退量并对广告曝光量予以保障，而 PD 既不支持退量，也不保证广告曝光量。你可以简单地将这些衍生模式理解为 RTB 与传统广告交易的融合体，既部分地采用了合约制的交易模式，又通过引入技术提升了广告分发的效率。这些有着中国特色的程序化广告交易模式是萃弈在开展业务前需要适应的，陈传洽提到，在向国外同事解释什么是 PDB 和 PD 时他费了一番功夫。

2019 年 2 月，程序化营销技术公司舜飞科技的副总裁梁丽丽曾在知乎上发问："中国程序化广告是在走倒退之路吗？"梁丽丽一直关注并参与中国程序化营销的各种实践。梁丽丽在问题的下方也详细阐述了自己的思考脉络，她认为各家主流媒体平台建立自己的 ADX、DSP、DMP 乃至 DCO（动态创意优化系统），使得媒体与媒体之间的生态开始相互割裂。然而，程序化广告最初发展的愿景是期望通过一家 DSP 对接多家 ADX，从而实现效率的提升及跨媒体的频次控制，而在媒体生态高度割裂的背景下，这样的期待显然无法落地。她用"一朝回到解放前"来形容自己对中国程序化广告生态发展的理解，并且坦白地反问道："现在媒体承包了每个角色，好像没其他人什么事了。在原本的程序化广告角色设计中，DSP 应该为广告主服务，在如此模糊的角色定位之下，广告主的利益该如何保障？"

"倒退非常快，虽然我不知道其他人怎么看这个问题。"梁丽丽说。在她的发问下，很多数字广告的从业者都给出了各不相同的答案，但陈传洽与梁丽丽的意见非常趋同。陈传洽提到中国独立 DSP 和 SSP 都非常缺失，不少 DSP 将自己定位为 DSPAN，即 DSP 与 Ad Network 的集成。而发展到现在，一个新的趋势是，大家也懒得去定义自己是什么角色了，干脆就称呼自己为 "MarTech 平台"。他认为，中国的程序化广告市场越来越模糊化了，中国的玩家好像什么东西都有，但也没人愿意花时间去理清各自的身份。当然，如果人们在日渐庞大的程序化广告生态中处于不同的位置，对行业发展的理解和诉求就自然会带有偏差，陈传洽和梁丽丽对程序化广告发展的"抱怨"一定程度上也反映了这个行业在中国的现状。

即便如此，陈传洽所服务的萃弈仍然对中国日渐庞大的数字广告市场寄予厚望。萃弈于 2016 年进入中国，并在 2019 年 3 月开始正式开拓这个日渐活跃的市场。杰夫·格林作为萃弈的创始人，在 2019 年 5 月就表达了他对中国市场的乐观态度，他提道："虽然中国的市场规模只有美国的一半，但中国的增长速度是美国的两倍。未来，中国还会成为萃弈最大的一个市场。"这是格林在市场上的公开表态。他在私下里向陈传洽提及的期望更能直接反映他对中国市场的看好，他说："我们在全球有 25 个办公室，我们现在全球最牛的一个办公室在纽约，占据半壁江山的地位。十年以后，上海就是纽约。"萃弈总部对中国数字广告市场持乐观态度，让陈传洽感到既兴奋又紧张。

但正如陈传洽所说，所有广告技术公司的宿命都是"如果无法兑现价值，就一定活不下去"。在未来的十年，他所领导的上海办公室如果想成为下一个纽约办公室，中国数字广告产业要有持续欣欣向荣的外部条件，公司不断推出的技术和模式要持续满足客户的各种需求，程序化的重要性无需赘言。

在格林看来，未来"程序化"可能都不会被业界过分强调，这并不是因为它不重要，而是当所有的营销预算投放和场景都 100%建立在程序化的基础之上时，也就不需要强调这个词了。

格林认为程序化的未来前景是推动广告行业从自动化向智能化加速前进。自动化与智能化看似一致，实则指向两个截然不同的层级。目前程序化广告的发展充其量只是部分完成了"自动化"的工作，虽然其显著提升了整个行业的效率，但依然远远不够。他认为，随着组成广告行业的所有模块一一实现自动化，一个自动化的网状结构将在未来出现，而那时整个行业也将拥有迈向智能化发展阶段的基础。他用金融行业眼下的发展作为参照，认为整个营销过程未来会越来越像股票交易或者 FinTech（金融科技）。

在某种程度上，数字广告和营销行业与金融行业之间表现出越来越多的共同点。在大数据环境下，这个行业开始拥有了规模更大、维度更复杂的数据。另外，眼下的数字广告与营销行业也能在短时间内获得即时反馈，人工智能等技术的演进进程将加快，这种结构性的优势将让数字广告有机会像金融行业一样以意想不到的速度狂飙突进。

目前，数字广告行业的智能化水平较低，例如，广告账户的搭建、投放与调整仍然仰赖大量"优化师"和"投手"的人力投入。这些伴随数字广告发展出现的新职业的工作强度很大，在晚上或节假日加班均是常态。在陈传洽看来，这刚好是数字广告在短期之内可以攀升的机会。"现在在出价时，我们针对不同流量、不同数据设置好所有条件就可以了，系统会自动化地帮你竞买媒体，不用实时盯盘。"他说。当数字广告人不必再被束缚于屏幕之前时，剩余的精力便可以从相对简单和可替代的执行环节转移到那些更重要的事情上，如思考策略、维护客户、陪伴家人等。

在甲方内部，广告营销部门因其战略位置不够重要常常被边缘化；而对于乙方来说，他们大多被视为服务者而非专业技术者，这注定了其无法在整个产业链中表现强势。因此，广告从业者常以"广告狗"自嘲。对于陈传洽来说，他极度介意这样的称呼。在他看来，伴随数字广告行业的智能化程度提升及广告营销在公司战略中的"去边缘化"趋势，这个行业有朝一日也能像华尔街一样，让从业者更容易地展现出自身智慧所蕴藏的高价值。

"为什么要揶揄自己是'广告狗'呢？狗那么累。"陈传洽说。在他看来，以 RTB 为初始的程序化交易不仅能够提升广告投放的精准度，也将让广告营销这个古老的行业焕发新的生机。

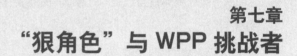

第七章
"狠角色"与 WPP 挑战者

我一定要告诉你，
中国有 14 亿人口的故事。

——苏铭天

看见一片沼泽地

"你想想，有一片平静的沼泽地，夕阳和彩霞映红了满片天空。然后你看到了很多机会，脑子里已经构思了很多海市蜃楼的画面。但也有一种可能，你刚迈进去，人就不见了。"坐在位于蓝色光标总部的办公室里，潘飞向我们描绘着他眼中那片特别漂亮又极其危险的沼泽地。

他口中的这片沼泽地，便是移动互联网。

潘飞是蓝色光标首席执行官，更早之前，他担任着蓝色光标旗下移动互联的 CEO。换句话说，当蓝色光标开始布局移动互联网时，潘飞便是这个关键进程中最重要的角色之一。对于蓝色光标的快速发展，潘飞见证了其中的绝大部分，尤其是越靠后，潘飞介入得就越深。

潘飞的办公室外，员工来来往往，脚步繁忙。这片名叫"恒通国际创新园"的园区位于北京朝阳区酒仙桥北路，由一个废旧工厂改造而来。最早，这里是松下在北京生产彩色显像管的地方，也是这家日本企业在中国建立的首家合资公司。但在行业与公司瞬息万变的沉浮兴衰中，这里的厂区逐渐被废弃，随后在北京老旧厂房腾退与改建的过程中转型成为文创产业园区。蓝色光标是入驻这个园区的首批企业，大多数驻扎在北京的员工都被安排在了这里。

在废旧工厂改造的文创园区中办公，这多多少少也在提醒着潘飞和蓝色光标的其他高管必须对外部环境的变化时刻保持警惕，当公司处于广告行业的激烈变革期时更应如此。眼下，蓝色光标的员工已经达到 6000 多人，潘飞清楚地记得当十几年前进入公司时，整个公司的人数不过一百人。短短十年间，公司的员工规模增加了 60 倍，这不仅从侧面印证了广告营销在过去一个阶段昂头进击的历程，它也代表着一种沉甸甸的责任，因为公司的任何一个细微的发展决策都有可能影响这几千位从业者的未来命运。

一如大多数行业领导人，潘飞也是个精力充沛的人。他平常的一大爱好是健身，始终保持着不错的身体状态，单凭外表，很难准确判断出他的年龄。无论你是执行员工还是管理人员，不断接受各种挑战的工作状态在广告营销行业中是常态，这可能也是推动潘飞在健身上高度自律的原因之一。

潘飞并不是传媒科班出身，但他一直以来就对文字和策略感兴趣，尤其在读了奥格威的书《一个广告人的自白》后，他决定进入广告营销行业。在 2002 年前后，广告行业依然十分强势，因专业不对口，他在求职过程中屡屡碰壁，最终只能靠着"不要实习工资"的承诺叩开了这个行业的大门。

不久之后，潘飞的从业经验越来越丰富，收入开始有了明显的改观。"最大的乐趣就是写稿子，那会儿的文字还是值钱的。我记得很清楚，当时写一篇文章最多能挣 1000 多元。熬一晚上夜写出来的文章就能够买买衣服、吃吃喝喝了，很开心。"潘飞说。2002 年，中国的城镇居民人均收入为 7705元，一篇文章的稿酬相当于当时大多数人一个多月的工资，潘飞的言辞之间显露出对当时广告黄金时代的怀念，而收入上的丰厚回报也保证了彼时人才得以源源不断地流入这个行业。

虽然依靠文字能保证收入无虞,但潘飞也看到了身处舒适圈中所隐含的风险。"你可以做文字工作,但你的归宿和宿命一定还是商业,商业能带给你结果。"潘飞不断提醒自己。在他看来,虽然文字本身能让他轻松获得比周围人更好的生活,但用更长远的视角来看,这在未来难以永续。这时,蓝色光标的创始人赵文权恰好向他抛来了橄榄枝。

赵文权在中国的广告营销与公共关系行业中算是一个响亮的名字。1996 年 9 月,在蓝色光标成立时,这个北京大学政府管理学院的毕业生便成为公司的总经理,当时的赵文权看到了公共关系在改革开放之后的中国拥有广阔的发展前景,随后便投入其中。早期,由于"公共关系"是个舶来品,人们普遍对其既好奇又怀疑。1989 年,广东电视台拍摄了一部长达 22 集的电视剧《公关小姐》,在全国上下获得了不小的关注,甚至还获得了第九届"大众电视金鹰奖"优秀长篇连续剧奖。这部剧算是首次在国内真正将公共关系的概念推向前台。然而,置身于镁光灯焦点中的公共关系行业不免受到污名化,例如,将公共关系简单地等同于在政商圈中转圈的"社交名媛"。当一部电视连续剧开始瞄准某个行业时,也就表明这个行业的基底已经变得稍微厚实了一些。

赵文权投身广告营销行业的时机算不上最早,也远谈不上成熟。他作为一个北京大学高材生,在那个创业氛围尚不浓郁、经济前景还不算明晰的时刻,毅然决然地创办蓝色光标,做这个决定在当时的语境下要承担不低的机会成本。回过头看,赵文权的冒险无疑是正确的,伴随着此后中国企业对公共关系的需求不断提升,蓝色光标的发展一路高歌猛进,成为中国本土公共关系行业的重要扛旗者。蓝色光标在一众具有 4A 或其他专业背景的海外公关公司夹攻中,依然表现得游刃有余。

2006 年，在当时小有名气的潘飞接到了赵文权的邀请。他们前前后后总共谈了两年，潘飞最终还是加盟了蓝色光标，担任客户副总监，而这是以降薪为"代价"的。

"打动你的是什么？"我们对潘飞如何做出决定尤为好奇。"那个时候也就一百多个人，赵文权提到未来想打造一个世界级的传播企业，比如 WPP 集团。"潘飞回答道。

潘飞在骨子里多少和赵文权有些类似，他们都非常乐于接受挑战。在潘飞看来，以挣钱为目的的跳槽，最终导致的结果往往是身价不断降低，人们（尤其是年轻人）挑选工作的时候更需要看的是这份工作能为自己带来多大的价值。在潘飞加入前后，蓝色光标正在擘画着自己未来的发展蓝图。其中的重要节点就是转变为一家公众公司，实现方式便是寻求上市，而潘飞刚好目睹了企业上市前后的飞速变化并受益于这个大浪潮。

在很长一段时间里，中国的广告营销从业者普遍有两种经典的画像：一种是成为职业经理人，他们的主要目标是服务好自己的每个客户；另一种则是实实在在的商人，通过服务好客户赚够钱。但浸淫于整个行业多年，潘飞开始思考有没有可能出现第三种人，他们不只是奔着赚钱而去，也不将自己限制在服务好每个客户的狭隘框架中。换句话说，这个行业急需能带领大家整体前进的企业家。

"当时，我觉得任何行业都有企业家，唯独传播行业没有。"潘飞说道。潘飞在赵文权的身上看到了他所祈盼的影子。

加入蓝标之后，潘飞只是一名光杆司令，他需要从无到有搭建自己的团队，而当时的他没有任何管理者的经验。在入职一年之后，潘飞交出了还算漂亮的成绩单：十几个人的团队被搭建了起来，第一年的团队总收入也有 2000 多万元。

对于任何团队来说，那些能战善战的人总会被指派担任"救火队员"的角色，潘飞也不例外。在加入公司交出漂亮成绩单之后，潘飞就被派往了上海，力图开拓更加繁荣的华东市场。上海是中国经济最先发展起来的地区之一，在传统广告时代始终是一个"重镇"，这里聚集着大量的顶尖 4A 公司、国际公关公司及创意工作室，当然还有大量的广告主也聚集于此。对于当时正在谋求上市的蓝色光标而言，以上海为中心的华东市场显然不能忽视，开拓这个"富矿"的重任就交到了潘飞的手中。

2009 年年底，潘飞只身前往上海，原本驻扎在那里的蓝色光标团队成员仅有 18 人，但公司对华东市场的期待显然不会因为较小的团队规模而有丝毫折损。"我们要用一到两年的时间，把营业额做到 1 亿元。"到上海后的第一次团队会议，潘飞在公司的员工面前直截了当地给出了自己的目标。当时上海团队的年营业额只有 800 万元，1 亿元对于这个年轻的团队来说可不是个小目标。员工的担忧不无道理——虽然华东市场是个肉眼可见的"富矿"，但这里也聚集着大量的"采矿者"，如何从强大的对手口中挖出蛋糕成为摆在潘飞面前的严峻挑战。

当然，上海滩上的广告公司也快速注意到了这个山东"愣头青"的到来，这个由潘飞带领的团队犹如进入鱼池的鲇鱼一般，开始到处挖人和拉客户。"当时在上海还成立了'打潘联盟'，要将这个不知天高地厚的家伙逐出去。当然这么多年过去了，大家也都成了很好的朋友。"商业世界的变化瞬息万变，赢得尊重的唯一方式就是变得足够强大。

在蓝色光标上海团队第一次开会时，潘飞定下的 1 亿元营收的目标在第二年就顺利达成。没过多久，年营收额就直线上升到了 5 亿元，上海团队的人员从最初的十几人发展到了后来的几百人。

"狠角色"是在采访潘飞的过程中，他给我们留下的直观印象。"狠"不仅体现在不计一切代价去完成使命，也表现在他敢于不断地突破舒适圈。在上海团队逐步迈入正轨后，潘飞口中那片"漂亮又危险的沼泽地"又出现在了他的眼前。

一如既往，他要去冒险了。

成为下一个 WPP

2018 年 6 月 22 日，苏铭天出现在了戛纳国际创意节的舞台上。与过往数年不同的是，他换了一个新身份。就在不久前，苏铭天被迫从 WPP 集团辞职，离开了这个自己一手打造起来的传播帝国。苏铭天坐在肯·奥莱塔的旁边，奥莱塔是美国的知名畅销书作家，奥莱塔刚刚完成了一本畅销书《亦敌亦友》的创作，书中他直白地讲述了传统 4A 公司在这个技术驱动产业发展的年代所遭遇的挑战。

大部分听众们前去倾听，是为了更多了解苏铭天离职的秘密。苏铭天给人留下的印象总是能言善辩、快人快语。然而，WPP 集团大中华区前首席执行官李倩玲只是抓住机会问了一个与听众兴趣无关的问题。"中国在科技和数字化领域领先，在这个市场会否率先出现一个以技术和数据为核心的广告传媒集团？"李倩玲将这个问题抛给了奥莱塔，相信这个问题也击中了坐在旁边的苏铭天。对苏铭天的离职之因，外界有各种各样的猜测，但这些猜测无一例外只是"导火索"，其背后的本质问题还是在于传统 4A 公司的思维模式和运作流程与当下快速变迁的技术时代并不相容。

这就相当于一辆自行车，当它的速度很快时，便能够四平八稳地往前行进；但是当速度慢下来时，骑车的人想要把握平衡就变得十分困难。苏铭天曾经很快地让看起来已经破旧的"自行车"重新跑了起来，但当外界环境剧变迫使"自行车"不得不逆风前进以至于出现了问题时，投资者便很容易将怒火对准苏铭天。

奥莱塔听到了李倩玲的问题，思考片刻回答道："中国已经来到我们的市场了，但我们不可能以相同的方式去寻求中国市场的突破。"这样的回答多少有种避重就轻、答非所问的嫌疑，但在某种程度上也让中国的从业者开始思考未来的道路。

中国科技公司的快速进步让这里的广告产业受益良多。如果沿着以前的 4A 公司的发展道路前行，中国的广告传播集团想要迎头赶上绝非易事，毕竟无论从客户资源、公司架构还是从服务经验来看，几十年的差距不可能在一夜之间迅速弭平。但技术力量的突然闯入将广告产业的运作逻辑、生态和模式翻了个底朝天，在大破大立的过程中，常常伴随着弯道超车的可能，中国的广告公司开始敏锐地寻求突破的机会。

蓝色光标是其中动作最多的一个。就如潘飞所说，成为 WPP 集团这样的世界级的传播企业是赵文权从始至终的目标，从蓝色光标在上市后的一系列动作中都能看到 WPP 集团发展历史的印迹。

如果你是广告营销行业的长期观察者，你很容易就能感受到蓝色光标的野心，这种印象的形成很大程度上得益于其堪称激进的海外并购。2013 年 4 月，蓝色光标宣布拟由全资子公司香港蓝标以 58 便士 / 股的价格认购 Huntsworth 公司新发行股份 6300 万股，共计耗资 3.5 亿元，蓝色光标在交易完成后将拥有 Huntsworth 公司近两成的股权。Huntsworth 是一家总部位于伦敦的公关公司，其在 29 个国家和地区拥有 62 个主要办事处。颇富戏剧性的是，在蓝色光标发展的过程中，赵文权和合伙人们差点就将蓝色光标卖给了 Huntsworth 公司。但现在，拥有了资本市场助力的蓝色光标成为 Huntsworth 公司的第一大股东，主客易位的情形像极了苏铭天早期那些借助资本以小搏大的案例。

郑泓对蓝色光标的全球布局有着更直观的认识。她是蓝色光标的国际业务总裁，她直接参与了蓝色光标对海外广告公司的并购。前几年，她也算是戛纳国际创意节的常客。对她而言，在那里既能看到全球广告营销行业的前沿趋势，也是她拓宽人脉乃至增强企业凝聚力的阵地。2017 年的戛纳国际创意节，蓝色光标甚至包下了一片海滩举办"中国之夜"，海滩的位置绝佳，组委会晚上燃放的烟花仿佛是蓝色光标自己放的。

那一年，蓝色光标在戛纳收获颇丰，它旗下的整合营销创意公司 Cossette 和社交媒体数字营销公司 We Are Social 总共获得了包括两座金狮在内的十座狮子。那时由于有大量的海外并购，蓝色光标中有接近三分之一的员工分布在海外，郑泓不得不在大洋两岸来回飞行。这也是她的优势，她可以成为沟通东西方广告营销界的桥梁，让中国的广告营销圈更深地介入西方，更重要的是，让西方更了解中国独特的广告营销生态。

在某种程度上，中国对美国和欧洲广告营销业的动态一以贯之地保持着谦卑、好奇，戛纳的人们并不会对西方业界的变化感到过于陌生。然而，伴随数字时代的猛烈变革，中国移动营销的游戏规则也越来越独特，中国移动营销的实际状况变得更加神秘。更要命的是，这个市场正变得越发庞大，在巨大的利益诱惑下人们很难做到视而不见。在西方，有一句谚语耳熟能详——"房间里的大象"，它指的是"触目惊心的存在被明目张胆地忽略"。然而，现实的情况是，中国市场成长为一头大象，成为任何行业内的人士都无法忽视的存在。

"我的视频，大多数老外可能都看不懂，里面有太多特定的语言、人物和社会现象。"Papi 酱在接受媒体采访时这样说道。采访的当下，她刚刚出现在了戛纳国际创意节的舞台上，作为中国的网络红人向台下的西方人介绍中国特有的传播法则。在西方，像 Papi 酱这样具有影响力的网络活跃分子常被称为影响者（Influencer），在中国的营销话语体系中，她则被称为头部KOL。无论 KOL 还是刚出现不久的 KOC，从不同的概念就能看出，中西方的营销者在大多数时候处于相互独立的两个世界。

带 Papi 酱去往戛纳的就是郑泓和蓝色光标。"她确实是一个现象，这个现象能持续多久还不好说，但现象背后反映的是中国独特的自媒体营销生态，这很有趣。"当我们问郑泓为何选择让 Papi 酱跨界出现在戛纳时，她这样解释道。向西方展现一个迥异的广告营销生态是蓝色光标的初衷，而现场90%以上的上座率足以说明人们对中国市场有快要溢出的好奇心，这也成为中国市场话语权提升的有力证明。

"你们的目标是奔着比肩国际 4A 去的吗？"我们问道。"肯定是。"郑泓的坦诚也令人惊讶。令她印象最深的是，在她首次到达戛纳的时候，她明显感觉到参会者规模和中国市场的经济实力严重不对称，但在几年之后，这样的感觉就不复存在了。这与参加 CES 的感觉颇为类似，她和朋友偶尔开玩笑说，CES 已经不再是 "Consumer Electronic Show"（消费者电子展）的缩写，而是 "Chinese Electronic Show"（中国电子展）的简略表达。

在戛纳，中国的公司对自身的雄心壮志不加掩饰，这大概源于中国市场的极速膨胀。正所谓 "水大鱼大"，中国的公司借着一股蔚然成风之势，身处其中的个体很难不心动。蓝色光标在收购了 Huntsworth 公司之后，还在国内外发起了数十次投资并购——仅在 2014 年这一年，它就进行了至少 31次投资并购，并购对象从北美传播巨头 Vision7 延伸到曾推出 Jawbone 运动监测手环的工业设计公司 FUSE PROJECT。

外界对蓝色光标在资本运作上所表现出的 "激进" 姿态有着各种猜测甚至是质疑，赵文权曾提到 "获得更多的客户" 是展开这些并购的目的。采用这样的战略在某种程度上并不奇怪。一方面，广告产业链条因为触点规模的爆发式增长与传播形态的多样化，正变得日益复杂。这时蓝色光标进行的自主式扩张效率较低，通过兼并其他相对成熟的垂直公司完成业务线与专业人才的聚拢是个可行的方式。另一方面，正如赵文权所言，兼并公司能够进一步整合不同公司之间的客户资源，在全案服务能力日益提升的同时，客户资源更多也就意味着营收状况会更好。蓝色光标在 2014 年完成大量投资并购之后，这一点在其财报中就有所显示。在当年共计 59 亿元的收入中，传统的公关营销业务只占三分之一，另外的大部分收入都源于兼并其他公司。

蓝色光标大胆的收购动作多少都带着些 WPP 集团早期的影子。在广告产业波澜壮阔的发展进程中，其早期特征是劳动密集型，以"版面掮客"的方式呈现在世人面前，通过报纸版面销售员孜孜不倦地寻求业务，实现广告主与报纸的对接，最终完成将商业信息刊载在报纸上进行传播的目的。随后，广告公司的特点变为智慧密集型，在广告主需求越发多样化的背景下，文案、创意等专业技术人员进入真正意义上的现代广告公司，造就了一大批顶尖广告公司和广告人。在这些聪明头脑的共同努力下，构建了令后辈魂牵梦萦的黄金时代。再往后，以苏铭天和 WPP 集团为代表的典型广告人及公司让人们意识到，广告行业是个资本密集型行业，这打破了以往人们对于行业发展的迷思。如果广告行业的发展依赖于聪明头脑，那么企业发展的边界必然受限于找到"聪明头脑"的能力。不同广告人之间的职业技能有着天壤之别，广告公司在扩张进程中总面临肉眼可见的边界局限。在瓶颈面前，苏铭天与 WPP 集团找到了解决办法，即通过资本收购成熟公司，快速打破边界并开疆拓土，这种尝试成效显著，而这也成为蓝色光标寻求转型的重要锚点。

种种迹象都表明，蓝色光标的长远目标是成为下一个像 WPP 集团这样在全球范围内掌握话语权的本土传播集团。不过在征途的初始阶段，它选择的方式是活跃于国际舞台，发出中国声音。

穷则变，变则通

"穷则变，变则通，通则久。"在 2019 年年初的一场内部会议上，赵文权用《周易》中的名句作为演讲的开场白。中国的文化沉淀十分深厚，古代先贤用寥寥数语便能描绘出事物的本质，《周易》中的这句话指的是，事物发展到尽头便会发生变化，面对外部环境的变动，唯有积极改变自身，才有可能长久存活。

在广告行业从劳动密集型、智慧密集型发展到资本密集型之后，一个由技术深度介入的时代开始出现，这便是赵文权口中的"变"。

2018 年上半年，蓝色光标发布的一则公告引发了市场的高度关注，这则公告宣布了蓝色光标名称的变更，其名称正式从"北京蓝色光标品牌管理顾问股份有限公司"变更为"北京蓝色光标数据科技股份有限公司"。从"品牌管理"到"数据科技"，四个字的更改反映的是公司深层战略的调整。

"所谓'穷'更多的是指事情发展到了某种阶段就要寻求突破和改变。蓝色光标从 1996 年走到今天，也是一路变革走过来的。"赵文权在内部会议中这样形容道。敏锐感知外部环境的剧烈变化并做出适时反应，这是广告营销行业难以摆脱的宿命。翻看蓝色光标的发展历程，这样的规律显得尤其清晰。

在人们没有正视公关行业对商业社会的重要价值时，蓝色光标快速介入这一领域抢占先机。随后，在行业竞争日益激烈的环境下，它又首先开启了按结果收费这类对广告主更为友好的机制。再然后，怀着打造中国版广告传播巨头的雄心，它开启了全球"买买买"的征途。它选择的每一步在当时看来都异常艰难，但最终这种艰难也在时间的洗礼下逐渐成为行业的常态。在赵文权宣布推进数据科技发展战略时，这一抉择对一家被视为传统广告公关公司的企业而言无疑是艰难的一步，但这一步最终被验证为是正确的。根据2018年蓝色光标对外发布的公司年报，其全年营业收入首次突破了200亿元大关，而数据科技业务占到其中的九成。

按照赵文权的表述，蓝色光标向数字营销的转变始于2007年。在这一年，蓝色光标成立了仅有四个人的数字营销部。实际上，其内部真正开始布局移动互联网始于2014年，已经被过往成绩贴上"战将"勋章的潘飞再次被委以重任。

"我从上海被调回北京，就是因为蓝色光标要开始布局移动互联网。"潘飞说道。回到北京之后，摆在潘飞面前的有两个选择：一个选择是成为蓝色光标公关的管理者，从主管上海这个单独区域的负责人变为全国"大蛋糕"的操盘者；另一个选择是做互联网相关的业务，但这意味着他需要放弃已经日臻熟悉的业务，跨足到一个他不甚了解的领域。对于潘飞而言，这并不算是多么艰难的选择，他毫不犹豫地选择了后者。他当时对移动互联网的了解知之甚少，不过，依靠认知碎片拼贴出的图景，他这样的传统广告人在直觉层面形成了对行业未来的印象。

潘飞的手机里还存着张一鸣在字节跳动发展初期进行演讲时的PPT。当时，今日头条的长期目标是日活跃用户与月活跃用户达到千万级，而现在这个目标已经被轻易跃过。张一鸣当时提到"机器学习的世界可以带来颠覆作用"，这让潘飞印象深刻。在那前后出现的滴滴打车等快速发展的全新移动产品，也让他有了更强烈的投身于浪潮之中的决心："你会觉得各个行业、你的衣食住行都在被移动互联网改变与颠覆，你肯定想要参与一下。"

理想很丰满，现实很骨感。对于蓝色光标和潘飞来说，在从传统公关公司转变为数据驱动的科技公司这一过程中，至少要解决两个问题。首先，如何解决业务转型的问题，进入一个此前并未涉足的领域就要重新搭建业务系统与团队，这是一个从无到有的过程。其次，如何解决文化转型的问题，如果不能将两个行业的知识体系和行业文化充分融合，最终只能在强行转型的过程中成为一头"四不像"的怪物，这会阻碍企业从小到大的发展。

解决第一个问题就让潘飞十分痛苦了。潘飞在上海管理着几百人的团队，回到北京后的团队规模连他算在内只有两人。团队锚定着 50 亿元的营收，如何快速找到合理的发展方向是个不折不扣的难题。也是从那时开始，蓝色光标开始关注市场上合适的投资和营利机会，最直截了当的办法就是不停找人，潘飞几乎找遍了市面上所有与移动互联网相关的营销公司。

困惑、蒙圈、怀疑，这三个词是这批移动互联网营销公司给潘飞留下的初印象。两种文化间的碰撞势必会产生各种冲突，但这种冲突的激烈程度超出了潘飞的预期。

首先，移动互联网公司的"野蛮"让潘飞感到震惊。在以往做广告公司的时候，行业内虽然竞争激烈，但普遍都是"文绉绉"和"互相尊重"的。这套让所有公司维护表面和谐关系的通则在移动互联网的世界并不适用。"当我去一家公司拜访时，对方直接说以'弄死竞争对手'为前提，我觉得超级血腥。"企业被移动互联网快速发展所逼迫出来的狼性，超越了潘飞的认知域。

其次，潘飞开始怀疑自己传统的知识体系是否依然有效。当时他拜访的所有公司都身处激烈竞争的环境，"技术会深刻改造广告业"是它们的共识，这让潘飞有了疑问：此轮广告必将迎头面对的改革到底是渐进性的还是革命性的？换句话说，到底是在以往知识体系下的延续，还是重新生发出一套全新的东西？在传统广告公司的运行思维下，广告和营销行业最核心的竞争力围绕着客户的销售能力和服务能力，但没有一个人在潘飞面前提到"客户"，潘飞意识到或许这场行业变革注定是革命性的。

最后，移动互联网行业从业者的"土"也给潘飞留下了很深的印象。传统媒体广告费用较高决定了广告投放具有较高的进入壁垒，因此，蓝色光标以往的业务一般面向大广告主。而要服务好这些大广告主，也就迫使从业人员和企业文化需要对其迎合。但在技术介入后的移动营销时代，投放广告的门槛近乎没有，依靠长尾客户形塑的庞大市场才是推动移动营销源源不断向上增长的源泉。在这样的市场环境下，接地气可能是更加靠谱和踏实的品质，不同的广告主类型意味着企业文化的不同。

不同文化的激烈碰撞让初入移动营销圈的潘飞深感不适，蓝色光标在找寻各种破局的机会。2015 年年初，蓝色光标移动互联业务启航处在关键期。在一趟从上海飞往北京的航班上，潘飞在翻看手中的杂志时，偶然间被一篇文章吸引了。那篇文章主要在讲 Facebook 生态圈里的中国面孔，文章透露出的信息让他觉得可以行动起来了，因为 Facebook 和扎克伯格看到了中国企业强烈的出海愿望，并且希望能够顺利驶入这块陌生之地。

"这是一个对蓝色光标非常重要的机会，蓝色光标可以成为 Facebook 拓展中国业务的有力伙伴。"潘飞说道。即便是多年后正在聊天的当下，我们依然能够清晰感觉到潘飞发自内心的激动。在当天下飞机之后，潘飞拿着杂志直接去了赵文权的办公室，出海业务的战略方向在讨论后迅速被确定，与 Facebook 进行接触也被加入到了议程之中。故事的结局令蓝色光标满意，它最终成为 Facebook 在中国的第三家代理商，获得了与海外数字广告巨头的合作机会，蓝色光标打开了出海业务的新局。

故事很美好，顺利合作之后，很多内情也渐次铺开。Facebook 全球副总裁、大中华区总裁 Jayne Leung 回忆说："三年前，我第一次跟潘飞碰面，当时蓝色光标刚成为 Facebook 的代理商。潘飞表示，给蓝色光标三年时间，一定会成为让 Facebook 最骄傲的代理商。三年过去了，他真的做到了。蓝色光标在电商、游戏、App 等各个领域、各个业务做得都非常出色。能取得今天的成绩，真的非常不容易。我希望 Facebook 能与蓝色光标一起创造下一个里程碑。"

不管文化差异有多大，或者路数不同的技术公司带来了多强的震撼，蓝色光标还是笃定数字营销会长时间成为主流。与 Facebook 的合作算是一块敲门砖，蓝色光标得以真正成为生态中的深度参与者。显然，蓝色光标并不希望自己只是参与者，"穷则变"的现实处境逼迫其采取更大的动作，并借此改变人们将其定位为传统公关公司的刻板认知。

鹰，能重生吗?

"现在回过头来是有点后怕的，我们花了很多钱，万一这个钱打了水漂呢？"潘飞反问道。

与 WPP 集团类似，蓝色光标在向数字营销领域扩张势力版图时采用了并购小型公司的做法。在看遍了几乎所有与这个领域相关的公司之后，蓝色光标开始出手了，最为典型的是对多盟与亿动的收购。

2015 年 6 月 8 日，前一天临时停牌的蓝色光标发布了一则震撼移动广告业的公告，其宣布完成了对多盟与亿动两大移动广告公司的收购。其中，蓝色光标以 2.89 亿美元收购 Domob Limited 的全部股权及多盟 95% 的股权，以 7120 万美元的成本持有亿动 54.77% 的股权。两笔交易的总金额高达 3.6

亿美元，折算成人民币达到 20 亿元。多盟是一家早在 2010 年就开展了移动广告业务的公司，在被收购时拥有 300 多名员工，其中包括 100 多名技术员工。亿动不仅立足于中国市场，在印度市场也有不俗的表现，总部位于上海，拥有 240 多名员工。

对于广告公司来说，上百名员工的体量着实不小。让蓝色光标真正动心的是：一方面这两家公司已经在移动广告领域积累了多年开疆拓土的经验；另一方面是这些公司的员工结构独特——有大量专业技术人才。在完成这两笔收购后，蓝色光标内部的研发人员数量从 2013 年的 24 人激增到了 2015 年的 308 人，研发人员占比也从 0.85% 快速提升至 5.50%。

而在两次收购过程中，蓝色光标在内部进行了细致的角色分工，潘飞只从业务的角度分析该收购哪些公司及为什么要收购它们，而投资部则从投资的视角完成尽职调查、财务核算等财务技术工作，最终成交价格的决策权掌握在蓝色光标董事长赵文权的手中。这种清晰的角色分配让每个人都能在自己的专业领域施展才能，但对潘飞来说却成为后怕的源头。

"我一开始身在其中，只是站在业务的角度去思考，完全没有任何负担，新鲜感压倒一切。甚至到成交时，都没有意识到要花这么多钱。"潘飞说道。实际上，这两次收购对蓝色光标而言压力不小，因为这两家公司在被收购时的预计年度营收合计已经达到 20 亿元，它们其实都录得了大量的亏损，最终让蓝色光标的财报也不太好看。

"蓝色光标的股价经受了巨幅震荡，股价表现不佳，我作为蓝色光标的董事长兼 CEO 首先应该承担责任，真诚地向所有蓝色光标的投资人说一句：抱歉！"在 2015 年蓝色光标年报的开头，赵文权明确向投资者道歉的态度在 A 股市场中极为罕见，或许数据可以解释这一反常的现象。在这一年，蓝色光标的年收入增长了 40%，但净利润下降了 90.49%，这样的数据确实难以令投资者满意。

财务数据与股价的连环波动，也将紧张的情绪传递到了潘飞那里。他掌管内部的移动化发展业务，蓝色光标为了实现移动化在各项收购上花了不少钱，但绝不可能在短期内就看到效益。对于潘飞来说，舆论汹涌让他突然意识到"这是件压力巨大的事"。但无论对于蓝色光标还是当时 30 岁出头的潘飞，这将是一个千载难逢的机会，能不能把握住这个机会成为让这两者"既担忧又恐惧"的问题。

现在回过头看，蓝色光标在收购多盟和亿动上花费的 20 亿元没有打水漂。两家公司的营收从 20 亿元增加到 180 亿元，四年实现实现了八倍的增长。与此同时，两家公司的利润情况也彻底改善，在四年间从每年亏损快速转为获利数亿元。戏剧性变化的背后潜藏着两个原因：一方面，从收购本身来看，蓝色光标做出了正确的抉择，其业务本身与被收购公司间的高度互补，让客户资源、主要业务等实现了共享与融合；另一方面，从宏观环境看，蓝色光标也算是赌对了趋势，移动广告在随后四年时间里进一步高速发展，这股东风也顺带抬高了被收购的两家公司的业绩。既有偏理性的基于业务的思考，也带着点宏观环境的利好推动，蓝色光标在数字营销发展浪潮中颇有收获。

从最初的懵懂到如今成为数字营销圈中人，潘飞短短几年间的变化可以被视为整个广告营销行业，尤其是传统广告营销行业快速数字化转型的缩影。在 2015 年前后，收购数字广告营销公司的不只有蓝色光标，同为上市公司的利欧也曾豪掷 29 亿元收购万圣伟业与微创时代，这两家公司的主营业务包括移动端流量整合与数字营销投放解决方案。

对于这一批原本处于传统广告营销业而后进入数字营销界的人来讲，他们在文化冲突中感受到的复杂情绪可能很难为外人所体会。直到今天，潘飞坦言这种纠结的心态依然存在："一方面，移动互联网摧毁了广告营销的价值观，让营销变得非常脏。"在潘飞看来，过去的传统广告人相信营销是有追求的、有信仰的、有文化的，广告行业会深受"不做总统就做广告人"这句话的鼓舞。但现在，广告似乎除了销量、转化、增长，已经放弃了影响社会价值观的雄心壮志，这让它变得越来越廉价。

"另一方面，这种产业的变化是不可逆的。任何人和事物想要重生，都会把原来的东西给毁掉。"潘飞说。随后他向我们讲了一个故事。老鹰一生当中会有几个换牙齿和换爪子的过程，它每几年都会找一个悬崖，对着悬崖的石头将自己的爪子和牙齿破坏得血肉模糊。唯有这样，它才能长出新的、锋利的爪子和牙齿，在生存中获得优势，这个过程就是"鹰之重生"。无论怎样的庞然大物，在某个时刻都会面临大破大立的考验，这或许是潘飞讲述这个故事想传达的道理。

"技术已经进化到这个程度了，你还停留在过去，这肯定不对。所以就要把过去颠覆，让新东西慢慢长出。"潘飞说。在他看来，数字化发展给营销强行植入了效率这个概念，就像给正常行驶的汽车安上了发动机、装上了翅膀，却不管车主是否真的愿意。这时，每个人都以最快且没有办法停下来的速度往前走，人们需要做的就是尽快在这个混沌的过程中重新厘清规则。

潘飞和与他相似的广告人内心矛盾，他们对原有行业的生产体系及行为方式既尊重又怀念，相较于那些踏足广告营销行业便带着技术身份的新进入者，他们对这个古老而成熟的行当抱有朴素的情感。但外面的红尘滚滚让他们根本没法驻足感伤，"潘飞们"需要做的是尽快融入这个浪潮，否则就有被整个浪潮吞噬的风险。蓝色光标这样相对庞大的身躯，在浪潮面前或多或少也显得势单力薄。

"我现在的期望是，我们摧毁了过去的体系，大家都有责任和义务让重生变得更顺利，并且衍生出更多元化的商业模式。"潘飞说。在他眼中，随着移动广告市场规模的逐渐庞大，中国在未来三到五年内应该会出现一个千亿元规模的独立广告公司，蓝色光标应该成为其中的扛旗者，比如出海和短视频这两块业务快速增长，有可能带来高达 500 亿元的增量。

在几次与潘飞的深度交流中，我们能感受到，他虽然内心矛盾，但仍然对广告营销的未来抱有信心。在这个复杂、混沌并且缺乏规则的领域中，存在着诸如大规模数据作弊等行业问题，但历史的车轮滚滚向前，其结果必然是荡污涤浊、去芜存菁。

"如果能读懂江湖是非，又能守住底线，你就是人才。"潘飞说道。这句话也道尽了传统广告营销公司数字化转型的矛盾。是否能够看清"江湖"上发生了什么，这是第一道难题；是否在看清之后依然"有所为而有所不为"，这是第二道考验。潘飞和他的团队坚信，不作恶、走正道是蓝色光标得以崛起的核心，也是未来可持续发展和赢得尊重的基础。

第八章
信息流鏖战

很多人觉得靠广告盈利不够科技范儿，
但是我自己觉得倒没什么不可以。

——张一鸣

鲇鱼效应

2016 年 11 月 29 日，百度 Moments 营销盛典正在上海宝华万豪酒店举行，其是百度最重要的广告业务年度会议之一，每一年百度都会通过这个窗口向外界分享自己对数字营销趋势的全新认知和洞察，并向台下的客户和媒体介绍来年业务发展战略的重点。

虽然离下午分论坛正式开始还有整整半小时，其中的 L3 会场已经人声鼎沸，人们很难挤入会场之中，即便是会场后方的无座位区都挤满了等待会议开始的人。前方可以容纳三四百人的座位座无虚席，所剩不多的空位上也被工作人员放上了包和衣服。这些来自百度自己和代理商的销售人员服务着不同的大广告主，而为广告主在这场分论坛上占一个位置更是一项重要任务。有些销售人员或许低估了这场会议的受欢迎程度，他们到达会场稍晚，只能绕着会场一圈圈地寻找还有没有空余的位置，期待奇迹发生。但奇迹没有发生，他们只能退回已到达会场的广告主身边，为没有提前占位而致歉。有趣的是，习惯了舒适环境的金主丝毫没有要离开的意思，他们下定决心要站着听完这场论坛。人们不断涌入会场，后方无座位区的拥挤程度堪比春运期间的售票大堂。我们和那些不太幸运的销售人员一样，低估了这个会议的受欢迎程度，酒店的中央空调再加上摩肩接踵的人群，我们至今记得那种在冬天体会到的酷暑的奇妙感觉。

Moments 营销盛典的主会场通常会邀请各路明星加持，但下午的分会场不会出现任何明星，有的只是略显枯燥的产品和业务介绍。L3 会场讨论的其实是一个当时并没有处于舆论中心化的话题——信息流广告。显然，我们完全错误估计了行业对它的关注程度。"实在没想到有这么多人。其实我都不完全明白信息流广告是什么，只知道很多人开始提到它，所以挤到这里看个究竟。"一位同样挥汗如雨的广告主这样告诉我们。

信息流广告在国外又被称为 News Feed Ads 或 In-Feed Unit，它常常出现在互联网媒体推送的信息流之间。在信息流广告出现之前，移动广告常常会占据手机屏幕顶部或底部的巨大空间，这种情况源于将 PC 端广告形式简单移植到移动屏幕中，但弊端十分明显——从大屏幕切换到小屏幕后，尺寸的缩小让广告信息显得异常扎眼；而扎眼的结果并不是为广告主赢得更多的曝光，恰好相反，用户会更容易识别自然信息与广告信息，从而选择忽略广告内容。信息流广告的出现便是因应这样的情况，它将广告信息伪装成自然信息插入到信息流中，以获得更好的广告效果。

"原生广告（Native Ads）几乎与信息流广告的概念同步出现。2011 年 9 月，联合广场（Union Square）风险投资公司的创始人弗雷德·威尔逊首次提出"新的广告形式将存在于原生变现系统当中"，这是"原生"与"广告"首次产生的交集。随后，原生广告获得快速发展。在美国互动广告局（IAB）于 2013 年 12 月发布的《原生广告手册》中，由 164 位专家组成的特别研究小组提出：原生广告既是一种愿望，也是一系列广告产品类型。其中，"愿望"指的是广告主和媒体方希望广告投放能够做到三个一致：与页面内容一致、与网页设计一致、与受众在平台上的行为一致。简单来说，原生广告希望达成的目标是，模糊广告与内容间原本泾渭分明的界限，以更融入用户体验的方式跨越传播障碍，实现广告信息的高效传达。

而原生广告在快速发展的过程中逐渐划分出三个程度不同的层级：形式原生、内容原生和意图原生。形式原生是最基础的阶段，即广告在对外展现的形式上与上下文语境保持一致；内容原生是将企业希望传递的广告信息完全融入内容中，高质量的软文、综艺节目和网剧中的部分植入广告可以归入这个范畴；意图原生则是一种更为理想化的状态，是指媒体平台通过大数据等技术动态判断目标用户的意图，并向他们推送刚好契合时下需求的信息。这时，广告就不再是广告，而是成为一条条生活服务信息。数字广告行业的发展可以无限接近意图原生这一目标，但很难真正实现。信息流广告获得广告主的追捧，原因是它部分解决了移动广告中形式原生的问题。

业内普遍认为，2006 年是信息流广告发展的起始点，Facebook 在当年率先推出这一广告形式，被视为信息流广告的鼻祖。自 2011 年开始，信息流广告开始快速发展，推特、Instagram 等社交媒体巨头也纷纷推出信息流广告，其在这些平台中的营收贡献占比也随之快速提升。在移动互联网生态还未完全成熟之前，中国的平台方或多或少都在模仿或沿用海外市场已经成熟的模式，信息流广告也在较短的时间内被快速引入中国的移动互联网产品中。微博是较早引入这一新广告形式的平台，微博用户在 2012 年就开始接触信息流广告了。随后，腾讯 QQ 空间和今日头条分别在 2013 年与 2014 年推出信息流广告。2015 年，中国的信息流广告市场进一步加速扩张。第三方机构艾瑞咨询的统计数据显示，中国 2015 年信息流广告的市场规模达到 171.9 亿元，增速高达 209.7%。而在信息流广告加速扩张的背景下，百度从 2016 年开始快速发力这一领域。在内部紧锣密鼓筹备大半年之后，2016 年年底举办的 Moments 营销盛典成为百度集中输出在信息流广告上最新布局的首发地。

在 Moments 营销盛典举办前的半年，我们就开始密切跟踪百度团队在信息流广告上的一举一动了，当时恰好是百度内部悄悄发力这一领域的时间。时任百度大客户部总经理的曾华坦言，虽然公司内部有警觉甚至焦虑的声音，但百度打定主意要在 2016 年年末发力信息流广告。

这种焦虑心理来自内外两个方面：从外部因素来看，中国移动流量大盘逐渐饱和，使得红利衰减的步伐越来越近。出于对流量增长放缓的担忧，不少互联网平台越发关注用户黏性与使用时间，在获得增量越发困难时，运营好平台内现有的存量就成为必然的选择。2016 年 9 月，得到 App 创始人罗振宇在深圳的一场演讲中提出"互联网已经进入下半场"的观点，并认为"时间才是下半场真正的战场"。这个基本认知随后又演化出了一个重要的新概念，即 GNT（Gross National Time，国民总时间）。互联网的观察者对罗振宇的评价褒贬不一，但他提出的 GNT 这个概念却很好地印证了互联网行业的发展。用户在平台上投入多少时间，也就意味着投入了多少注意力，这又将决定平台能够拥有多少广告库存，进而决定其广告业务的上限。至少对于广告行业而言，GNT 这个概念的重要性不言而喻。

同样是在 2016 年，电商平台淘宝开启了自己的内容化战略，这个战略对于淘宝的重要性近乎可以比肩此前提出的"All in 无线"的移动化战略。内容化战略的主要诉求是，通过引入更多元化的内容吸引用户在平台中停留更长的时间。朝这个方向进发的互联网平台不止淘宝一家，越来越多的平台打起了内容的主意。除了传统的资讯平台，生活服务平台、社交平台及电商平台，都希望通过这样的方式延长用户的使用时间。于是，能带来大量收入的广告自然而然地穿插在信息流中，成为这波平台内容化趋势中最亮眼的附属。

刺激百度快速布局信息流广告的原因还有一个，池子中突然出现了一只潜在的"鲇鱼"，也就是今日头条。今日头条是一家 2012 年刚成立的公司，今日头条的母公司字节跳动现在已经成为中国互联网生态中令人不容忽视的巨头。2013 年，今日头条在产品推出后的一年内便引入了信息流广告，凭借着信息精准分发这一技术优势开始在广告市场中攻城拔寨。2015 年，今日头条的广告收入为 30 亿元，而到 2016 年，它的广告收入已经激增至 68 亿元。从绝对值来看，当时的今日头条相较于年营收超 600 亿元的百度只是个轻量级的挑战者，但今日头条超过 100%的增长率却让百度无法忽视这个势头强劲的对手。后来字节跳动的营收数据佐证了这一点，从 30 亿元到 68 亿元的跨越只是个不算起眼的开始。从 2017 年开始，今日头条的营收数据估测分别为 150 亿元、470 亿元、1000 亿元。如果这一估测数据属实，那么今日头条的广告营收几乎追平了百度的公司整体营收，将百度的广告业务收入甩在了后面。

今日头条广告营收在 2016 年前后高增长只是发出了警告，百度更担心业务的同质化问题。众所周知，百度一直被视为一家连接人与信息的公司，它基于这一点不断扩充自身的业务边界，这是它的立命之本。但严格来讲，百度连接人与信息的方式是通过人找信息，即人们主动在搜索框中表达诉求，随后经过后台的分词、语义理解、抓取网页、相关性排序等烦琐工作后，百度将最适配的信息展现在用户的屏幕上。以内容分发崛起的今日头条与百度完全不同，它干的也是连接人与信息的活儿，只不过采取的信息找人的方式，这与百度刚好相反。用户不用键入自己想要的信息，后台会根据过往的浏览记录、阅读时间等通过数据和算法为用户贴上不同的标签，随后再匹配有着类似标签的内容，将其推送到用户的屏幕上。简而言之，相较于搜索场景，今日头条帮助用户省去了将需求键入搜索框的步骤，如果平台对用户的洞察足够精准，那么它在理想状态下，完全可以更为高效地替代搜索。

如果将这一逻辑具体到广告业务上，那么信息流广告恰好可以成为搜索广告的有益补充。时任今日头条商业产品总监的徐宇杰向我们举了这样一个例子，如果消费者知道比亚迪这个汽车品牌，那么他就能够通过搜索平台很快找到相关信息，但是假如消费者不知道这个品牌呢？因此，相对来说搜索场景对中小企业和不知名品牌不够友好，但信息流广告能够很好地弥补搜索场景在连接人与信息时可能出现的类似问题。百度也看到了这一发展趋势，两家公司的发展模式看似南辕北辙，但连接人与信息的职能却高度重合，势头惊人的今日头条在当时成为百度的直接威胁。

在经历一连串波折之后，百度已经显露出战略收缩的迹象。但在战略收缩的同时，它依然确定了两个主要的发展方向：一个是人工智能，另一个就是信息流。在接受《财经》杂志采访时，李彦宏也曾表示信息流将是百度未来最重要的增长点之一。如果说人工智能是百度的加分项，那么信息流的成功与否就决定了支撑百度持续发展的护城河是否稳固，这既关乎百度在连接人与信息上的霸主地位，也关乎其广告业务的未来。这种紧迫性倒逼百度在信息流上需要快速决断，以避免原有版图被竞争对手蚕食，这种罕见的决断力甚至让百度内部成员都觉得出乎意料。时任百度信息流广告产品研发部门负责人黄艳提道："我很惊诧于这次的速度，百度看准了一件事儿，原来执行力可以这么快。"外界常常认为百度身上的"工程师"性格太过明显，导致其在跟进移动互联网的各种风口时常常滞后，但对信息流的布局算是一个特例。

在确定好方向后，从产品、技术、时间、销售到运营人员，百度的团队在极短的时间内迅速搭建完成。随着百度战略收缩越发明显，那些被裁撤或处于边缘化的团队也开始向信息流业务聚拢。例如，当时刚被裁撤的医疗事业部就有不少成员被分流到信息流团队中，部分内部成员在看到信息流业务的发展前景后也提出了转岗申请。相较于其他互联网平台较早发力信息流广告业务，百度入局的时间有些晚，但黄艳认为"当然早一点更好，但现在也不算特别晚。"她认为百度的技术实力、销售能力及手握的客户资源可以让它快速弭平和其他竞争对手之间存在的时间差。曾华与黄艳的态度类似，他以微软和网景举例："最早的网页浏览器不是微软做的，而是网景，但网景这家公司在 20 世纪末就基本上销声匿迹了。所以不是每件事情都要去做，你得等市场成熟。像 BAT 这样的巨头决定去做的时候，成功的概率就会很高。"

后面的事实证明了黄艳与曾华的观点在某种程度上来说是正确的。在内容生态上，百度迅速看到了发力信息流广告的成果。在发力移动端后，百度 App 的 Slogan 被定为"有事搜一搜，没事看一看"，Slogan 背后潜藏的台词是，百度在移动端将以"搜索+信息流"作为双驱动引擎构建内容闭环。不管是"有事"还是"没事"，百度都能成为受众获取信息的首选平台。在 2020 年 5 月举行的百度移动生态大会上，百度副总裁兼 App 总经理平晓黎提到一组数据：百度 App 日活跃用户已经突破 2.3 亿人，人均使用时间增长 30%，百家号创作者已突破 300 万人，原创内容增长 122%，而平台内部推出的智能小程序的月活跃用户也已达到 5 亿人。这些数据印证了百度在 2016 年对信息流的快速布局至关重要，这让当时苦于移动化转型的百度获得了一张宝贵的移动互联网船票。

而从广告生态来看，信息流消耗的日益增长使信息流广告的库存与日俱增。2016 年第三季度的百度财报指出，手机百度的资讯流在三个月内流量增长了 20 倍。互联网平台的广告营收与两方面相关，一个是广告库存的多寡，另一个便是销售能力的强弱，而百度的销售能力刚好完全支撑广告库存的激增。在行业内，百度完善的销售网络、庞大的销售队伍及较强的销售能力是其在一段时间内保持互联网广告领军者地位的原因。在信息流广告推出之后，百度手中丰富的客户资源成为其开疆拓土的利器。2017 年年底就有媒体报道，百度代理商在推广信息流广告时采用了所谓"捆绑销售"的办法，即广告主在投放搜索广告或新开账户时，被要求为信息流广告进行充值。广告主对搜索广告的强需求，使得百度的信息流广告很快度过了启动期。百度官方表示，从未要求代理商进行"捆绑销售"，并在收到 60 多份广告主被"捆绑销售"的投诉之后对相应的代理商进行了处罚，百度在业内领先的销售能力依然是其信息流广告发展的一大保障。曾有业内人士这样形容百度的销售能力："每年定的营收目标都一定能够实现，因为只需要将指标层层下放给代理商就可以了。"

无论如何，百度对信息流广告的快速布局源于外部环境的巨大变动。曾华也向我们提到，在互联网环境中没有什么事是不会发生的，也没有哪家公司会成为永远的领导者。"很多行业曾经有门槛，但瞬间倒塌了。现在我不太赞同门槛这个说法，当你一旦想到自己有竞争门槛时，就说明落后了。"他说，"当搜索作为广告形式出现并获得快速发展时，其实是革了旧模式的命。所以现在，我们也得在动态的环境中积极变化。"

今日头条就像是进入本来平静的池水中的鲇鱼，百度多年的舒适环境被突然打破。这也不是一件坏事，反而让百度找到了新的突围方向。

"变现越早越好"

"说到变现，张一鸣说的这一点其实挺对的，就是变现越早越好。"今日头条商业产品总监徐宇杰说道。与百度相比，起步较晚、体量更小的今日头条有着紧迫的生存压力，而信息流广告刚好契合它正在努力推广的信息分发业务。

在创办今日头条之前的七年，张一鸣先后进行了五次创业，前四次都在不同程度上失败了，而后横空出世的今日头条造就了张一鸣的辉煌，也彻底改造了中国的媒体生态。在此之前，国内外媒体（无论传统媒体还是新闻门户）都遵从"新闻专业主义"和"把关人制度"，大家都把新闻领域视为一个普通人不能触及的专业领域，需要由经过考核、持证上岗的专业人士把关，把关人决定了普通的受众能够看到和无法看到哪些信息。张一鸣力推的今日头条沿用了完全不同的思维模式，虽然做的是与新闻资讯相关的产品，但今日头条的创始团队中全是技术人员，没有文字编辑。在 2016 年接受《财经》杂志采访时，张一鸣曾经强调今日头条"不需要总编辑，没有主编""不干预用户兴趣""不是一家媒体公司"。显然，这番表述的背后显示出"技术中立原则"，即技术本身旨在提高效率而不承载价值观评判的责任。例如，通篇报道中提到，张一鸣"忌讳价值观先行，不干涉可能是对内容最好的管理"。这些凸显今日头条资讯分发机制与算法优势的表态随后在媒体行业引发轩然大波，即便是互联网门户网站，在此之前也始终秉持着自建内容采编团队和转发传统媒体报道的原则，而今日头条通过数据、标签和算法撮合内容与用户两端，不亚于一场媒体内容逻辑的大革命。

在中国，媒体需要承载和引导价值观，塑造对社会整体有利的文化，这也是张一鸣此番表态在新闻传媒业引发震荡的原因。在社会属性稍弱、商业属性较浓的广告行业，这种不依靠人的全新信息分发理念与 RTB 等程序化交易的广告前沿发展趋势不谋而合，再搭配上今日头条推出的信息流产品和其背后愈加庞大的流量，信息流广告生根、发芽、开花和结果就显得尤为自然。正如徐宇杰所言，迫在眉睫的生存压力驱动着今日头条更早发力信息流广告，寻求变现，从 2013 年加入信息流广告团队后，徐宇杰在这个过程中见证了中国市场的逐步成熟。"一方面我们自己的流量增长非常快，另一方面广告主也觉得这个东西非常好，愿意接受，所以信息流广告就变得越来越热。"在回顾今日头条的信息流广告业务的早期发展为何近乎一帆风顺时，徐宇杰这样分析道。

事实上，信息流广告的强变现潜力早在海外就已经被反复佐证。"2015

年的美国市场，信息流广告与传统展示广告的份额各占一半。此后两者出现黄金交叉，预计到2018年，信息流广告的占比将达到65%。"在百度Moments营销盛典上，黄艳身后大屏幕上反映美国市场的图表中，那条代表信息流广告的曲线笔直向上。在2016年前后，中国的广告营销行业仍然扮演着忠实"跟随者"的角色，亦步亦趋地紧跟太平洋彼岸同行的步伐。对于百度而言，信息流广告最大的意义在于填补了百度此前没有发现的那块空白。"搜索广告让我们此前将注意力更多地放在最末端能够直接产生转化的那部分流量上。"黄艳这样向我们解释道。而信息流广告的出现和增长，让黄艳和她的团队看到了百度的广告场景向广告营销链条前端延伸的可能性。

全链化发展是引导数字广告行业不断迭代的逻辑主轴之一，行业内讨论已久的"品效合一"或"品效协同"问题，从本质上看其反映的其实也是广告主对平台方建设全链路能力的强需求。掌握搜索广告阵地的百度，如果能够顺势开展信息流广告业务，也就意味着整个生态的闭环在某种程度上实现了贯通。对于百度的动作，徐宇杰不可能不关心，当时在谈到这个新入局的玩家时，他表示："对我们肯定会有一些影响，百度通过搜索广告与这么多广告主建立了联系，要将他们引导到信息流广告上进行投放轻而易举。"这也是他同意"变现越早越好"的原因，巨头总是极难对付，当他们嗅到风向并加以行动时，结果常常是无往不利。所以发现突破口后就要马上入局，这样才能为换来宝贵的发展时间。徐宇杰认为今日头条依靠先发优势，确保不会被当时的重量级选手击溃，因此他说："越早做，你就越能看清楚，也能积累更多的经验和技术实力。所以现在那些大一点的广告主，但凡提到信息流广告，就会说今日头条是必投的，可能产生了认知优势。"在某种程度上，信息流广告就是今日头条在广告业务上的定位，而这种用户心智的建立确保了它的业务即便在早期也能进展顺利。在信息流广告突飞猛进的过程中，广告产品的先发和不断完善只是驱动增长的一个方面。与此同时，字节跳动也效仿百度构建了庞大的销售团队，《第一财经周刊》在2018年刊发的一篇报道显示，在当时今日头条接近 2 万名员工中，销售人员在 1 万人以上。而在早前接受《财经》杂志的专访时，张一鸣曾表示 2017 年公司规模估计保持在 7000 人左右，通过对商业产品的改进会将销售人员控制在 5000 至 6000 人。但短短一年时间，广告销售团队的规模就超过原本的预估，广告市场热火朝天，驱动着这些平台方招兵买马、迎头赶上。

在信息流广告发展初期，市场空间比较广阔，百度和今日头条之间的关系远不到剑拔弩张的地步，两者之间呈现的是竞合或亦敌亦友的状态。相较于将竞争对手锚定为今日头条，黄艳的目光还要更长远一些，她认为会有更多的线下预算线上化，线上预算信息流化，这会成为一个趋势。在黄艳看来，以往很多企业将品牌激发类的预算分配给电视、路牌、传单、楼宇等传统渠道，但在信息流广告能够达到相同效果，甚至能够叠加上可追踪的优势后，这部分预算或许会从线下重新分配到线上，成为信息流广告市场不断扩容的增量来源。这一趋势同样被徐宇杰敏锐地捕捉到，他指出信息流广告的玩家突然之间变得多了起来。"现在（指 2016 年）全国都来做信息流广告了。我甚至看到有些公司的主营业务根本与信息流没关系，但也希望接一些信息流广告。"徐宇杰说道。

大洋彼岸的推特，也希望从中国火热的信息流广告市场中分一杯羹。

"对不起。"在北京嘉里大酒店行政酒廊的会议室里，时任推特亚太区副总裁阿里扎·诺克斯一边道歉，一边将擤过鼻涕的卫生纸塞进刚喝完的可乐罐中，这样的情况持续了整整一中午。最终，卫生纸塞满了整个罐子。我们在 2016 年 11 月 30 日与她见面，当天突然出现的雾霾加剧了诺克斯的重感冒，疲惫写在她的脸上，但这些都没能阻拦这个外国人来到中国的步伐。诺克斯是推特在除了日本的亚洲市场招募的第一位员工，在 2012 年加入推特之前，她担任着谷歌亚太地区商务主管的职位，对包括中国在内的亚洲新兴市场耕耘颇深。在她的帮助下，推特在新加坡成立了亚太地区业务总部，并在包括中国、印度等市场设立了办公室。在与我们面谈后不到半年，诺克斯宣布将正式离开已经服务五年的公司，而推特在声明中则将诺克斯誉为"推特亚太业务的拓荒者"。

诺克斯理应获得这样的赞赏，她在推特任职的时间段恰好是中国数字广告行业飞速发展的几年，她的日程表总是被安排得满满当当的。诺克斯在接受完我们的采访后，还要立马飞赴上海参加下一个营销峰会。她此行来到中国的目的只有一个，让更多的中国企业了解推特的信息流广告产品，最好还能由此为推持赢得更多的订单。

广告对推特的生存非常重要，其 2016 年第四季度的财报数据显示，广告营收占公司整体营收近九成，而对广告收入的高依存度也一路延续到了现在。在推特的所有广告收入中，贡献最大的广告产品之一便是信息流广告。"大众化地区的出口广告主对投放信息流广告的热情很高。自 2015 年起，这一地区的广告主数量年度增长达到了 366%。"诺克斯说，"按照美国通用会计准则，推特有望在今年实现盈利。"根据移动广告服务商 MoPub 的监测数据，包括信息流广告在内的原生广告投放金额自 2016 年起就出现了近三成的增长，而推特在高速发展的全球信息流广告市场中是不小的受益者。

"在美国，信息流这样的原生广告有着比 banner 广告高出 220%的点击率。"诺克斯向我们介绍，220%的效果提升在数字广告行业意味着极高的增幅，"我们的调查显示，58%的千禧一代说，他们喜欢信息流广告，这一比例大大高出了 banner、订阅、弹窗及其他的一些广告形式。"那些在推特上尝鲜信息流的中国广告主也获得了理想的回报。华为曾在推特上为其平板手机 Ascend Mate7 投放信息流广告，并在其中嵌入一段广告预告片视频，最终的反馈数据显示，用户平均互动率超过预期 193%，而沉淀下来的粉丝增加了 3.5%。百度移动也曾在北美市场拓展百度魔图 App，最终投放广告获得的效果是，推特粉丝增加 2.7 万人，App 下载率达到 1%。在中国本土信息流广告形成热潮的同时，诺克斯更高频率地往返于北京、上海等中国广告主的主要聚集地。在这些因素的共同催化下，推特手中的中国客户名单开始变得越来越长，华为、百度、阿里巴巴、乐视及联想等都成为其信息流广告业务的客户。

　　而在 2016 年前后发力信息流广告业务的不只有今日头条、百度、推特这样的巨头，一些非头部公司也在这块日渐活跃的市场开始小心试探，如陌陌。陌陌是一个陌生人社交平台，原本的业务严格来说与信息流广告的交集并不算多，但它在 2015 年第二季度也推出了基于效果的原生广告营销系统。这套系统支持客户在"留言板"和"附近的人"这两个信息流中自主投放广告。引入信息流广告后，效果立竿见影，陌陌在会员预定之外找到了新的变现渠道。在 2015 年第一季度，会员预定占陌陌营收的比例达到 50%，而移动营销只占 23%；而在原生广告系统推出后的第四季度，其会员预定所占的比例就减少到了 37%，移动营销的收入迅速增长至 39%。陌陌副总裁王太中当时对信息流广告有着很高的期待，他以 Facebook 的发展为例介绍道："2007 年的 Facebook 还是两条腿走路，移动营销占 70%，游戏占 30%。但现在移动营销已经占到了 95%以上，增长非常迅猛。"王太中当时向我们提到，信息流广告相较于其他营收更加可控且稳定，而当公司拥有一个稳健且可以保持较快增长的收入来源时，便会在推进其他业务时无后顾之忧。

　　然而，陌陌广告业务随后的发展偏离了王太中 2016 年年底的规划，在成功搭上直播这趟快速疾驶的列车后，陌陌营收的两条腿开始变为"增值"与"直播"。根据陌陌发布的 2019 年年报，其直播业务在 2019 年全年创造的总营收已达到 124.5 亿美元，占公司整体营收的 73.16%。与如火如荼的直播业务形成鲜明对比的是，其全年广告业务营收为 3.32 亿元，与 2018 年的收入相比下跌了 33.60%。造成偏差的原因多种多样，除了处于风口的直播让公司将更多精力安放于此，广告市场中存在的马太效应或许是主要原因。

在数字广告领域中，"强者恒强，弱者恒弱"的马太效应尤为适用。所有平台在上线广告系统时都需要支出一笔不菲的固定成本，而那些手握更多广告位与客户资源的强势玩家就能通过规模效应将这些成本平摊。另外，拥有更多流量的强势平台更能吸引广告主的投放，这在无形中降低了销售与交易成本。在投放过程中，不断产生的数据和沉淀的经验又能帮助平台不断调优算法、提高投放精准率并降低投放成本。久而久之，强势平台和非强势平台在广告业务上的差距越拉越大，马太效应随即产生，这也是人力与智慧密集型的传统广告产业与技术密集型的数字广告之间的明显差异。

"不管是信息流广告、搜索广告还是视频广告，我认为它们最终都会在一定程度上出现马太效应。因为一旦市场开始成熟起来，广告主能够熟练地使用产品，那么技术和销售能力就会变得非常重要。"黄艳说道。显然她也认为数字广告业务中普遍存在马太效应。她认为信息流广告市场格局正在快速变化，虽然大家都开始尝试进入信息流广告领域，但最终能够依靠其获得稳定、高收入的平台不会太多。大流量能带来更多的广告位，高知名度能带来更多的广告客户，更高的收入既能吸引更优秀的内容提供者，也能负担更高的技术投入，平台广告投放的精准度将得到提高。良性循环了一圈后，最后，大公司会发现自己身处一个天然偏袒强者的"战场"，这也是百度在面对今日头条这条"鲇鱼"时不敢掉以轻心的原因。面朝信息流广告这个未来必将庞大且稳定的现金流，百度深知其中的席位不多，因此必须快速行动起来，抢占先机。

今日头条收入的暴增让百度嗅到一丝危险的气息，百度的坚定入局也让今日头条多少有些担忧，守成者与挑战者在信息流广告的战场上意外相遇，这或许是 2016 年前后数字广告领域中最值得关注的一场"战役"。有趣的是，守成者和挑战者这两种角色如果放在广告和信息流广告两个不同维度上分别讨论，百度和今日头条的位置就会截然不同。或许，这就是快速发展的数字广告瞬息万变的魅力。

彼时，时任百度大客户部总经理曾华的一句话令我们至今印象深刻——"没有门槛了。"这句话像是说给在信息流广告上拥有先发优势的今日头条，也像是说给在广告业务上备受挑战的百度自己。

体验，体验，体验

如何让受众喜欢信息流广告？这看起来是一个无解的伪命题。从传统媒体到新媒体，广告总是被迫承担着被污名化的结果，即便其中很大一部分原因是低劣的广告引发了人们的反感。传统广告人常用"绝对不要制作那些不愿意让你家人看到的广告"这一信条自勉，但这依然无法将广告主和用户的利益统一起来。电视的广告时间常常被视为"垃圾时间"或者"上厕所时间"。而到了新媒体端，这种受众对广告的刻意回避又衍生出了不少新形态，例如，购买会员免广告服务、快速滑过或者直接无视广告区域。

如何平衡广告变现与用户体验之间的关系？这要求每一个互联网平台方成为"端水大师"，小心翼翼地寻求两者的均衡。广告表现决定了是否有足够的资金去完善或升级用户体验，用户的体验又反过来影响广告位资源，进而影响广告收入，两者间构成了相互矛盾但又相互影响的"恐怖平衡"。在信息流广告中，类似这样的问题丝毫不会减少，广告就像是兀自闯入信息流中的外来者，不会受到大多数受众的欢迎。信息流广告的出现其实大幅降低了广告主的投放门槛，伴随着大量中小商家的进入，它们没有与大广告主媲美的制作费用，因此在很多时候，信息流广告的品质看起来比其他广告形式更加低劣。当然，这也成为信息流广告发展初期被受众广为诟病的"原罪"之一。

李靖在成为百度副总裁前，是一名武汉大学的学生，同时也是一名自媒体人。他运营的公众号"李叫兽"在短时间内产出了多篇爆款文章，一度成为广告营销行业的话题中心。与当时其他的广告营销公众号偏重创意、文案和案例不同，李靖的公众号始终给人一种将广告营销科学化和体系化的感觉，这或许是"李叫兽"在当时能够脱颖而出的原因。2016 年年底，百度原高级副总裁向海龙发布了一封内部信，宣布：百度全资收购北京受教信息科技有限公司，创始人李靖先生今天携团队正式加盟百度，担任百度副总裁。李靖加盟百度之后，其团队主要负责广告创意业务，在营销方法论和产品化上进行探索和研发。这个消息的突然宣布几乎吓着了所有人，一些人将它视为"公众号转型"的成功案例，一些观察者则开始评判这一任命背后的逻辑。在消息正式官宣前的一周，我们与李靖见面聊了聊对于这份工作的思考及未来安排。"我们是去做营销科学化的事情的，一方面看看人工智能如何在广告营销领域落地，另一方面希望产出对中小企业的营销有所帮助的工具。"李靖这样表示。

在百度与李靖接洽公司收购事宜前后，百度正处于信息流广告发展的关键阶段。李靖在加入公司之前，应百度要求进行了有关信息流广告的研究，研究重点聚焦向海龙在内部信中所说的广告创意。数字广告与传统广告对创意的理解已经截然不同，传统广告看重是否对品牌形象和调性有所助益，而数字广告的诉求更为直接，正如广告大师奥格威所言："我们的目的是销售，否则便不是做广告"。在这根指挥大棒的舞动下，点击率（CTR）、转化率（CVR）等指标成为关键，而这也符合李靖希望营销尽可能量化的观点。但如果以传统广告的思维去衡量不同信息流广告的效果，那看起来近乎是种没有规律的玄学。研究中出现的一个案例让李靖印象深刻，一家金融理财品牌的信息流文案原本写的是"理财利率高达 7%"，效果并不理想；但如果在前面加上半句话"2017年再也不用去银行了",点击率相较之前出现了翻倍增长,转化率也有提升。点击率的上升意味着用户认为这条信息对他有用,用户在潜意识中认可了它的价值,广告对用户的干扰就降到了最低。

为什么在加入半句话后,数据就明显改观,这背后的原因固然有趣,但已经不是信息流广告中必须讨论的部分。维克托·迈尔-舍恩伯格在2012年出版的《大数据时代:生活、工作与思维的大变革》中提到,大数据探讨的不是因果关系,而是相关关系,即人们在大数据环境下只需要洞察相关关系就已足够,因果关系在舞台上退回到配角的地位,这恰好也是信息流广告的特征。传统广告的制作周期较长、制作费用较高,所以广告主和广告公司在刊播之前需要尽可能确保每个细节的精致与准确。但是信息流广告有着更大的试错空间,人们可以根据反馈数据不断对创意进行微调,找到那些与效果数据提升最相关的因素,并在未来的创意生产中沿用,从而减少投放的无谓浪费和对用户体验的损耗。这一点也是百度延揽李靖的初衷,这个人才引进案在百度确定要发展信息流之后形成。李靖在加入百度后不久,就开始在原有团队的基础上扩充团队规模,在"李叫兽"公众号上发布的一封团队招募启事中,有三个岗位来自"广告创意优化师——信息流方向",而下方的工作职责有一条便是"根据客户现有信息,帮助他们产出能够提升信息流广告效果的文案并投放、维护"。但两年之后,这桩在当时轰动业界的人事任命意外地宣告落幕,李靖的团队最终解散,李靖也离开了百度。关于其离职的原因众说纷纭,如多个产品的落地进程受阻、KPI造假及内部人事斗争等均被提及。但无论如何,百度在当时引入李靖显然是为了改善信息流广告体验。

希望在信息流广告变现与用户体验间寻求平衡的巨头不只百度一家。字节跳动旗下的营销服务平台巨量引擎,也在2018年引入了资深广告人东东枪作为其创意中心负责人。东东枪早在2006年就以文案身份加入奥美,这两段工作经历让东东枪同时具有了服务传统广告公司与互联网平台的经验。

他向我们提到，在创意团队于 2018 年年底介入后的一年，字节跳动的创意水准正在提高，表现是全平台效果数据出现了显著提升。徐宇杰同样认为，效果数据提升本身就意味着用户对商业信息有了更高的接受度。"其实说到底，广告就是一条信息。我家旁边开了一个水果店，或者开了一个电器店，有时这对于人们来说就是一条有用的信息。"徐宇杰说。对于信息流广告而言，提升效果数据或用户体验的最佳方法便是精准洞察人们的需求并予以满足。徐宇杰拿水果店进行举例，如果了解到用户阅读了大量与梨相关的文章，这种反馈就会一直不断增强，最终系统会得知用户可能喜欢梨。这时向用户推送的信息流广告就会附带上梨的图片而不是苹果，对于用户而言，他也会更容易认为这条信息流广告与自己的生活相关。从本质上来讲，徐宇杰口中这套信息流广告的分发逻辑与今日头条在新闻资讯上的分发逻辑几乎一致。

在某种程度上，要想提升用户体验，信息流广告不能止步于形式原生的层面，更需要在内容原生乃至意图原生这些更高阶的层面上发力。黄艳作为百度信息流广告系统上线时的产品与技术团队负责人，提到了百度的信息流广告系统也采用了类似的逻辑。"我们可能会发现一个人对于旅游很感兴趣。他是今天去旅游，还是在为下个月的旅游做准备，这两个不同场景下的广告效果差异是非常非常大的。"她说，"所以我们会包装出 200 万个意图的分类，当有足够多的标签时，对用户的识别就会很精准了，未来信息流广告考验的其实是技术实力。"

要想抵达完全意义上的意图原生是个不可能完成的任务，数据量再大也无法准确预测用户大脑中瞬息万变的需求。在这种巨大的不确定性中进行预测，其难度不亚于预测布朗运动中的花粉颗粒在下一秒的行进路线。因此，广告信息与用户即时需求间存在的差异阻碍了人们对广告的好感，这时广告变现与用户体验间的平衡就与两个字息息相关——节奏。

如果将微信和微博的信息流广告放在一起比较，就会发现这两款产品在变现节奏上的表现差异极大。2009 年 8 月上线内测版的微博是最早迎来巅峰期的国内社交平台，它成为当时中国最大的公共意见交流平台，聚集了大量的活跃用户。但在腾讯推出微信之后，微博一路顺遂的发展道路开始受挫，由于投资者将微信和微博视为社交领域的同质化竞争对手，导致微博的股价一路下跌。但在调整身姿之后，微博在 2016 年前后意外迎来了二次崛起，其 2016 年年报显示，它的净营收同比增长 43%，当时的市值甚至超过了其曾经对标的推特。支撑微博实现二次崛起的其实是广告营销的营收，我们同样以 2016 年作为分析样本，其广告业务营收的同比增长幅度达到了 45%，而信息流则是推动收入增加的关键力量之一。时任微博首席财务官余正钧曾在一次分析师电话会议上透露，信息流广告在公司总广告收入中的占比达到 53%。但是，全面拥抱商业变现的微博也面临着来自用户体验的严峻挑战，不少用户开始抱怨广告信息频繁出现在自己的微博信息流中。"我们获得了不错的营收数据，但在效果和体验的平衡把控上做得不够好，甚至有些失控。后期的观察重点在于是否'节制'，处理不好可能会带来麻烦。"一位第三方资讯公司的分析师曾这样分析道。

而与微博大开大合的姿态相比，微信在信息流广告变现上的尝试可以用"亦步亦趋"来形容，这一点体现在朋友圈广告的运营商上。微信是中国活跃用户数最高的 App 之一，微信朋友圈广告是广告主垂涎的"肥肉"，其在商业化步伐上始终小心翼翼。2015 年 1 月底，不少微信用户在刷朋友圈的过程中偶遇了第一支商业广告。首批三家投放广告的品牌分别是宝马、vivo和可口可乐，后台系统根据数据分析结果将不同品牌的广告内容推送到不同用户的屏幕上。这番操作转移了社会舆论的关注点，微信用"不同广告对应不同用户"的话题掩盖了可能出现的对朋友圈广告的排斥浪潮，最终微信的信息流广告尝试顺利上岸。在这三条广告正式刊播之前，腾讯内部对是否要将朋友圈应用于广告变现存在不同意见，这与微博的大胆开放姿态截然不同。同为社交平台，对广告变现的态度差异并不能简单归咎于管理层的"克制"与否，这在很大程度上与平台内部的生态紧密相关。

1973 年，美国社会学家马克·格兰诺维特提出，人际关系网络可以分为强关系网络和弱关系网络两种。其中，强关系网络是指个人的社会网络同质性较强，人与人的关系较为紧密，人际关系的维持依靠较强的情感因素；而在弱关系网络中，个人的社会网络异质性较强，人与人的关系并不十分紧密。强关系与弱关系指向的是两种不同的价值取向：前者指向的是人脉导向，即人们关注彼此之间在情感层面的相互支撑，但这种关系的维护成本较高，导致圈层扩展的难度较大；后者指向的是信息导向，人们在弱关系中更注重信息的获取与传递，这种"泛泛之交"的关系维护成本较低，更容易让影响力扩展到更辽阔的空间中。如果用"强弱关系"的框架去理解微博和微信，就可以更好地理解它们之间的差别。微博的关系建立基于单边关注，即只需要一方关注另一方便能实现社交网络的搭建；而微信的关系建立需要双边同意，双方在确认是对方好友的情况下，才能在两个节点之间搭建信息传播的管道。可以说，微博是弱关系人际网络的线上阵地，而微信是强关系人际网络的摇篮。如果比较这两个社交平台的属性就会得出这样的结论：微博更偏向媒体属性，它更像一个可以快速扩大影响力的公共广场；微信更偏向社交属性，它在发展过程中成为人们与好友、同事和业务伙伴间相互沟通的私有空间。

由于属性不同，用户对广告的接受程度有着天壤之别，这一点可以用生活中的常见现象进行类比。比如当小广告贴在家门旁的外墙上时，你可能会不舒服但也不会极力排斥；但如果是印在了同一堵墙的另一侧，也就是屋内的墙壁上，即便这条信息只是平移了几十厘米，人们也会暴跳如雷，因为这意味着来自外部的商业信息入侵了他们的私有领地。这个例子大致可以解释腾讯在对微信朋友圈广告进行尝试时谨小慎微的态度，因为微信更像每个用户的私有财产，外部信息的骤然入侵会让受众的不适感更强烈。微信朋友圈

176

首批广告投放并未引发用户的太大反感，出现广告的频率在很长时间内保持着每位用户每天至多一条。2018 年 7 月，微信朋友圈广告投放次数从一条增加至两条，这两条广告在不同时间出现在同一个广告位，而不是像其他平台一样同时出现在信息流的不同位置。在谨小慎微的不断尝试后，腾讯目前仍在稳步提高朋友圈广告的出现频率，每一次的细微调整都意味着庞大商业变现潜能的极大释放。

电商平台淘宝也在 2016 年前后开启了自己的内容化战略，力图通过提供更多元化的内容将人们的注意力持续锁定在自己的平台上，以获得更多的转化与销售机会。其中，信息流同样成为最重要的场景。2018 年 8 月 31 日，当用户打开全新上线的手淘后，就能发现信息流在其中开始成为主角。其改版后的官方介绍提到：首页整个框架的升级以信息流板块为核心，打破原来的定坑分发模式，再通过算法策略的优化提升分发效率，在总体流量增加的同时，丰富了可推荐的类型。在淘宝的信息流中分发的除了常规的商品，也包括直播、短视频、买家秀等由商家与达人创作的其他维度的内容。在淘宝内的信息流生态逐步建立起来之后，淘宝在 2019 年 4 月顺势推出了全新的信息流广告产品"超级推荐"。这一产品甫一推出，便被视为与直通车、钻石展位两大主力产品平行的重磅业务产品。

在某种程度上，伴随着字节跳动的狂飙突进，信息流广告的发展牵动着所有大平台的神经，百度、腾讯、阿里巴巴等巨头都无法忽视这个潜力巨大的市场。在一番激烈鏖战之后，一个体量惊人的数字广告巨头最终异军突起，而老牌巨头也都从中找到了全新的流量变现路径。

第九章
成名"5 分钟"

在明天，
每个人都能成名 15 分钟。

——安迪·沃霍尔

双微之外，还有一抖

2016 年 10 月 20 日，张一鸣向市场介绍了今日头条广告业务的演进思路及对行业发展趋势的研判，他提到广告信息化、分发自动化和信息视频化将成为最值得关注的三个变化。

在信息视频化方面，张一鸣提到广告消费正在趋向视频化。在他看来，随着 4G 与 Wi-Fi 技术的普及，上网资费不再是阻碍短视频形态向大众扩散的因素。而智能手机的快速普及及其所搭载摄像头性能的显著提高，又使得短视频内容有着更低的制作门槛，这些因素的共同推动让短视频消费迎来了快速爆发。当时，他用一组数据说明了今日头条视频数据的激增态势：每天有 10 亿次播放，每天播放时间达到 2800 万个小时。视频流量在不到一年的时间内就赶超了图文流量，信息走向视频化。在受众注意力明显向视频内容转移的同时，张一鸣提醒业内人士注意：短视频广告消费无疑将成为移动营销下一站的风口。因为视频在单位时间内能够传递的信息量比图文更多，并有着更好的感官体验，它在未来将成为数字广告的主流形态之一。随后，广告行业的发展证明了张一鸣此番预言确实正确。

严格来讲，字节跳动旗下的抖音和 TikTok（即抖音海外版）虽然是目前中国本土乃至全球短视频类 App 的领头军，但其并非第一批吃螃蟹的人。早在 2006 年，优酷网创始人古永锵就曾发表过一篇名为《微视频在中国的机会》的文章，他在该篇文章中提到，中国有着世界上最大的无线互联网市场，伴随经济的发展，生活节奏加快，必然会激发人们对微视频内容的消费需求。早期，长视频网站对所谓"微视频"的关注更多源于购买影视剧版权费用水涨船高，不断高企的成本压缩了企业的盈利空间，最终促使经营者不得不关注由 UGC（用户生成内容）占主导的微视频。

但长视频网站与短视频内容形态间的底层逻辑并不相容，例如，长视频网站主要依托编辑推荐和用户搜索进行内容分发，但这样的内容组织形式并不适用于更新迅速且数量庞大的短视频。从 2012 年年底开始，便有一批短视频 App 在这样的背景下顺势崛起。

2011 年 3 月，GIF 快手正式诞生，它向用户提供的早期功能是制作和分享 GIF 图片。但在一年半之后，GIF 快手去掉了自己的前缀"GIF"并开始调整发力方向，它于 2012 年 11 月转型为一个短视频社区，帮助用户以视频形式记录和分享自己的生活。此后几年还有多款短视频类 App 蓄势待发，腾讯在 2013 年 9 月推出了名为微视的产品，主打 8 秒短视频，其在上线之初沿用了腾讯系其他产品的打法，即借助微信、QQ、腾讯微博等强势产品进行引流。最开始，腾讯内部颇为重视这款短视频产品，请来众多明星拍摄系列电视广告，但这款产品自 2015 年开始逐渐被边缘化，直至 2017 年 4 月被腾讯正式放弃。除了微视，美图在 2014 年 5 月正式推出了美拍，一款名为秒拍的应用也在 2014 年 7 月正式发布。这些在 2011 年到 2014 年推出的短视频类应用，是最早走上短视频赛道的玩家。

纵观互联网的整个发展史不难发现，第一波尝鲜者并不总是具有先发优势，实际情况有时刚好相反。那些在第一波尝鲜者遭遇问题时选择入局的跟随者往往具有后发优势,因为尝鲜者已经完成了对消费者的教育工作并在发展过程中获得了大量的经验和教训,跟随者在路障被清理后需要做的只是找准发展时机。

抖音便是其中的受益者,它是一款由字节跳动孵化出的短视频应用,它的上线时间并不算早,于 2016 年 9 月上线。在小心翼翼地不断打磨产品之后,抖音在 2017 年春节之后才开始大规模开展运营和营销活动。2017 年 6 月,抖音的首支视频广告正式问世,其主要投放渠道不仅包括电视,还涵盖全国 210 个城市的电影院线。在这支广告中,抖音大量采用了变装、卡节奏、镜头晃动和拉近拉远等拍摄手法,而这些手法刚好也是抖音上的活跃用户常常采用的拍摄技巧。最终,这支广告在城市年轻人群体中产生了不小的反响,不少用户都被视频广告中的炫酷效果所吸引,并在手机上下载了抖音。美国学者埃弗雷特·罗杰斯曾于 20 世纪 60 年代提出了"创新扩散理论",在他看来,所有的创新事物、产品或观念的流行不可能一蹴而就,而是要经历一个逐渐扩散的过程。在这个过程中,根据人们对新兴事物的接受程度,大致可以将用户分为五种类型:2.5%的创新者、13.5%的早期使用者、34%的早期大众、34%的晚期大众和16%的落伍者,而所有创新事物、产品或观念的扩散都在五个群体中依次进行,前一个群体的成员会发挥自己的影响力将这些创新扩散到随后的群体中。对于抖音团队而言,一二线都市的年轻人群体是辅助其实现产品扩张的理想人选:一方面,这些年轻人对抖音这样的新兴事物持开放的心态,其中不少人已经熟稔地掌握了大量拍摄酷炫短视频的技巧,并且不断通过 UGC 丰富短视频平台内的玩法;另一方面,这些一二线都市的新潮年轻人也是其他地区年轻人的参考群体。参考群体是心理学中的一个概念,是指消费者在现实生活或心理上希望成为的那群人。而在这种类似于崇拜的心理活动驱动下,人们的消费和媒介接触行为也会受到参考群体的极大影响。当看到一二线城市的新潮年轻人都在使用抖音时,其他地区的年轻人也极易受此影响成为抖音用户,抖音用户的快速增加也就是自然而然的事了。

锚定新潮年轻人的营销策略在此后被延续下来，2017 年 9 月由爱奇艺制作的音乐选秀节目《中国有嘻哈》获得了抖音的青睐。随着嘻哈文化在年轻族群中的影响力日增，这档获得空前成功的小众音乐选秀网综也帮助抖音进一步获得了更多年轻用户。这样的拉新策略获得了成功，在目标用户的注意力几乎被微信和微博等社交平台瓜分的背景下，抖音通过将短视频和流行音乐、街舞等青年文化元素融合在一起快速捕获了大量用户。2017 年 5 月，抖音的日活跃用户突破百万人大关；2018 年的春节红包活动，又帮助其成功拉新 3000 万名日活跃用户；2019 年 1 月，抖音的国内日活跃用户突破 2.5 亿人；而到了 2020 年，这个数据再度快速更新至 4 亿人。在用户规模一路飙升的同时，抖音的影响力也在不断扩大。2017 年 6 月其海外版抖音——TikTok 正式上线，并快速席卷包括日本在内的多个海外市场。2017 年 11 月 10 日，今日头条宣布以 10 亿美元收购 Musical.ly，这个总部位于上海的短视频平台于 2014 年 7 月正式上线并在随后呈现出"墙内开花墙外香"的发展态势。Musical.ly 在被今日头条收购时，其在全球拥有 2000 万名活跃用户，其中北美市场的用户规模达到 600 万人。"今日头条的推荐技术将有助于 Musical.ly 在业务方面取得进一步突破。同时，抖音和 Musical.ly 调性相近，双方分别在中国市场和北美市场取得成功，并购之后能更好地发挥品牌协同作用。"Musical.ly 创始人阳陆育在并购完成后这样表示。

在中国，短视频类应用的快速发展得益于基础通信技术的不断迭代与升级。我们试着将抖音、微视、秒拍三款典型短视频类 App 的迭代进程进行详细梳理，发现三款 App 从发布之初到 2019 年年底总共更新了多达 349 个版本，具体的功能调整数量也达到 876 个之多。如果将这三款应用的版本更新进程与移动通信技术迭代的时间进行比较，不难发现短视频应用的功能演进在很大程度上与基础技术的支撑力度息息相关。具体来说，我们可以将短视频类 App 功能的发展分为三个阶段：2013 年至 2015 年为起步期，2016 年为发展期，而 2017 年至今为成熟期。

2013 年，我国正式颁发 4G 牌照，4G 技术促进网速加快，这为短视频的发展奠定了基础。最初，短视频 App 的研发重点在于跟随移动通信技术的发展，不断尝试开发新的基本功能，以保证应用的可操作性、基础视频拍摄和制作等。举例来说，微视和秒拍是最早一批短视频类 App，由于受到网速和流量费用的限制，主要以制作动画图集类短视频为主。随着基础功能的不断开发与完善，这两款 App 均从对四张图片进行剪辑增加到对二十张图片进行剪辑。与此同时，智能移动终端拍照、摄像技术的不断精进及视频解码技术的逐步成熟也使短视频的处理变得更加容易。随着技术的普及，短视频类应用的功能研发重点开始转向提高自身应用的可识别度，尝试探索新的社交功能与趣味附加功能等。

而在 2016 年前后，4G 技术在中国开始快速普及，移动网速的显著加快及资费的下降为短视频应用的快速普及添柴加薪。技术大环境的变化同时也为短视频类 App 的基础功能带来了新的完善空间，这时主要的短视频应用开始再度将技术研发重点拉回到基础功能提升这个领域，以期在基础层面赶上移动通信技术的快速发展。而在这一波技术演进的过程中，视频清晰度、流畅度及视频上传速率的提升成为重中之重，秒拍、抖音和微视均在 2016 年完成了这些方面的大幅优化。随着基础功能不断完善和人脸识别技术、地理信息定位技术的突破性发展，短视频类 App 基于人脸检测、关键点追踪和独特的美颜算法等技术大幅优化附加功能与社交功能，趣味滤镜和美颜特效成为短视频应用在 2016 年之后的竞争主轴。在移动通信技术的不断加持下，不断开发出更多创新玩法的短视频类 App 也开始吸引更多广告主的投放预算。例如，不管是快手还是抖音这样的头部短视频应用，"挑战赛"都是旗下最重要的品牌类广告产品。挑战赛由品牌发起，并吸引普通用户模仿、创作，挑战赛的内容五花八门，如踢瓶盖、手势舞这类门槛较低、大众均能参与的项目。广告主在发起的挑战赛中常常会将挑战内容、品牌滤镜等组合在一起，从而实现品牌信息的软性传输，例如，当用户完成指定动作时，会出现带有品牌 Logo 的特效等。挑战赛是短视频应用中特有的广告产品，由于有了亲自参与的路径，因此更受普通民众的欢迎。一家第三方研究机构的《2019 抖音挑战赛研究报告》指出：各类型挑战赛为抖音做出的贡献在 2018 年超过 12 亿元，平均每天有 1.2 场挑战赛，在用户的积极参与下，70%的挑战赛播放量突破了亿级大关。如果没有技术的支撑，特效滤镜的功能就无法在短视频应用中成为常规元素，挑战赛这类新兴广告产品也就没有出现的可能。在某种程度上，短视频应用的发展轨迹可以视为整个移动互联网应用猛进的缩影，移动营销等各领域的快速发展均得益于基础通信技术从 2G、3G、4G 推进至 5G。

在移动通信技术不断迭代并引发短视频玩法快速裂变的背景下，用户注意力向短视频应用大规模迁移，引起了广告主的普遍关注。在此之前，企业进行新媒体运营的标配是"双微"，即需要建立官方微博账号和官方微信公众号，从而在自媒体与用户间进行沟通。在抖音出现之后，标准配置方案从"双微"升级为"双微一抖"，也就是还需要在抖音上运营官方账号。支付宝、小米手机、Adidas Neo、快看漫画、奥迪等都较早在抖音上运营了官方账号。与此同时，一些企业也从越发活跃的短视频平台中受益。以海底捞为例，不少用户热衷于在抖音上分享自己在海底捞中摸索出的创新吃法，包括在面筋中放进生鸡蛋与虾滑及自制番茄牛肉饭与海鲜粥等。这些 UGC 在抖音上大量传播，并为海底捞带来了不少希望尝试创新的年轻食客，海底捞也顺势在菜单中推出了迎合消费者口味的"抖抖面筋球"等产品，实现了影响力和美誉度双重提升。对于企业来说，抖音这样的短视频平台正在成为企业进行数字营销的重点，除了这些平台对用户注意力的强吸引能力，短视频本身相较图文的多元玩法、强交互性与造梗能力及更年轻的用户结构都成为它愈益受到企业重视的原因。

人才争夺战

当被问到短视频营销的发展到了什么程度时，今日互联信息科技有限公司的高管姚捷脱口而出："太疯狂了。"姚捷所在的今日互联位于合肥，是一家专注服务安徽本地市场的服务商，成立于2016年3月。即便公司处于二线城市，姚捷依然感受到了短视频营销在面对流量激增时所带来的震撼。

最早，今日互联作为今日头条在安徽的区域广告代理商，其业务主要是今日头条的信息流广告。随着抖音流量的急剧膨胀，今日互联开始关注新兴的短视频营销并进行布局。在回顾公司在短视频营销上的布局节奏时，姚捷还是有些懊恼："步子还是慢，应该更激进一些。"但事实上，今日互联的动作并不算慢，其在2018年就开始建立短视频团队，并于2019年开始迅速推进团队大转型，而转型的重点就是全力押注短视频营销。姚捷的懊恼源于短视频营销超乎大多数人想象中的发展速度，即便已经完成了大规模的转型，但浪潮的凶猛依然超出预期。姚捷所称的"疯狂"至少体现在三个层面：首先，用户在丰富的玩法和内容的催化下对短视频的兴趣日渐浓厚；其次，广告主对短视频的兴趣也随着用户注意力的大规模迁移而迁移；最后，在公司经营上，人才争夺变得更激烈。其中对于人才的竞争程度之惨烈，姚捷在经营过程中感受最深。人才是公司的根基，市场吸引力的快速提升吸引了众多逐利而来的竞争者，这些竞争者为了快速兑现风口红利愿意支付给人才超高的薪酬，这动摇了今日互联这类长期值守移动营销领域的公司的基础。

快速扩充的市场需求逼迫着赛道内几乎所有公司快速扩充自己的团队。

今日互联在短短两年内将短视频营销团队成员的规模从最初不足 10 人增加到 45 人。越发激烈的市场竞争及随之而来日渐增大的人才缺口，使得部分具有短视频营销经验的人员开始"待价而沽"。姚捷提到，工作一两年的员工跳槽之后的薪水能够增加 30%甚至翻倍。与此同时，人员的流动率变高，姚捷提到，今日互联短视频团队中的员工有大半是新鲜面孔，人员流动率为 50%至 60%。高人员流动率无助于一个企业的长久经营，对今日互联这种非头部地区代理商来说更是如此。

包括短视频营销在内的移动营销的重镇并不在合肥这样的二线城市。但如果连扎根合肥本土的公司都能够感受到短视频营销的来势凶猛，那么这番人才争夺在北京、上海、广州、深圳这样的一线城市自然会更加激烈。多彩互动的创始人张冰在 2018 年 11 月带领团队进入短视频营销领域，随着市场的蓬勃发展，短视频制作部门的人员规模开始同步扩张：2019 年年初仅有 50 人，年底达到 100 人，2020 年年中达到 150 人。按照张冰的规划，公司内部从事短视频制作的人员到 2020 年年底将扩张到 200 人，单条业务线每半年增加 50 人对于多彩互动而言是个不低的增速。中国的整个广告市场在经济增长放缓等不利的外部环境下承受着前所未有的压力。但张冰对短视频营销未来发展的信心丝毫未见折损。然而，除了担忧人才会成为掣肘业务快速发展的绊脚石，接近失控的人才争夺战让张冰感到有些愤怒，他用"乱象"来形容人才争夺的无序状态。与姚捷类似，张冰也用"疯狂"形容这场人才战争的惨烈程度。"在极端情况下，员工被挖走后薪水翻三倍都不是问题，有的公司甚至承诺可以多给跳槽的员工几十万元乃至上百万元的年薪。"张冰说。由于人才极度供不应求所造成的薪酬水涨船高还不至于让张冰过于愤怒，但张冰收到的一些过于令人惊讶甚至"奇葩"的简历实在让他怒不可遏。"有位求职者直接在简历里提到一年之内跳了三次槽，并写明在不面试、直接入职的条件下，每次涨薪幅度达到近四成。"张冰向我们说到这件事时明显抬高了音调表示不满。他曾经在大学辩论赛中屡获明星辩手的殊荣，却怎么也没想到在以老板的身份筛选求职者简历时竟然会遇到让他无言以对的情况。他虽然极不认同行业在整个人才争夺战中的疯狂，但身处其中，也不得不适应环境。在短视频营销红利清晰可见的状态下，招贤纳士的步伐丝毫不能停。因为一旦停滞，就有可能错过这班快速行驶的列车，而张冰知道这趟列车将驶向一座"富矿"。在人才紧缺的状态下，张冰也颇为无奈地加入到了挖墙脚的行列，多彩互动现在引入的人才中有20%来自竞品公司，而他能做的只是给出一个相对合理的薪酬。

与身处北京的张冰一样，身处上海的俞湘华在拓展短视频营销业务时也为人才所困。俞湘华是剧星传媒的执行总裁，剧星传媒创立于2011年5月，是国内最重要的网络视频广告公司之一。创始人查道存曾担任安徽广播电视台广告中心主任，随后脱离体制创办了剧星传媒，这一创业背景也为剧星传媒确立了以大视频为核心的发展路径，其发展初期的业务主要是协助品牌完成电视剧和综艺节目的植入，并自制少量电视剧和综艺节目，短视频应用的异军突起让剧星传媒的视线开始从原本的大屏逐渐转向手机这样的小屏。

"没有。"在被问到拓展短视频营销时有哪些印象深刻的感受时，俞湘华这样说道。剧星传媒由于对视频类内容有着更高的关注度和敏锐性，很早就进入了短视频领域，其在2017年下半年就已经进入这一领域，而目前整个短视频团队的人员规模已经达到300人。虽然从团队规模来看，剧星传媒在所有同类公司中已在佼佼者的行列，但俞湘华依然觉得"人"在短视频营销极速发展的过程中成为不断踩刹车的因素。他坦言对人才的竞逐已是行业通病，在他身边跳槽后月薪翻倍的案例比比皆是。"2017年下半年开始，2018年尝试，2019年爆发。"俞湘华这样描述短视频业务的发展轨迹。证明这条轨迹正确的最佳印证便是业务营收规模，以剧星传媒为例，其短视频业务模块的营收在2017年达到2.7亿元，2018年增长至4.7亿元，这个数值在2019年被快速刷新为29亿元，两年时间出现了逾10倍的增长。

　　姜亮对代理商和服务商的抱怨了如指掌，他作为巨量引擎的效果渠道业务部总经理，主要工作职责便是对接字节跳动位于全国各地的代理公司。巨量引擎是字节跳动旗下的营销中台，统合所有字节跳动旗下的广告资源。姜亮听说过一个极端的案例，一位短视频营销人员在跳槽之后的薪水直接从8000元跃升到45000元，翻了近五倍，而之所以有这个令人咋舌的工资涨幅是因为这位员工刚刚做出了一个爆款产品。换言之，并不是短视频营销人员的综合素质让企业愿意向他支付这样的高薪，只是某个爆款让企业的经营者心动。然而在新媒体环境下，爆款的产生可遇而不可求，太多的偶然因素影响着爆款能否产生。因此当员工因为单一的爆款便能获得五倍的涨薪时，对于挖墙脚的公司而言无疑是一种类似买彩票的行为，因为高薪聘请的员工无法保证能持续生产爆款。公司在给出高薪时的较高期待与员工无法生产爆款的现实，发展到后来往往演变成劳资双方的激烈冲突，最终的结局是员工被降薪或被解雇。无论对于公司还是员工，这种落幕方式都意味着巨大的试错成本。

　　人们在是否买彩票的问题上有充分的自主选择权利，但企业在高薪挖短视频营销人员上却没有太多腾挪移转的空间。供需关系之间的巨大落差导致了人才价格的一路高涨，极速扩充的市场红利让企业的人才需求同步激增。但在供给侧，国内高校对于广告营销新现象的关注较为滞后，导致了相关人才的培养无法快速跟上，而企业自主培训又面临着花大价钱给竞争者做嫁衣的风险，无法保证内训培养出来的人才能够稳定地为自己的企业持续服务。根据巨量大学负责人于洁楠的测算，国内的短视频营销人才缺口保守估计为数十万人，甚至达到百万人。庞大的人才缺口叠加市场的极速成长，最终引发了高达50%的流动率，这是企业稳定运营最大的敌人，也成为企业愿意高薪招聘现成的短视频营销人才的原因。

　　人才层面出现的困境不过是短视频营销整个行业在近几年快速发展的

镜像，广告主聚拢带来的市场快速扩张，超乎了不少人的想象。在多彩互动的账本上，短视频给公司带来的贡献甚至可以细化到以季度为单元——2018年第四季度仅有几百万元，2019 年的四个季度分别为 6000 万元、2.3 亿元、4.6 亿元和 9 亿元；当时间跨入到 2020 年，其第一季度单季度的营收已经增加至 11 亿元。在向我们细数短视频营销业务模块每季度的营收数据时，创始人张冰的兴奋之情溢于言表。他从对人才和团队建设的担忧中暂时跳脱出来，紧锁的眉头逐渐舒展，语气中也不再带有愤怒。按照他对公司业务的预估，多彩互动在 2020 年的营收将达到 80 亿元，而短视频的贡献将超过 50%。

仅仅两年时间，光景即有不同。今日互联作为区域性服务商，短视频的营收半途中正变得愈发强势。在刚进入短视频营销市场时，这块业务只占今日互联整体营收的一两成。从 2018 年至 2019 年，今日互联的短视频收入实现了翻倍增长，目前在整体营收中的占比已经达到五成。"未来的收入结构应该会和最初的占比刚好调个个儿，也就是短视频业务将占到八九成。"姚捷这样表示。无论多彩互动还是今日互联，公司收入结构的完全颠覆耗时不过两三年。或许数字营销的魅力就在于此，它的不确定性及细分市场份额的快速变化既为身处其中的每个个体带来巨大的机遇，也代表着企业需要同步提升自己的团队素质、组织能力并随时应对因用户和广告主兴趣的快速变化带来的挑战。

根据互联网数据研究机构 QuestMobile 发布的报告，2019 年 9 月，短视频行业的月人均用户使用时间为 269.5 分钟，同比增长 22.1%，在所有月活跃用户高于 5000 万人的细分行业中位列第一；而在总使用时间增量方面，短视频的优势更为显著，以 64.1%的占比远远高于位列次席的综合电商（7.8%）。这一趋势在接下来的半年也获得了延续，从 2020 年 3 月的统计结果来看，短视频的用户总使用时间达到 131.37 亿小时，再次位列第一，同比增幅稳居 80%。注意力增量向短视频赛道聚拢，对于平台方而言意味着广告库存的急剧膨胀，而在广告主看来，其成为攫取流量红利的机会，因此短视频营销在 2019 年得以爆发。

在线教育行业在 2019 年突然爆发的"暑期大战"足以佐证短视频营销对广告主有着很强的吸引力。乔布斯曾提出过一个与教育相关的问题："为什么计算机几乎改变了所有领域，却唯独对学校教育的影响小得令人吃惊。"当计算机和数字化正在不断下沉并成为维持整个社会正常运转的基础设施时，学校和教室成为其无法覆盖的空间，这个足够传统的行业似乎一直存在着抗拒数字化转型的力量。然而这样的境况正在被众多在线教育公司扭转，在经过多年的市场培育后，在线教育公司之间的竞争进入白热化阶段，而矛盾的高峰期出现在 2019 年的暑期。暑期一直以来都是在线教育行业获客的主要时间，学生之间的激烈竞争迫使家长需要在课堂教育缺位的时候寻找替代方案，暑期由此成为在线教育行业的兵家必争之地。与此同时，在经过此前多年缓慢的市场教育之后，各家创业公司跃跃欲试，争夺赛道第一阵营。这不仅关乎企业在未来发展过程中是否能够获得稳定客源，声量的大小甚至也决定了投资者是否愿意向企业注资。正处于竞争白热化阶段的在线教育行业无疑是一个"烧钱"的游戏，投资者的注资与否将决定企业投入"战争"的粮草是否充足。这时，通过大规模投放广告营造声量、打响品牌、吸引关注就成为在线教育类公司的必然选择。

在这场"暑期大战"中，抖音这样的短视频应用意外成了广告投放的主战场。在行业内部，"抖音刷屏十五条，教育广告五十条"成为人们形容这场"战事"激烈程度的笑谈，甚至有资深教育投资人在接受媒体采访时表示，自己会在抖音上寻找投资标的。第三方研究机构的数据显示，从 2018 年底至 2019 年上半年，总计 1500 多家在线教育公司在抖音上投放信息流广告。来自新榜的数据也显示，抖音上的教育行业广告主数量月均增福超过 300%，而它们消耗的信息流广告月均增长达到 762%，大有取代快消、汽车等行业成为广告投放大户的势头。广告投放费用在短时间内高度集中，短视频应用正在成为教育行业获客的主要手段。一般来说，在线教育行业获得新学员的传统渠道主要包括老用户推荐、线下地推、朋友圈裂变等，然而这些传统渠道与新的竞争环境并不适配。其中，老用户推荐只能相对稳定地为在线教育产品带来客源，但爆发性不足；线下地推意味着要建立庞大的地推队伍，无论从成本层面还是从团队管理角度进行考量都是巨大的负担；而通过打卡、晒朋友圈的方式使用微信生态内的社交关系链，虽然在部分教育类应用中获得了不错的效果，但对广告变现向来"克制"的腾讯很快就以"诱导分享"等理由封死了这条获客路径。在线教育行业的几条获客渠道或主动、或被动地被抛弃，最终倒逼苦苦寻觅新投放渠道的资金流向了势头渐猛的短视频应用。

几乎所有玩家都坚信赛道的胜负将在短时间内决出，因此在获客层面豪掷重金也就成为惯常做法。具体来看，单一公司的投放量级至少以六位数起步，部分甚至达到数千万元乃至亿元，一些公司单天的广告账户消耗高达数千万元。在这些看似"非理性"的投放背后实际上是基于理性的考量。首先，不少在线教育公司基于提高声量、寻求投资等目的，本身希望通过集中投放"饱和攻击"输出品牌信息，这时高额投放可能引发的转化率降低、转化成本增加等问题不在其考虑范围内，而目标消费者注意力向短视频应用聚拢刚好契合了广告主"高举高打"的玩法。其次，短视频应用在效果层面的优势逐步显露出来。随着越来越多的网民成为短视频应用的支持者，短视频的头部玩家日益展现出"全民级应用"的态势，这刚好吻合在线教育行业向下线城市要增量的需求。相较于日益饱和的一二线城市市场，以三四线城市为代表的下线市场成为蕴藏庞大商业价值的蓝海，这里的家长拥有不低的可支配收入。与此同时，线下优质教育资源相对稀缺，使得这里的人们对在线教育有着较高的接受度，而短视频应用在下线城市同样有着不低的渗透率，这促使在线教育行业将短视频视为兵家必争之地。一位在线教育头部市场负责人曾向媒体表示，抖音等短视频应用对公司整体获客的贡献超过六成，在效果端的表现甚至超过了微信朋友圈。最后，移动营销的秘诀在于"唯快不破"。由于流量价格很大程度上与供需关系的动态变化相关，因此顺着用户注意力的流动方向尽快发现流量洼地是确保投入产出比较为理想的关键。趁着用户注意力快速向短视频聚拢并且竞争对手还未将广告投放预算进行相应调整的空档，不少在线教育公司的想法是，率先将广告预算倾斜到短视频应用，从而获取初期红利。"如果投放稍微慢半拍，获客成本可能就上去了。"在对短视频广告资源的争夺日益激烈的背景下，一位在线教育公司的市场负责人见证过抖音平台上表单成本和转化成本快速上升的全过程。

在线教育行业在 2019 年突然开打的"暑期大战"，不过是印证短视频营销在短短几年间狂飙突进的案例之一。无论大品牌主还是本地中小商家，几乎所有行业的市场部都开始将更多的目光向短视频赛道移转，这其中也包括大量的莆田系企业。高度依赖市场营销强力驱动市场的莆田系企业在发掘营销阵地上嗅觉极其敏锐，它们的动向被视为测算广告营销风口的一大风向标。以往，搜索引擎的竞价排名广告是这些企业的主要获客来源；而根据部分媒体的报道，莆田系企业开始将短视频应用视为可替代的方案。如果在头部短视频应用上进行浏览，很容易就能刷到莆田鞋贩或莆田系医院制作的短视频或广告。短视频能够提供图文以外更丰富且直观的信息，随之成功被莆田系企业"盯上"并成为其投放组合中的主力。

众多类似在线教育和莆田系企业这样的新广告主持续涌入并且增加广告投入，最终导致了短视频服务商之间围绕人才的疯狂竞争。人们看中了不断倍增且有利可图的短视频广告市场，老玩家与跃跃欲试的新手瞬间让蓝海变成了近身搏斗的红海。消费者注意力快速转移使营销风口不断变换，机遇的窗口期可能被快速关闭，在时间压力下，有志于此的代理商加快了布局步伐。一条浩浩荡荡的"淘金者"队伍正在行进，但也面临着比以往任何时候都更大的生存考验。

被逼成主播的企业家

"危机就是危中有机。本来我们是用右手吃饭的，现在右手突然伤了，但庆幸的是左手做过准备，现在用左手就可以吃饭了。未来等右手恢复好了，我们就可以用左右手一起吃饭了。"红蜻蜓董事长钱金波在一次企业内部会议上这样告诉自己的员工，"疫情把企业逼到了墙角，我们把疫情当成一个训练场，逼着我们获得新的能力，在疫情后企业会如获新生。"

红蜻蜓是一家于 1995 年 3 月创立的老牌鞋类企业，在过去二十几年的发展历程中从未遇到过像 2020 年这样的危机。突然爆发的疫情重挫了红蜻蜓原本高度依赖的线下渠道，按照红蜻蜓副董事长钱帆的说法，红蜻蜓主要依靠线下导购带来门店销售收入，离店销售的收入在整个营收大盘中可以忽略不计。但是面对疫情的不确定性，整个社会采用了更为严格的防控措施，人流密集的线下零售企业被迫关店、闭店，这对红蜻蜓这样的鞋类企业无疑是一个巨大的打击。鞋服类产品有着很强的季节性，假设闭店数月导致春季新品无法正常销售，那么这些产品在未来的三个季度就有可能成为难以消化的库存。红蜻蜓本身生产规模不小，巨大的库存必然成为其未来运营中难以摆脱的压力。

对于任何一家企业而言，疫情都是一场梦魇；但对于红蜻蜓来说，这场梦魇的恶劣程度或许更甚。在极端不利的情况下，企业的求生本能激发出了难以想象的创新动能。在企业内部，红蜻蜓立马成立了"作战指挥部"，而这个"战时指挥中心"的总指挥就是钱帆。正如钱帆的父亲钱金波所言，被疫情逼到墙角的企业开始拓展新能力，整个"作战指挥部"在应对危机时的主要策略是全面拥抱数字化。

首先，通过钉钉这样的在线协作平台建立从总部直达一线店员的敏捷响应体系。按照以往的组织架构，企业在对员工进行销售话术培训和信息传达时常常依靠严密的层级体系，环节烦冗、效率低下。一条信息从总部真正抵达销售终端往往旷日持久，而在层层传达的过程中也会导致信息失真。但随着线下 1000 多家门店相继接入在线协作平台，总部下发的任何文件都可以确保一键触达所有门店。其次，红蜻蜓也将钉钉与淘宝等电商平台进行了联通，从而确保了私域流量的沉淀和对目标用户的长效经营。"我们通过这 1000 多家门店沉淀了 160 万个粉丝。"钱帆在阿里巴巴组织的一场线上研讨会上这样说道。最后，在销售渠道的构建与触点的覆盖上，红蜻蜓开始尝试一些创新模式，而声势日益高涨的直播也被纳入其中。

在疫情最严重的时刻，钱帆果断地向淘宝申请了 108 个直播账号，这些账号被用于一个名为网红直播计划的内部规划。按照他的设想，红蜻蜓并不是要从零开始打造出一个全新的 MCN 机构，也不致力于发掘并培养网红。直播间中的主播是从红蜻蜓在全国 1000 多个门店中精心选拔出的 108 个店长，这些店长在线下渠道的长期导购中积累了非常丰富的销售经验。"这个计划一推出，我们就发现线下导购队伍中藏龙卧虎。之前重庆有一个导购员做直播就很有李佳琦的风范，总部发现他后，就把他挖掘出来精心培养。"钱帆这样说道。

阿里巴巴内容电商事业部前资深专家赵圆圆曾详细分析过线下门店代购和线上直播间主播的关系。在他看来，原本在传统线下门店中活跃的导购员有着极为丰富的销售技巧和经验，但线下渠道受制于地理局限性导致导购们的这种能力仅能辐射到周边数千米。直播的横空出世改变了这一境况，优秀导购的优质生产力瞬间拥有了站上更大舞台的可能，原本仅及几千米的影响力辐射半径顺着互联网不断延伸。对于普通导购员而言，类似于一对一的服务模式或许并不意味着巨大的资源浪费；但是对于那些优秀导购员来说，他们掣肘于有限的地理范围和近乎一对一的服务，这对品牌来说也是一笔巨大损失，而直播的出现刚好解决了红蜻蜓这样的品牌方在销售中日益明显的问题。

李佳琦是直播赛道中当之无愧的头部主播，他或许是印证赵圆圆此番洞察准确性的最佳例证。2015 年，李佳琦刚从南昌大学毕业进入当地的天虹商场工作，成为美宝莲专柜的"柜哥"，展示出与众不同之处。比如他更了解如何让女性消费者的购物过程变得愉悦，也总会时不时地偷偷溜到竞品专柜看看其他品牌推出的新产品。由于勤于学习，李佳琦对不同产品的特点了然于胸，再加上与生俱来的销售天赋，他很快就在南昌大量"圈粉"，不少消费者专门等到李佳琦的上班时间再来购物。由于他的销售业绩很好，公司也开始为他提供更多扩大影响力的机会。但无论去其他城市的柜台交流还是与明星搭伴主持柜台活动，这些对于其他导购来说很好的机会却并不能充分匹配李佳琦的销售能力——还是那个原因，线下渠道的辐射半径十分有限。

机遇随后从天而降，欧莱雅是美宝莲品牌的所有者，其在 2016 年下半年开始尝试网络直播业务，而李佳琦成为被公司选中的幸运儿。欧莱雅发力网络直播业务的时间过早，不少消费者还没有完全准备好接受这个新兴的业态，不佳的销售业绩使得欧莱雅停掉了对网络直播业务的扶持。但好在李佳琦坚持了下来，故事后来的走向众所周知：他的销售能力在带货直播中突破了地理范围的限制，他拥有了更大的施展空间，并伴随着直播赛道一路高歌猛进，最终坐稳了中国直播"一哥"的交椅。

对于红蜻蜓的钱帆来说，大力入局直播是这个传统鞋类企业应对疫情的意外之举。但从另一个层面去想，这也是其发掘一线优秀导购和进行渠道重构的绝佳机会。"直播确实能够挖掘到终端一线优秀的人才。"他这样表示。在疫情迫使线下渠道瘫痪这样的特殊时刻，直播的效用显而易见。在要求四五千名线下导购转往线上销售商品后，红蜻蜓借助数字渠道破解了销售"死局"，离店销售额从原本一天只有不到 10 万元发展到日均突破 200 万元。在疫情趋于平稳、线下渠道逐步恢复之后，钱金波口中"左右手同时吃饭"的设想开始变为现实。对于红蜻蜓这类鞋服行业的门店而言，如何在每个导购身上充分挖掘增长潜力始终是个问题。钱帆提到每个门店上午开门之初的几个小时往往不会产生太多销售业绩，晚上闭店之后也无法持续创造价值。当四五千名导购在疫情期间接触直播之后，这些原本的"垃圾时间"就有机会"变废为宝"。"早上没生意就做直播，晚上回家如果没事做但又希望获得额外收入，导购同样也能够在直播中带货。"他说。红蜻蜓此次将线下导购系统性地引向线上直播间，踩在了一个更好的时间点——第三方调研机构艾媒咨询发布的数据显示，中国在线直播行业的用户规模数预计在 2020 年将达到 5.26 亿人；另一家数据监测架构 QuestMobile 发布的数据显示，截至 2019 年 12 月，在典型平台观看直播的去重活跃用户已达 5.8 亿人，而前一年同期仅为 3.78 亿人。短短一年，直播的活跃用户增加了 2.02 亿人，增幅高达 53.4%。因此，与欧莱雅四年前的蜻蜓点水、浅尝辄止相比，钱帆口中红蜻蜓的直播规划将坚定地推行下去。

"疫情逼着消费者的消费习惯更加数字化、在线化，点个外卖、吃个饭、买个菜都得用手机。所以我们的整个销售方式也要随之发生改变，现在推行的直播业务在未来还会重点去推进。"钱帆这样说道。红蜻蜓对直播的强烈兴趣显而易见，创始人钱金波也曾亲自试水主播一职。2020 年，钱金波专门挑了妇女节这一天上午的 10 点到 12 点亲自带货直播。从最终的反馈数据来看业绩不错，其带货销售额超过 50 万元，而旗舰店当天销售额同比增幅高达 114%，实现了业绩的翻倍增长。

对直播感兴趣的企业家远不只钱金波，越来越多的企业高管开始尝试接受主播这个全新的身份。其中，携程创始人、董事局主席梁建章的表现最为亮眼。

与红蜻蜓类似，梁建章创办的携程也是疫情蔓延过程中的"重灾区"，其遭遇的危机烈度甚至高过红蜻蜓。由于疫情爆发，一方面全球各地政府密集出台旅游警示和隔离措施，几乎将国内游、海外游及相应机旅服务的需求压缩为零；另一方面，即便没有行政力量的严格管控，疫情也普遍降低了人们的出行意愿。在这样的严峻背景下，梁建章放下身段进入直播间，身体力行地感受、迎合这个相对陌生的场域的游戏规则。之所以说"放下身段"，并不只是因为其拥有携程这家中国顶尖的在线票务服务上市公司，也因为梁建章是斯坦福大学经济学博士、是在中国拥有巨大影响力的人口经济学家，其目前还兼任着北京大学光华管理学院经济学研究教授一职。

然而，这些光鲜的身份在直播的虚拟江湖中没有什么实际作用，要想取悦消费者，梁建章需要拿出一些撒手锏。消费者在直播间中看到梁建章扮演各种形象：从将自己打扮成唐伯虎到穿上汉服，从穿上夜礼服、戴上假面再到模仿韩国大叔跳骑马舞，每个形象都与梁建章要推荐的旅游产品息息相关。在推广中国西南藏区的酒店套餐时，梁建章选择了穿上藏族服装、头戴本地头饰；而在推荐四川旅游产品时，他不仅亲身体验掏耳朵，还坚持要在直播间中给观众表演"变脸"。这种努力"营业"的姿态让财经作家吴晓波在腾讯广告组织的一场会议中感叹道："经济学博士梁建章把自己打扮成唐伯虎、酋长乃至媒婆干什么呢？为了携程求生，我们需要向这样的企业家精神致敬。"放下身段的梁建章给旗下产品的销售带来了转机，他在试水的第一场直播中，成功销售了三亚亚特兰蒂斯酒店共计两万个房晚和爱比侬公寓一万五千个房晚，如果折换成现金其价值逾 3500 万元。从 2020 年 3 月 23 日的首场直播开始计算，在随后一个月的共计六场直播中，梁建章的带货金额总计超过了 1.3 亿元。

董明珠是珠海格力电器股份有限公司（下文简称格力）的董事长，他与带货直播的"触电"更富戏剧性，这位年逾 60 的 Top Sale 在首场直播中没有梁建章那般的好运。2020 年 4 月 24 日，董明珠首次走入直播间，花了整整一个小时也仅仅售出了 20 多万元的商品，造成这种窘境的原因是直播过程中的频繁卡顿。对于好胜心极强的"铁娘子"董明珠而言，单次的滑铁卢不会阻碍她尝鲜的步伐，在重新调整后，她的身影遍布快手、京东和淘宝等主要直播带货平台，并在后续两个月内创造出了超过 74 亿元的销售业绩。在当年 6 月的淘宝直播中，她甚至创下了单场直播卖货金额 65.4 亿元的成绩。这样的成绩或许源自一套在不断尝试中摸索出的打法：直播不再依靠个人的力量单打独斗，董明珠发动了来自全国的格力经销商共同推动。

在某种程度上，董明珠和她一贯重视的经销商体系在直播中构筑起了稳定的互利关系。对格力而言，被高度整合的线下经销体系成为烘托企业直播声势的地推铁军；而对于经销商来说，董明珠无疑是对目标消费者有较大吸引力的超级 IP，这得益于她在媒体采访、广告代言等方面的高姿态。董明珠亲自下场直播的消息一发布就成为备受舆论关注的营销事件，在短时间内汇聚的巨大关注和声量也就自然而然地成为经销商获取新增渠道收入的入口。根据媒体报道，格力在直播过程中通过活码可以确定用户来自哪个经销商，随后会与经销商进行利润分成。通过这样的合作模式，格力快速去除因疫情导致的积压库存，经销商分得相应的利润，用户在直播间中享受到更为便宜的价格，最终形成三方共赢的局面。

被"逼"成主播的企业家远不只梁建章和董明珠。当这些企业的一把手们不再袖手旁观，而是以一种令人意想不到的方式躬身入局时，直播也就驶入了发展的快车道中。"过往的经验证明，任何营销模式如果得到企业最高领导层的认可，它便能在短时间内迎来快速发展。"字节跳动旗下巨量引擎营销副总裁陈都烨这样说道。

热潮流与冷思考

陈都烨作为字节跳动广告营销体系最重要的负责人之一，始终关心着直播赛道的进展和其中潜藏的微妙变化。在她看来，直播正在不同因素的共同推动下汇聚成一股热潮，而这在某种程度上也引导人们产生了一些误判，例如，认为企业家开始入局直播意味着这个赛道已经逐步成熟并走入下半场。在陈都烨看来，事实并非如此。"整个行业离所谓的下半场还有很远的距离。"她说。

之所以产生这样的判断，是因为新兴技术可能带来的各种不确定性。技术是新兴的，人们以前从来没有接触过，自然也没有可供参考的经验，而这恰好是不断激变的广告营销行业的魅力和挑战。"如果回顾一下近几年营销方式的变化，就会发现最主要的变革都出现在传播渠道上，这都是技术进步推动的。"陈都烨这样说道。

事实也是如此，被众星捧月的直播其实并没有太长的发展历史，最早的直播出现在游戏领域。游戏与体育之间有着千丝万缕的联系，它们的相同点在于竞技性极强，明确的结果导向让直播成为这两个领域最重要的传播形态。在比分确定后重看回放在体育迷眼中并没有足够的吸引力，他们乐于在跟随实时比赛的进程中感受乐趣，这种不确定性带来的刺激感激发着每个观看者的荷尔蒙。在西方社会，有线电视在流媒体等新业态的冲击下日显颓势已是不争的事实，但ESPN等专注体育直播的传播集团业绩却逆势上涨。在中国，长时间积淀形成的传统意识导致游戏长时间被排除在主流舆论平台之外，而互联网成为游戏玩家的主要聚集地，游戏直播这一直播的早期形态也顺势出现。但问题也显而易见，无论流量规模还是流量的商业化程度，游戏直播都受到市场空间和变现模式等制约，游戏直播的主播也主要依靠销售游戏周边商品和外设获得收益，对其他行业产生的辐射效应不够明显。

在游戏直播之后，秀场直播开始出现。这一形态相较游戏直播内容生产和观看的门槛有所降低，主播开始依靠自身的才艺聚拢用户，而用户则通过"刷礼物"的方式表达自己对主播的喜欢。秀场直播让直播拥有了更广的辐射范围，也体现出了更强的表现能力，但与此同时也滋生了诸如色情、低俗等在内的次生问题，使得"直播"一词在社会舆论中被污名化。但无论如何，秀场直播中展现出的高流量变现价值让人们开始清晰地认识到直播这个新兴的内容形态是一座蕴藏无穷潜力的"富矿"。

"影响力边界不断外扩，流量商业化程度也同步提升。"陈都烨这样总结直播发展历程中潜藏的逻辑。带货直播遵循这样的演进轨道，从 2019 年下半年开始蔚然成风。在这个过程中，各大平台集中自身的流量优势，不遗余力地在生态内扶持标杆性人物，淘宝直播中有李佳琦、薇娅，快手上有辛巴，微博上有张沫凡，抖音则邀请了连续创业者罗永浩。这些标杆性人物成为直播浪潮中的"赶潮人"，他们"一夜成名"的故事颇具戏剧性，并吸引着更多的品牌、资金、KOL 进驻，从而让潮水的势头变得更加湍急。

如果仔细审视这些标杆性人物的崛起之路，就不难发现一些人为策划的痕迹。在这方面，精于策划运营的淘宝无疑是其中之一。在淘宝发展的初期，客服与用户之间的常用称谓"亲"让其跻身主流视野，其是在信息裂变式传播中不断获得增量用户的重要符号。"不仅提高了文字输入效率、客服的服务质量与响应速度，而且能在第一时间给人一种熟识、亲昵、热忱的感觉。这种亲昵的愉悦感转移到所推荐的商品上，使商品更易被接受，从而引起顾客态度的改变，形成消费行为。"曾有传播学研究者这样分析"亲"在淘宝场景下的盛行原因。而在直播破圈的过程中，淘宝也如法炮制，推出了类似的流行路径，只不过那个被塑造起来的符号从"亲"变成了李佳琦口中的"OMG"。与"亲"类似，"OMG"成为大多数人首次接触直播留下的初印象，相较于向消费者娓娓道来直播的好处，一个看起来颇为简单的感叹词让直播带给目标受众的形象被凝练起来——那就是在专业和热情中带着更多推荐和催促购买的意味。

在人们的口口相传中，李佳琦发出的每一个"OMG"都让直播的"传染"效率骤然提升。人们早期或许抱着猎奇心理去接触这样的新鲜事物，后来，越来越多的人既兴奋又抱怨地提到，在直播间中实在管不住自己的钱包。李佳琦、薇娅和辛巴这些标杆性人物在某种意义上成为了灯塔，指引着企业投放费用、平台发展战略和消费者注意力的去向；同时，他们也成为"滚雪球"进程中的种子用户，成为直播行业急速发展的最大受益对象。值得注意的是，直播在不同群体间的受欢迎程度并未出现太过明显的区隔，除了部分高净值用户囿于时间成本的考量对直播较为回避，从"五环内"的白领群体到分布在东南沿海地区的产业链工人，将直播当作空闲时间的消遣成为人们的共同行为方式。正因如此，我们才能同时看到李佳琦、薇娅和辛巴在不同平台上近乎同时发光发热。

中国互联网络信息中心在2020年4月发布的报告显示，中国的网络直播用户规模已达5.6亿人，占网民整体的62%。对于嗅觉灵敏的企业来说，其不可能无视这个快速崛起的流量大户，围绕着直播这一新兴内容形态的商业生态迅速形成。

"短链化"是陈都烨在分析带货直播为何能在极短时间内获得飞速发展时提及的主要原因。在传统营销观念里，消费者总是沿循着决策链条做出购买决定，而对于企业来说，其需要尽可能地缩短链条的长度、减少环节。一方面，链条过长意味着消费者需要付出包括时间在内的更高的决策成本，而人们对商品的满意与否取决于效益、成本和预期这三者间的比较关系，因此决策成本居高不下会降低消费者的满意度，影响企业对用户生命周期价值的挖掘；另一方面，消费者在链条中的任何环节都有可能中止购买决定，因此过长的链条和烦冗的环节也意味着潜在的高客户流失率。在市场竞争激烈、获客难度高企的背景下，尽可能简化决策流程、提供快捷购物通道成为企业开展数字营销的必然方向，而这恰好与带货直播的优势不谋而合。

如果按照一般的数字广告投放逻辑，消费者从广告触达到购买商品往往需要经历"广告展现—广告点击—等待页面跳转（甚至获取打开 App 的权限）—浏览商品页信息—填写收货信息并点击支付按钮—完成支付—购买完成"的冗长过程。然而，直播带货在某种程度上是线下实体渠道导购的线上化版本，其能够将广告展现、广告点击、等待页面跳转、浏览商品页信息等环节整合打包到同一场景之下，这让消费者的决策链条大大缩短，客户流失率也大大降低。"从产生兴趣到转化购买，短视频已经让营销路径变得很短。但如果你去观察直播，就发现链条变得更短了，用户可以直接在直播间中购买，整个闭环随之快速形成。"陈都烨这样解释道。

传统线上销售渠道和流量逻辑在直播和短视频的冲击下开始大规模重构。快手作为短视频赛道中的另一超级玩家，据此提出了"短视频直播电商"的全新模式。在这个概念下，快手将短视频、直播和电商视为组成营销全链的三款产品，通过对它们的整合实现类似集团军作战的合力。

在这个链条中，短视频和直播构成了前链闭环，坐拥巨大流量的短视频成为企业首次触达用户的触点。企业通过具有吸引力的短视频内容将用户导入直播间，建立在公域流量基础上的短视频成为直播间中企业运营私域流量的入口，原本在视频流中偶然相遇的消费者在直播间中不仅能完成即时转化，还有可能沉淀下来，成为企业持续挖掘商业价值的对象。在和短视频组成前链闭环的同时，直播又与电商共同构成了后链闭环，消费者在直播间中可以直接下单，不用专门跳转到电商场景中完成转化。

快手、抖音这类短视频和直播平台成为阿里巴巴、京东等电商平台的潜在竞争者。在此之前，人们可能不会想到内容平台与电商平台会有发生交集的一天，但事态的后续发展超出他们的预估。一方面，淘宝这类电商平台开始主打内容化战略，力图从内容平台身上抢夺更多的用户时间；另一方面，随着物流、支付等电商基础设施的日益完善，短视频平台进入电商市场的门槛也不再遥不可及。相较于通过分销用户注意力获得广告收入，能够直接导向交易环节的电商让流量的商业价值最大程度地释放出来，随着带货直播的这股浪潮，快手、抖音这类短视频平台有了更大的雄心。金牛电商是 2019 年快手推出的电商平台，根据官方发布的数据，在这个平台上活跃商户数量已经达到百万级别，并且在 2020 年维持着每月 10%的递增速度。依托庞大且稳定的公域流量，短视频平台上的电商内容单日就能够覆盖 1 亿名消费者，他们中的一部分最终被 "短视频—直播—电商" 的链路引向直播间，最终完成购买。

短视频和带货直播的横空出世对于移动营销趋势的影响十分强烈，它展现出了一种清晰的价值取向：在全链路大数据均可被收集、寻址、分析和归因的背景下，营销的天平正日益从艺术转向科学（无论这种转向将是短期的还是长久的）。而在科学数据和分析模型的指导下，广告主的耐心也在逐渐减少，其需要重构一整套销售渠道和流量逻辑，最终的目标只有 "增长" 二字。传统广告行业的从业者或许不喜欢这样颠覆思维的趋势，但他们也已经无法阻挡这种转向的快速发生。

从本质上看，直播热潮的形成并非偶然，它根植于一种更长期的行业发展背景和演变路径，而这其中潜藏着平台、广告主、消费者这三大主体。他们近乎在同一时点向直播靠拢的原因，源于其需要在陷入困境后寻求突破。

在平台方层面，以一二线城市为中心的流量红利期已进入尾声。随着市场饱和度的不断提高，寻找增量空间正变得越发困难。一般来说，流量规模大致等同于用户规模和用户平均使用时长的乘积，所以流量的增量空间也可以从这两个维度上寻找。从用户规模来看，潜藏的增量来自移动生态还未全面触及的下沉市场，通过将触角伸向这些空白区域，有望解决流量红利衰竭的问题；从用户平均使用时长来看，平台方需要推出更多的创新内容形态，诱使用户高频使用。所以从信息流、短视频到直播，越来越多的 Kill Time（消耗时间）内容被频繁推出，通过新形式持续抓住用户的注意力成为平台方力推直播的原因。

在广告主层面，其处境与平台方类似。随着市场的逐步饱和和竞争的越发激烈，企业在增长层面后继乏力正在成为一种普遍现象。如何刺激购买欲望？如何引导转化行为？如何沉淀产销关系？这一连串问题都是广告主无法回避的。在消费者的注意力开始向直播聚拢后，企业看到了部分解决这些问题的希望。直播能够高密度传递信息，有助于企业详尽地完成产品展示，意见领袖在直播间中通过语言刺激不断"煽动"冲动消费，再加上粉丝之间通过回复、送礼物、购买等手段实现的情绪"共振"，直播俨然成为企业在市场增长乏力背景下寻求渠道突破的可行选项。

在消费者层面，新媒体时代下"所有人对所有人传播"的现状，导致信息过度饱，而这种供给过剩的状态让消费者产生了寻求多样化媒介的需求和欲望。换句话说，阈值的提升让用户倾向于接触更多新鲜的内容以寻求刺激，直播作为一种创新的内容形态刚好迎合了他们期待"看热闹"的本能心理。虽然有不少人吐槽，现在看直播的年轻人不过是在步父母收看电视购物频道的后尘，但仔细分析不难发现，带货直播与传统的电视购物有着本质区别。电视购物是一种单向的信息传输行为，主播无法根据用户的实时反馈调整自己的传播策略，而观众在其中也缺乏参与感；但带货直播的不同在于它是可观看、可互动和可购买的，直播间中提供的是一种综合性的线上购物体验，这成为有力吸引消费者的原因。

流量红利衰减、市场增长乏力、信息过度饱和，三大主体间各自存在的危机促成了平台方、广告主和消费者之间的共谋。而在这些长期趋势性因素之外，疫情的爆发又意外地深化了以上危机，并且让这些主体对寻求解决方案的兴趣越发浓厚，而这成为直播进一步加速普及的催化剂。与红蜻蜓这类传统企业类似，当线下闭店和库存压力开始倒逼企业转向线上，居家隔离又让普通人开始在移动端消磨时间时，直播就成为解决这些危机的共同方案。天时、地利、人和，必然与偶然因素的相互交织最终促成了这轮直播快速崛起的热潮。

但在一片热闹的表象之下，部分从业者也开始重新反思：人们是否高估了直播对于企业长期发展的价值。直播到底是带货还是带品牌的争论在业内出现，而潜藏在这一争论背后的则是直播发展过程中出现的疲态，主播趋于通过大幅折扣乃至全网最低价获得成交，但对于企业而言，这无异于饮鸩止渴的尝试。一方面，直播的超低价格扰乱了渠道中的价格体系，使得企业的定价权遭遇严峻挑战；另一方面，对于部分大牌企业来说，过低的价格也意味着品牌形象的折损，不少奢侈品牌在尝试直播时的"翻车"充分说明了这一点。在种种事例的警示下，人们开始怀疑直播在为企业赢得短期效益的同时，是否对品牌的长期发展有所帮助，这反映了营销行业对于这一新事物抱持的矛盾心理。

如果用一句话来反映企业与消费者在直播间中的典型互动关系，那么"偶然相遇"可能是最佳的注脚，而这种偶然性甚至体现在全链条中的各个环节。

从前端来看，企业与带货主播间的合作就带有偶然性。企业"觊觎"的是主播的影响力及依附在影响力上的转化能力，但事实上部分拥有影响力的头部主播实际选品率仅有 5%左右，这意味着每 20 个商品中只有一个能在直播间中与观众见面，不确定性极大。

从中端来看，企业与消费者在直播间中的接触依托主播这个"中介"。而从另一个层面来看，主播也成为横亘在企业与粉丝两端间的"墙"。企业与粉丝之间无法直接沟通，导致沟通过程对企业而言并不可控。例如，此前李佳琦在直播间演示一款不粘锅时，出现了明显的食材粘锅现象。虽然后来厂家解释可能是因为使用方法有误，但这些问题的出现无疑让品牌承担着无谓的声誉风险。

从后端来看，企业与消费者完成的是基于直播间公域流量的"一锤子买卖"。对广告主而言，其无渠道、无能力、无可能将这些流量通过直播间沉淀为存量用户并实现长效运营。虽然如梁建章、董明珠、丁磊、雷军这样的企业家曾经亲自出现在直播间中与用户沟通，但这种做法也不可能维持日更这样的高频率，直播行业的主要话语权仍然掌握在专业 KOL 手中。从"流量"到"留量"的断裂，成为佐证两者偶然相遇关系的明显证据。

毋庸置疑的是，真正的企业家希望造就的是一个基业长青的经营实体，纵使它们在追求永续发展的过程中可能采用截然不同的策略——欧美企业更多偏向依靠更为专业的职业经理人，从而让企业拥有持续发展的潜能，而中国、日本、韩国等位于东亚文化圈的企业则更重视代际之间的传承关系。但无论采用哪种方法，大多有志向和雄心的企业都期待长效发展，这与直播带来即时转化结果之间构成了不可调和的矛盾。然而，这是广告营销行业发展中面临的新问题吗？显然不是。如果我们将视野拉得足够长，就会发现围绕直播衍生的矛盾绝非新鲜事物。从现代商业广告诞生以来，艺术与科学、品牌与效果之争贯穿了其漫长的行业发展史——20 世纪 60 年代，发起于美国的广告"创意革命"直接激化了这一矛盾，大卫·奥格威、威廉·伯恩巴克、罗瑟·瑞夫斯、詹姆斯·韦伯·扬、李奥·贝纳等大师都被卷入了这场争论，他们中的一些人认为，广告源起于部分卓越广告人头脑中的"灵光一闪"，但另外一些人则坚持认为，广告是一项应该遵循严谨流程并在调研数据和完整策略指导下完成的创作。如果将直播目前遭遇的两难境地与当时的情况进行比较，不难发现这不过是经典问题在移动营销这一新的时代语境下的全新表现。

因此，我们不妨也用回应这些经典问题的答案来思考已经走上"十字路口"的直播。此前同样作为热词的"品效合一"展示的是这样的价值观：企业既需要构建长期的品牌形象，也需要短期的即时转化。其中，品牌形象为即时转化提供信誉背书，即时转化则为品牌形象的持续塑造提供持续的资金支撑。这样的逻辑也适用于对直播走向的诠释。对于企业而言，答案不变，那就是"两者皆需"。企业经营者既需要通过类似直播这样的偶然相遇争取快速转化的可能性，在黑天鹅频飞的大背景下更需如此；与此同时，也丝毫不能懈怠，要着眼于品牌形象进行长效经营，因为在优质品牌形象下潜藏的是所有用户生命周期价值的总和。

实际上，忽视品牌的重要性已经成为中国企业在完成"从小到大"后进一步实现"从大到强"时的拦路虎，有两件事情足以佐证。其一是在进出口外贸重挫的大背景下，原本受惠于全球产业链的部分中国代工厂正遭遇生存危机。即便拥有为国外成熟大牌长期代工的经验，并在工艺、人力、管理等方面水平先进，但在没有自有品牌背书的状态下，这些代工厂生产的产品开始面临无法打开新销售渠道、存货大量积压的问题。此前依靠稳定订单获得不菲收入的处境正在消失，这些问题又反过来让代工厂开始思考是否应该打造品牌。但打造品牌并非一日之功，能否度过眼下的难关还很难说。其二是在全球知名商业杂志《财富》公布的 2020 年世界 500 强新榜单中，中国上榜企业达到了 133 家，首次超过美国（125 家），这意味着中国企业的体量在全球商业世界中已经是巨无霸式的存在。然而，这些身型硕大的巨人们似乎还不够敏捷，根据统计，中国上榜企业的平均利润仅有 36 亿美元，而美国上榜企业的平均利润超 70 亿美元，美国 500 强上榜企业的整体平均利润也有 41 亿美元之多。上榜规模和平均利润极不匹配的原因，部分源自中国的 500 强企业更多依靠垄断形式获得领先的市场地位，但缺乏品牌实力，这阻碍了其获得更高的利润率。

种种事实都显示出单纯向效果靠拢的做法必定不可持续，所以企业既要偶遇带来的快速转化，又要沉淀积攒的品牌资产，两条腿走路，不偏废一方，唯有如此才能在激烈的市场竞争中行稳致远。

进入广场，不代表能被听到

"在明天，每个人都能成名 15 分钟。"作为波普艺术的代表性人物，出生于 1928 年的知名艺术家安迪·沃霍尔早就预言对了当前这个他未曾历经的时代。如果说广告是媒体行业中离商业最近的那块，那么波普艺术就是在艺术领域内与商业元素纠缠最为紧密的部分，这让沃霍尔对商业本身产生了足够独到的理解。

在他这句脍炙人口的名言背后，表达出的不过是一个现在看来再普通不过的文化现象，那就是每个个体都可以在新媒体时代快速找到发声的舞台，但又可能在人声鼎沸时快速湮灭于人海。流行的事物快速产生又极速消退，新的流行事物不断覆盖旧的流行事物，无论新产品还是新理念皆是如此，那些受万人追捧的偶像也正步入流水线工业化生产的时代。消费者总是希望获得新鲜感，而众声喧哗的消费时代通过大生产、大消费的模式满足一批批"喜新厌旧"的消费者。作为流行事物的主要推手之一，广告营销行业也面临着流行事物新陈代谢速度加快的挑战，从业者需要跟上用户快速变化的需求，用新的逻辑、模式和方法论去调整和适应。

"为什么每天在抖音上活跃的短视频创作者那么多，但是短视频营销还存在着高达百万的人才缺口？"我们向巨量引擎营销创新中心负责人东东枪抛出了这样的问题。他曾经反复思考过很多次类似的问题，于是不假思索地给出了非常简洁有力的答案："广告人太多，非常热闹。为什么？因为没有门，进入很简单。但你要记住，进入广场不代表你就会被听到。"

东东枪是一位资深广告人，早在 2006 年就以文案人员的身份加入了奥美。到了 2018 年，他离开传统广告公司，成为互联网广告平台中的一员。由于兼具传统广告公司和技术公司的从业经历，东东枪对广告人在不同环境下的处境有着自己的见解。无论短视频营销还是带货直播的交替兴起都展示了一个清晰的迹象，那就是营销的视频化时代正在以大多数人不曾想象到的速度快速推进。在 2017 年和 2018 年的戛纳国际创意节会场上，我们已经充分感受到广告人对视频化时代的憧憬，当时业内意见领袖已将 "6 秒短视频广告" 当作一个全新现象展开讨论，但谁都没有想到在亚欧大陆另一头的中国，短视频营销已经不再被视为一种创新，而是成为一种常态，进展之快超乎想象。

与此同时，人们也开始在其猛进中不断探索游戏规则和玩法。一方面，短视频营销与传统媒体营销截然不同，有着自己的内容组织规则和逻辑，业内经验丰富的玩家会总结一些成熟的经验，而那些还没有被完全系统化的诀窍则常常被包裹在 "网感" 这一略为玄学的外壳下，"网感" 一词也透露出短视频营销的与众不同。另一方面，短视频营销又与短视频创作不一样，由于需要将商业信息置入内容之中，并且有着转化率、ROI 等明确的 KPI 考核指标，它对创作者本身也提出了更高的要求。

东东枪提到，互联网与传统广告传播集团间迥异的生态，让 "创意" 一词的内涵在不同环境中嬗变。在传统广告传播集团的组织架构下，媒介部门与创意部门在过去 20 年间相互独立，这导致很多创意人看起来像是 "只开车、不看路的司机"。在以往车流稀少的街道上，这样盲目行驶或许问题不大，但如果车流湍急，这样的做法就不只是盲目这么简单，而是莽撞了。换句话说，以往单纯依靠个人经验就足以游走于广告江湖；但当面对越发庞杂的广告生态时，个体经验有时就显得弱小。

作为多彩互动的创始人，张冰直言突然崛起的短视频对所有从业者来说都属于经验层面的"无人区"，自己和团队只能在其中大胆摸索。在他看来，"创意"的内涵在传统广告与数字广告两种作业模式间发生了突变。以多彩互动为例，其 150 人的短视频营销团队每天需要产出至少 100 只以上的高质量物料；而剧星传媒的产出效率与之类似，两三百人的团队每天产出的视频高达 300 至 400 条。

这种创意的速度与以前的广告营销行业已经大不一样。以前的行业更推崇"慢工出细活"的"工匠精神"，因为一条 TVC 广告在经历长周期制作之后也能够获得不短的播出周期。但数字传播生态容不得"慢"下来，受众消费的是 140 字微博、15 秒短视频及表情包，信息成为真正意义上的快速消费品，这样的境况开始倒逼短视频营销者加快生产，以赶上用户对内容的消耗速度。热点迁移越发频繁，信息竞争更加激烈，外部环境日新月异，迫使广告创意的生产周期大幅缩短。一份 2020 年 2 月发布的调研数据显示：两年前，一条优质短视频的跑量周期可以达到 30 天，后来快速减少到 15 天和 7 天。从投放上来看，单条优质短视频在投放仅 3 天后就已经无法带来新增流量了，这种快速消耗的速度迫使企业在尽可能短的时间内持续供给，任何一个经历过传统广告营销阶段的从业者如果倒退回十余年前，也可能无法想象到广告营销行业会进入如此"疯狂"的阶段。

作为从传统电视媒体转型的典型代表，剧星传媒的俞湘华也发现，此前在电视台的工作经验无法照搬到短视频营销团队中。原本在传统媒体，一条视频从筹备到最终成片往往需要耗时两个月。然而，现在在广告主需求的驱动下，短视频物料开始不得不批量化生产。"有的广告主要求一天至少要出三版素材。"俞湘华这样表示。

对广告主来讲，要持续吸引消费者就需要更快地输出新的内容，创意产出的速度变得越来越快，而这种高产出效率导致人们对"创意"有了不同理解。举例来说，"黄金 5 秒"已经成为短视频营销行业的基础原则，它指的是任何短视频营销创意需要确保在 5 秒时间内产生吸引力。之所以制定这样的苛刻标准，与用户对短视频的使用习惯密不可分。如果不能在 5 秒内勾起用户的兴趣，那么就有可能被用户手指的轻轻上刷移出屏幕——用户不缺内容，而内容却对用户的关注如饥似渴。对于"黄金 5 秒"这样的基础规则，今日互联的姚捷发现，团队中不少员工适应艰难。他的团队中不少人出身科班和传统媒体。"他们原本制作视频时讲究起承转合，但短视频场景下哪容得下平铺直叙？让他们习惯开门见山就费了一番功夫。"姚捷说。同样是制作视频，短视频与长视频之间已经有了"隔行如隔山"的意味。

除了"黄金 5 秒"，末尾给出转化引导信息，在短视频中段明确展示产品能够满足消费者的哪些痛点，引用最新流行的 BGM 和段子等都是提高短视频营销消耗量和转化率的窍门，而这些规则其实并不适用于传统媒体。在传统媒体时代，创意虽然有套路，但它更多指向的是思维发散的过程，并非致力于将商业信息套进一套被反复证明行之有效的模版。正如哲学家戴维·休谟所言："追求真正的美，或者真正的缺陷，就像是确定真正的甜或者真正的苦一样，是一场无果的调研。"以往的广告人更相信创意灵感的不可知，并且对其神秘的魅力着迷。在数字营销环境下，人们往往追求确定性，由此，人们总结出了一套套可以直接上手操作的方法论。相应地，数字营销的创意能力也变得可以通过"培训"获得。

从东东枪、俞湘华再到张冰，他们普遍认为创意能力有七到八成可以通过标准化的培训锤炼出来，剩下的两三成才由创意人自身的天分和理解力决定。"毕加索和普通画匠都具有作画的能力，能不能成为毕加索考验的其实是个人能力。"东东枪用这样的比喻方便我们去理解。事实上，围绕短视频营销的竞争还远不到拼天分的阶段，当市场需求足够庞大时，那些能将七八成标准化能力发挥到极致的个体足以在市场上形成优势。任何短视频营销者都无法确保持续产出爆款，但他们却能够保证获得平均水准之上的数据——在 2019 年，东东枪就从平台效果数据中发现，在创意团队介入后，今日头条的信息流广告水准正在显著提高。从效果端来看，创意能力本身或许不受个人的天赋限制，可以通过科学化、标准化的体系培养出来，而这颠覆了人们以往对创意的理解。

对于短视频营销和带货直播来说，"快"都成为这个行业的主题词，而这也加剧了从业者的不安全感。沃霍尔口中"成名 15 分钟"的周期在信息的快速迭代下被缩短到了"成名 5 分钟"甚至更快，而如果需要维持热度，就需要尝试更多的办法。例如，短视频营销行业需要极度压缩制作周期并大批量向市场投放物料，这种做法将缓解用户在接触同类内容时出现的审美疲劳。当然，这种持续高频的投放效率也让从业者长期处于高强度的工作压力之下，整个行业被这辆高速行驶的列车挟持，已经没有办法再恢复到"慢"的状态。

对于直播行业而言，竞争激烈的主播需要绞尽脑汁地留住消费者，因为消费者的注意力就是他们的生命线，直接决定着他们的热度和职业生命周期。在这样的境况下，薇娅、李佳琦这类头部主播开始尝试更多的可能性，例如，将原本的带货直播包装成一档档精心制作的综艺节目。越来越多的明星现身薇娅的直播间，他们需要在薇娅这里赢得关注，而薇娅也需要引入这些嘉宾使自己的直播持续拥有热度，并让直播间的观众持续拥有新鲜的体验。如果说电视购物和早期的带货直播更像购物中心，消费者在这个巨大空间中主要能做的就是购物；那么现在带货直播的走向让它越发像一个新型的城市综合体。城市综合体在购物中心的基础上叠加了更多的业态，让消费者不仅能在其中购物，还能获得餐饮、KTV、电影等其他服务，成为消费者的目的地而非中转站。当直播不再只是目标明确的带货，开始叠加明星访谈、游戏、表演等多重内容后，直播间的粉丝在其中获得的就是一种综合性的购物体验，这一体验将在更长的时间维度上协助主播维持消费者的热忱。

主播乃至整个直播行业都有自己的生命周期，新的流行事物替代旧的流行事物，这是一种无法破解的难题，人们唯一能做的便是尽可能将自己成名的时间从"5分钟"拉得更长。"害怕这一场直播之后，明天可能流量就没了，不这么好了。"强势的李佳琦在接受 *GQ* 杂志采访时也道尽了自己内心深处的隐忧。在算法、数据和数字营销的共同驱动下，创意的内涵正在发生激变，而消费者喜新厌旧、从业者更新换代的故事在未来的每天都会发生，稀松平常。

第十章
做“人”的生意

没有人是一座孤岛，
独自矗立于海中。

——约翰·多恩

用鱼群对抗巨鲸

当越来越多的海外品牌找到冷静希望寻求合作时，她才真正切身感受到在疫情的冲击之下，整个商业生态的变化暗潮汹涌，"人"正在成为生意中最重要的组成部分。

冷静是爱库存的联合创始人，她和丈夫王敏在 2017 年 9 月创办了这个电商平台。平台最早的业务是协助服装品牌清理库存，而创业的灵感来自王敏在 MBA 课堂上的一次学习经历。在那堂课中，一位财务课老师介绍了中国服装行业的发展现状，其中的一个细节引起了王敏的注意。老师提到，不少中国工厂的仓库存货十分庞大，部分工厂的库存量即使停产三年也消化不完。说者无心，听者有意，这个简要的信息引起了王敏的兴趣，他前往各地调研，并最终将"去库存"作为毕业论文的写作方向。

在为论文撰写搜集素材的过程中，王敏发现去库存这门生意虽然在中国还属空白，但在商业较发达的美国已经被证明可行。在大洋彼岸，这一领域已经有三家上市公司的市值超过千亿美元，最大的一家非上市公司估值也已经高达 600 亿美元左右。中国产业链中去库存的旺盛需求与美国对标企业的成熟，成为冷静和王敏创立爱库存的动力。

在确定"去库存"的创业方向后，用怎样的手段达成这一目标是王敏和冷静需要审慎思考的问题。虽然奥特莱斯的模式已经从国外引入中国并全面铺开，但越来越多的迹象显示出奥特莱斯模式更偏向于地产生意，对于一家羽翼未丰的初创公司而言门槛较高。在反复调研后，爱库存开始引入 S2b2C 的模式对企业库存进行清理。平台方先吸引大量代购，也就是俗称的"小 b"；每位代购借助微信和朋友圈积累 C 端消费者，早期的 S2b2C 模式就这么被顺利搭建起来。对大多数人来说，S2b2C 常常被冠以一个更为通俗但也带着负面意味的名字——"微商"。爱库存的业务从一开始便难以摆脱人们对"微商"的质疑，但对那些亟待清理积压库存的品牌而言，通过一个个普通人建立起来的庞大且严密的销货网络成为"高效"的代名词。

除了王敏在 MBA 财务课上获得的灵感，冷静也向我们提到发生在她身边的两件事情，这让她看到了"去库存"这类商业模式的可行性。第一件事是，一家海外美妆品牌曾经四处搜寻可靠的渠道，希望能够快速清理 150 万件积压的库存产品。但当时的中国并没有类似的"消库存"途径，最终该品牌只能无奈选择以每件 5 角的价格付费销毁，这意味着在库存这个环节直接增加了 75 万的额外成本。另一件事是，一家瑞士的巧克力品牌遭遇了同样的问题，在没有合适的去库存渠道时，这家品牌曾经考虑将产品无偿捐赠给偏远地区的孩子，但最终又因为担心可能衍生食品安全问题未能实行。最终，大量的库存产品既没有帮助企业回款，又未能产生应有的社会效益。从资源的角度来看，冷静认为去库存渠道的缺失是造成浪费的重要原因之一。

在疫情的催化下，矛盾开始变得尤为激烈，尤其对于服饰、食品这类应季商品来说，库存积压是企业现金流上的重担，这使得越来越多的海外商家向冷静抛出合作的橄榄枝。对此，冷静分析道："一方面，海外的疫情发展仍然不见拐点，库存积压情况何时改善仍然不够明朗；另一方面，海外服装品牌的线上电商发展与国内仍有差距。"外部环境开始驱动更多的企业和品牌成为爱库存的客户，而冷静也意识到，基于社交平台和普通人建立的一整个去库存体系在疫情之下被证明可行，这时离平台正式成立还不足三年。2020 年 4 月公布的数据显示，爱库存的新增小 b 数量在疫情期间环比增幅达到 120%，规模达到 200 万人。与此同时，平台中的人均订单金额同比增加幅度高达 243%，越来越多的迹象显示更多的 "人" 开始在平台的指挥棒下涌入了去库存这门生意中。

对于电商平台而言，GMV（Gross Merchandise Volume，成交总额）是衡量整体规模的最佳指标，爱库存的这个指标从 2017 年开始便显露出整体攀升的势头。在 App 正式上线前的试运行阶段，爱库存首个单月销售额只有 50 万元。而在 2019 年，这个数字已经超过了 10 亿元。为了支撑业务的快速扩张，爱库存的团队规模也从最初的 17 人发展到 2020 年的 2000 多人。"最初，人们的关注点都放在海外代购上，但其实从一二线城市向下线城市带货也是代购可以拓展的市场空间。因为下线城市许多品牌很难下沉下去，并且渠道成本很高，效率很低，卖家要承担库存、房租及人员工资等各项成本，最终的销售价格并不便宜。"冷静说。同时在她看来，代购将商品从海外市场带回国内的做法，与品牌将库存商品借助 S2b2C 渠道销往下线城市本质上并无二致。

就这样，冷静发现了原有服装产业链的痛点及解决这些痛点的方案，通过代购向庞大市场销售库存商品的平台被一举搭建起来。"从线下卖库存服装的小店起步，一步步演变到今天，源于他们清晰地看到了这个行业的本质。"作为爱库存的重要投资人，钟鼎资本的合伙人孙艳华非常认同王敏和冷静的理念，先后参与了公司 A 轮和 B 轮的两轮融资。

既然选择了做 "人" 的生意，那么就需要降低普通人参与生意的门槛，爱库存就在这种思维的引导下步步发展壮大。最早的爱库存没有线上平台，通过上海闵行区附近租用的一处仓库向小 b 供货，不少妈妈不得不带着自己的孩子前往。冷静清楚地记得在 2017 年 4 月的一个晚上，王敏回到家中说必须做线上版本，因为他当天在仓库中看到一个孩子的可乐倒在了地上，随后孩子用手在地上摸摸又放回嘴里。这位妈妈肩上背着二宝，她在烦琐的线下拿货过程中已经忙得无暇顾及孩子。"大人苦一苦就算了，现在小孩太苦了。"这个场景深深地触动了王敏，让他下决心调整模式来降低小 b 的负担。在不同场合的多次接触中，冷静都曾反复向我们提及这件事情，这种对小孩的悯爱也意外成为扣动公司业务快速发展的扳机。

在爱库存发布线上平台后的第一年，虽然公司将与小 b 的货源对接从线下仓库转移到了线上平台，但整体的商业模式变化并不大。店主在线上下单后，平台依旧需要先将货品寄给店主，再由店主进行二次分发，将商品寄给用户。实际上，这只帮助小 b 省去了去仓库拿货这一个环节，去线下化的努力依旧不够彻底。但在当时采用这种模式只是折中之举，因为爱库存作为平台方其实力不够强，而平台与用户间的互信关系还没有完全建立起来。如果直接让平台对接 C 端消费者，毫无疑问，会让小 b 担心用户会被平台撬走。

平台将货发给小 b，再由小 b 将货分发给用户的做法，在尝试一段时间后出现了新的问题。比如店主每周只有一天时间可以用来卖货，剩下的时间则需要花在重新包装商品、寄送和分发环节上。另外，这种模式是将仓库的存储压力分摊到不具有库存功能的店主家中。当大量的商品堆满家和楼道后，各种家庭和邻里矛盾也逐渐爆发。

到了 2019 年，这种模式难以为继，爱库存推出了店主下单功能，这是一种更为彻底的去线下化尝试。在这种模式里，店主只需要负责帮助 C 端用户下单，物流环节由平台方全权协调负责。这一迭代版本大幅降低了店主的工作强度，他们不用再将精力耗费在商品的运输环节，但新的问题又接踵而至。虽然平台方接管了物流工作，但收钱、对账等财务方面的工作依然由店主自行完成。但因为涉及抢货及退换货等各类复杂的情况，财务知识和经验较为欠缺的小 b 又会在财务上耗费更长的时间。例如，当抢货不成功时，店主就需要重新翻看微信聊天记录，以确认应该将预付款退还给哪些消费者。如果小 b 接触的 C 端消费者规模极为庞大，那么这就会成为一件极端耗时费力的工作。用冷静的话来说就是"店主 80% 的工作量又从物流环节移到了去微信里收钱和退款"。

小 b 在拓展生意时遇到的问题倒逼爱库存思考如何用迭代版本进行解决，名为饷店的小程序应运而生。通过 H5 和小程序这类新形态，小 b 可以享受"拎包入住"的便捷带货权益，烦琐的财务操作也将由后台自动完成。例如，当有退货这类逆向物流产生时，财务会自动完成逆向操作。这大大减轻了小 b 的工作量，让他们能够轻松地将主要精力用在卖货上。饷店小程序一经推出便收到了不错的反响，2020 年上半年便跻身小程序 TOP 榜的前 20 位，而在网络购物榜单中也稳居前六。

饷店的发展历程是被旺盛的市场需求推动着向前走的，当出现问题并快速解决后，这一创新模式便不断迭代，释放出巨大的潜力，而店主就是推动模式不断升级的主要力量。举例来说，爱库存最早是从去服装库存起家的。但从 2018 年年中开始，越来越多的店主觉察到市场对美妆类产品有着强烈需求，他们开始向公司反馈，希望增加美妆品类的商品，这让爱库存走出了商品品类横向拓展的第一步。再往后，不断加入的 3C 小家电、食品等品类也都源于小 b 在与 C 端消费者接触时获得的需求反馈。在某种程度上，小 b 成为爱库存通向广袤市场的"毛细血管"。相较于传统企业倚重的线下实体渠道，理论上由"人"构成的"毛细血管网络"能够覆盖更多的潜在消费者。线下实体渠道需要被动等待顾客的光临，而有血有肉的小 b 却可以在社交平台上主动出击。对于爱库存和寄望于通过这个平台清理库存的商家来说，由"人"组成的严密网络既是毛细血管也是末梢神经。他们不仅让滞销货物销售得更加顺利，也帮助平台和企业实时了解第一手的市场动向。

在 2020 年 4 月的一场发布会上，冷静对外宣布爱库存平台在过去两年多时间里通过人际网络总共销出了超 2.5 亿件商品，将一万多个品牌的产品销往全国各地。当被问到与其他电商模式相比，爱库存的"新"到底体现在哪里时，冷静用了"BaaS"回答。

BaaS 是冷静比照"SaaS"（Software as a Service）造的一个新词，它指的是"商业即服务"。如果用通俗的话来解释，那就是生意上的"拎包入住"，让那些原本没有创业能力的人也能分享互联网创业的红利。如果没有能力对接供应链、安排物流或者协调财务，那么爱库存的一整套系统都能轻松帮小 b 解决；而小 b 唯一需要做的就是尽可能地挖掘并利用好自己的社交资源，通过人和人之间的联系将商品销售出去。现代商业之所以能够快速发展，是因为人们在长久的协作之中逐步建立起精细的社会分工关系，当每个人只负责自己最擅长的那部分工作时，整个链条的效率也就迅速提高。对于平台方和小 b 来说，它们之间建立的也是这种互惠互利的关系——平台方帮助小 b 降低创业门槛，而小 b 回馈平台的则是丰沛的社交资源。

在 2020 年 8 月举办的一场发布会上，王敏提到自己"希望尝试终结流量靠抢的海盗时代，希望尝试开启流量保护的文明时代"。这句话背后的含义是，目前电商行业流量成本的高企源于各大电商平台对流量的激烈追逐，这种高成本的追逐反过来抬高了电商行业的成本，让那些没有品牌优势和庞大自有流量的平台的生存空间大幅压缩，最终整个行业开始朝着高集中度的方向一路狂奔。在那场发布会正式开始前，会场播放了一段精心制作的宣传片，主要内容是一群小鱼在抱团取暖后形成了远超人们预期的合力，冷静认为这样的"鱼群效应"恰好是爱库存过去两年多时间里快速发展的原因。在后来的演讲中，王敏将传统电商类比为一条条大鲸鱼，而社群电商则好比一群群小鱼，在拥挤的赛道中它们似乎没有生存空间。但实际情况恰好相反，如果有人将数量庞大的小鱼聚在一起，那么这些看似纷乱无序的小个体最终也能形成一股无法被忽视的力量。

"我们无论如何也不可能直接to C，我们的核心是服务好店主，再让他们去服务C端消费者。看起来好像我们要分更多的收益给小b，但其实他们承担了非常重要的销售工作，如果他们不做，我就得自己组团队替代，即便是从成本上看也是不划算的。"冷静说。在她看来，生意如果建立在"人"的基础上，那么就不能因为自己的利益绕开"人"，这终将导致整个生意的覆灭。换句话说，与其艰难地在小鱼的口中夺食，为何不保护好这些小鱼并让其释放出更大的能量呢？

在正式创业之前，冷静从事了多年的咨询工作，这份工作让她得以近距离接触各种先进的业务模式。但即便如此，爱库存这样的高增速在此之前也是很少出现的，冷静认为电商的去中心化趋势是促成高增速的主要原因。"20世纪90年代的品牌很少，只要在电视上做广告就能成功。在这样的环境下，搜索，这类中心化模式很容易成功。"冷静分析道。然而，随着商业社会的发展，消费者的认知速度已经远远落后于商品发展的速度，这使得基于用户主动搜索的搜索类广告开始让位于由算法推荐支撑的信息流广告。在媒体领域出现的去中心化态势说明移动互联网环境发生了根本改变，内容层面开始从中心化向去中心化转移，这种转向同样会出现在商品层面。"商品的成长速度很快，每年那么多工厂都在创新、生产商品。在这种情况下，商品流已经到了要通过去中心化的方式来满足的时候，这将是接下来的大趋势。"她说。

如果按照这样的维度审视电商平台对"人"的使用，不难发现存在以下几种主流模式：第一种是没有小b参与的完全中心化的电商，如天猫、京东等，它们往往凭借着多年积攒下来的品牌效应、运营能力和先发优势获得稳定且可观的流量，而自有流量这个强有力的武器又可以撬动更多的资源乃至制定平台内的游戏规则。一般来说，这些游戏规则又有机会让平台获得更多的流量。例如，在每年"双 11"这个重要购物节点前夕，平台方往往会鼓励品牌在传统媒体或户外媒体上投放广告时添加明显的平台 Logo 与标识，那些遵从游戏规则的商家可能会获得更好的信息展示位，从而赢得转化机会。对于商家来说，其希望从强势平台的自有流量分一杯羹，就需要迎合规则。而对平台方而言，商家在其他平台上投放的广告也成为将外部流量引入平台的渠道，这将进一步扩展自有流量规模并加强自身在链条中的强势地位。因为拥有稳定且庞大的流量，这类完全中心化的电商自然不需要给小 b 预留位置，这既避免了链条的冗长，同时也节省了向小 b 分享收益的成本。

第二种是那些错失先发优势的电商平台，它们在发展过程中不得不依靠"人民力量"并允许小 b 参与，但这些小 b 发挥的作用极为有限，他们更像是流量收集和信息发放的渠道，最终从小 b 处积累的流量还是归到了同一的中心化平台上。大多数采取 S2b2C 模式的社群电商、拼团电商等都属于这一类型。坦白讲，小 b 在这一模式下更像是"工具人"，平台方更着眼于利用小 b 手中的社交关系链。平台方会通过各种权益手段鼓励小 b 将商品信息分发到微信、微博等社交平台上，但是小 b 参与的不过是"为他人做嫁衣"的游戏。在这一模式下的平台方和小 b，无法形成稳定的互信关系。故事的结局看起来只有两个：要么小 b 因为对权益的分配不满逐步退出销售网络，要么平台方为了保持对小 b 的持续吸引力最终堕入"数人头"的游戏。随着人际销售网络的叠床架屋，整个生意看起来多了几分"传销"的色彩。事实上，社交电商被污名化在很大程度上都源于类似的原因。

王敏和冷静既希望在商品销售中将"人"的主观能动性发挥出来，但同时也要应对人们在看待社交电商时挑剔的眼光及这一商业模式中本就潜藏的诱惑。虽然看起来像是在钢丝上行走，但他们明白自己在做"人"的生意时并没有太多合规风险可言。部分社交电商平台之所以发展成为"数人头"

的庞氏骗局，主要源于两方面：内部对不切实际的利润的病态渴望，以及外部在供应链搭建上的短板。爱库存的这门生意从发展之初就带着"稳健"的色彩，从最初的服饰到美妆、食品等，不断增加的品牌合作方也让其在供应链端安然无虞。

品牌方往往按照电商平台的强势程度将它们分成三个有着先后次序的类别，它们会在这三种渠道中有策略地销售不同的产品：线下门店和线上旗舰店等渠道被用来带新货，部分中等量级的电商平台被用于消化次新货，剩下的其他渠道则负责兜底清理库存。在爱库存成立的时候，王敏和冷静锚定第三梯队冀图突围。但在仅仅三年之后，爱库存就成为第二梯队的主力玩家，爱库存地位的变化从侧面显示出"人"的力量在电商生态里正走向舞台中央。

品牌对爱库存这类平台的衷情也并非偶然。对于品牌方而言，库存大降低了资金的周转率，拖慢了企业的扩张速度并让现金流承压。"我们现在的规则是七天回款，只要出货，七天内便付给你 80% 的回款。"冷静提到，通过人际网络销售货品可以保证企业在更短的账期内回收资金，这成为爱库存日益受到品牌方青睐的主要原因。

俗话说"开源节流"，除了通过快速清库存打通阻塞的现金流，节省成本也是驱动品牌方加强与社交电商的合作的主要原因。冷静提到，强势的电商平台采用的模式往往是"货不动人动"，也就是企业选择将商品放在自建和运营的线上旗舰店内，再从公域流量中引导用户进入并完成购买。由于涉及对公域流量的竞逐，支付更高的成本与同行争夺高净值用户和优势展示位成为竞争的必然走向，而这也让品牌的流量费用日渐高企。但在爱库存这类社交电商平台中，人和货物的关系从"货不动人动"变成了"人不动货动"。冷静提到，企业目前无需向平台支付广告等其他费用，只需要依照实际成交支付类似于佣金的费用。"这其实和向转化效果直接负责的 CPS 广告没有太多差别。"她说。

在数字营销出现之前，"人"在广告营销中扮演的角色长时间被忽视。整个行业或许更重视那些最顶尖的创意人和最聪明头脑的想法，但对蕴藏在普通受众中的价值避而不谈。之所以产生这一情况，很大程度上源于客观条件的限制——以前的受众缺乏参与和反馈的渠道，但这一情况伴随智能手机等移动媒体的普及被完全扭转。

美国社会心理学家米尔格伦在 20 世纪 60 年代提出"六度分离理论"，讲述了这样一个奇妙的现象：你和任何一个陌生人之间所间隔的人不会超过五个，或者说，最多通过五个人你就能够认识这个世界上的任何一个陌生人。这个乍看之下有些荒谬的理论却有着实实在在的科学支撑：假设这个世界上的总人口为 70 亿人，那么开 7 次方根后的数据约为 9.6。这意味着每个人只需要认识 10 个人，信息经过六次传播后，理论上就能够触达全球范围内的每个角落。问题是，谁会连 10 个朋友都没有呢？

当信息传播的场域从 20 世纪 60 年代的线下迁移到 21 世纪的线上虚拟世界时，发达的社交平台让信息传播变得十分便捷，人们在社交平台上的任何一次点击、分享都有可能成为接下来一系列社交裂变的原点。在这样的环境中，越来越多如爱库存这样的平台开始思考如何最大程度地释放人的商业潜能。它们开始降低门槛，确保有更多的小鱼能够不断加入，通过足够庞大的鱼群规模弥补单只鱼体量弱小的缺陷并最终实现长尾红利。

回望历史，不难发现广告自诞生以来的主要功能就是解决信息传播的效率问题。最初，企业雇用那些大嗓门的人沿街呼喊，让叫卖的信息随着声波扩散到更远的地方；随后，企业开始瞄上影响力广泛的大众媒体，将信息分布在这些强势渠道上，实现信息在不同时间和空间中的高效传播，从而通过规模效应解决人际销售中存在的高边际成本问题。

1904 年，约翰·肯尼迪给出了广告的早期经典定义，"广告就是印在纸上的推销术"。所谓"纸上的推销术"是指广告不仅仅担负着让企业品牌众所周知的功能，它更应该像推销术一样，让消费者理解售卖的商品、对商品形成美誉和信任并最终推动购买行为的产生。"广告是多元化的推销术。推销员与一个顾客打交道，而广告则诉求于成千上万的人。"阿尔伯特·拉斯克尔、克劳德·霍普金斯在内的知名广告人都认为，广告在传播内容上与依靠人的推销没有太大不同，它只不过是这一形式在传播效率层面的进阶版本。著有《我的广告生涯·科学的广告》一书的霍普金斯，甚至更直白地将广告定义为"推销术的一种"，他指出广告的基本原则就是推销术的基本原则。

从这样的角度去审视，不难发现爱库存这类依靠"人"的社交平台开始兴起，会在很大程度上对数字广告的发展形成强烈冲击。这种影响不仅仅体现在通过无数小 b 的协助，企业能够节省流量成本并达成降低企业广告支出的目的，更重要的是它对整个数字广告产业的重构。由"人"组成的网络不仅沿袭了人员推销的各种优点，譬如更富人情味及与消费者之间更个性化的沟通，同时也解决了人员推销效率不高的问题，当然这一问题的解决依托于线上社交平台提供的便捷互动条件。但无论如何，传统意义上的广告开始遭遇强劲的挑战者，当企业可以选择既方便又便宜的推广手段时，自然会将在原本广告科目上的投入挪到其他地方。

在这样的情况下，广告行业和广告人应该焦虑吗？这取决于如何定义它。如果仍然抱持着原本狭隘和传统的广告定义，广告行业和广告人必然会焦虑。但谁说广告又必须是"消耗投放费用，通过大众媒体向公众公开而广泛宣传的手段"呢？当我们回溯数字营销的发展历程时，其给我们最大的启迪莫过于任何概念和定义都将永远跟随着时空环境的变迁而动态调整，太多的事例向我们展示了抱残守缺的结局无非是"刻舟求剑"。当我们步入全新的社会环境中时，我们更需要形成对"大广告"的全局视野。广告的功能从本质上看就是"广而告之，促进销售"，因此，所有满足这一目标的手段都应该被那些思维活跃且心胸宽广的从业者纳入视野、为己所用。

所以，我们应该感到焦虑吗？当我们用"大广告"的思维去审视时，答案显然是否定的。甚至我们反而应该庆幸，工具框里又多了一件威力强大的武器，那就是由"人"构成的生意。

从高塔到广场

作为以色列知名历史学家，尤瓦尔·赫拉利在他的著作《人类简史》中曾经提道："一直以来，人们都处于一个基于文字、金钱、文化和意识形态的大规模'集中合作的网络'中——这是以碳元素为基础的人类神经网络的产物。而现在，人们正在逐渐进入以硅元素为基础的基于算法的计算机网络时代。在新的网络时代，我们很快就能发现，我们和算法的关系就跟动物与人类的关系一样，最后的结果可能是我们无法与网络断开分秒，断开就意味着死亡。"

在赫拉利的这番话中，他提出了两个清晰的判断：其一，社交网络并非新鲜事物，由于人是一种社会性动物，他们习惯于通过相互协作寻求内部慰藉并应对外部危机，因此社交网络自人类诞生便一直存在；其二，虽然社交网络持续存在，但它在不同的时代表现出不同的特征，而我们现在的社交网络已经与此前的大有不同，它的改变是从"碳基时代"到"硅基时代"的根本范式变换。此前的社交网络大多基于实体层面，而眼下的社交网络受到数据、算法和其他技术的驱动。持这种观点的不只赫拉利，英国记者汤姆·斯丹迪奇在《从莎草纸到互联网：社交媒体 2000 年》一书中也表达了类似的观点。

无论如何，人们对网络的渴求根植于内心深处的本能。17 世纪英国诗人约翰·多恩在那首振聋发聩的《丧钟为谁而鸣》中这样写道："没有人是自成一体、与世隔绝的孤岛，每个人都是广袤大陆的一部分。如果海浪冲掉了一块岩石，欧洲就会失去一角，如同远方的海岬消失，也如同你的亲友或你自己的领地失掉一块。每个人的死亡都让我悲伤，因为我是人类的一员。所以，不要问丧钟为谁而鸣，丧钟为你而鸣。"这首布道词之所以历经数个世纪的风尘直至今天依然魅力不减，大抵源于它引起了人们内心深处对社会性的渴望。或许也正是因为如此，在今天的互联网中，社交平台始终占领着最为强势的位置，并且其地位的稳定性看起来无可取代。

很多著作都在探讨社交网络的发展史及它如何撼动了眼下的人类社会，英国知名历史学家尼尔·弗格森在《广场与高塔》中也给出了自己的判断。在这本书中，弗格森提到 21 世纪被称为"网络时代"似乎是过誉之举。回望人类的整个历史，网络几乎算是一种无所不在的形态，从共济会、罗斯柴尔德家族、剑桥使徒网络再到曾经叱咤风云的各大帝国，它们都是由一个个或显形、或隐形的网络支撑着运转的。在他看来，这些网络可以用"高塔"和"广场"这两个更具象的符号代表。前者代表着那些由世俗权力自上而下构建的层级分明、便于管理并且看上去井然有序的正式制度，而后者指代的则是带有极大不确定性、去中心化并且貌似混乱无序的非正式网络。他用"二分法"将这些网络进行了简单的区分，但任何系统的正常运转往往需要这两种网络通力合作，其中的潜在区别可能在于不同系统中两大网络的分量不同。有趣的是，在现代人类的生活中，广场与高塔常常相伴而生：耸立的高塔就像指路牌一样吸引着人们前来"朝圣"，而环绕在高塔周围的广场则成为人们相互交流、打闹歇息的场所。根据组织传播学的相关理论，管理者如果希望组织运转流畅，那么就需要同时容许正式传播和非正式传播两种信息流通模式：前者指代的是那些依托严密层级的传播，如自上而下的会议和自下而上的汇报等；而后者是指组织内部成员间刨除权利身份进行的信息交换，如情感沟通、小道消息乃至谣言。两者的分工在于，正式传播确保组织运转的效率，而非正式传播让组织的整体氛围拥有更多的人情味和凝聚力。

一位传播学学者在 20 世纪进行的经典调查显示，社交渠道在商业信息传播中有着不容低估的效果。当时的这项调查显示，在如何让消费者接受创新产品、事物或观念时，不同信息传播渠道往往在相异情境下有着截然不同的效果。对于一二线城市或者文化水平较高的消费者，专家或商业广告等所谓"外部渠道"在其中扮演着重要的角色；而对于下线城市或文化水平相对较低的消费者，来自同乡邻里等"内部渠道"的推荐则有着更为直接的效用。换句话说，基于人际关系的传播在下沉的市场作用更明显，这充分说明了"人"作为一种传播渠道能够发挥其独特甚至超乎预期的影响。而在现在由移动互联网带来的全新传播环境内，"人"的价值与重要性得到了进一步增强，无论在一二线城市还是下沉市场，无论高级知识分子、高校学生还是一般民众，他们在消费决策时越发依赖普通消费者的推荐，即便这一推荐信息的撰写者是导购网站、点评网站或社交网站上素未谋面的陌生人。相应地，势力消长的另一面是，平平无奇的商业广告、明星代言人的话语权直线下降，除了那些拥有不错粉丝基础的流量明星能够带来转化，粉丝根基不强的明星已经处于既无法为品牌增强信誉、提升调性，也无法为产品带来太多新增销量的尴尬境地。此前腾讯在一场面向广告主的演讲中披露过这样一组数据：当前消费者做出最终决策前的平均触点已达 5.2 个，高达 82% 的消费者在进入最终购买场域前就已经做好了购买决策，而在购买后愿意主动在社交平台上进行裂变的消费者比例也达到 77% 之多。人们在消费决策链条上出现的这一有趣变化值得注意，它至少说明了三件事情：其一，消费者的购买决策链路正在日趋复杂化，依靠在传统媒体上押注巨资投放广告的做法已经无法取得预期效果，链路的延长给广告主和服务商提出了严峻挑战，其需要跟上市场变化并增强链路管理能力；其二，社交平台在购买决策链路中正日益掌握话语权，当高达八成的消费者在进入购买场景时已经基本确定好要购买的商品时,也就意味着与消费者沟通的重心开始从电商等购物场景向社交平台倾斜;其三,人们在购买后的高分享意愿也促使社交平台作为购物决策场域的价值不断提升。当越来越多的普通人通过社交平台分享信息时,"双边市场"中单边信息的丰裕会撬动市场的另一端,也就会自然而然地吸引更多的消费者前来挖掘信息、做出决策。

从层级明显的"高塔"到权威消弭且扁平化的"广场",如果从足够长的时间维度来看,这样的变迁在媒介技术的漫长发展史中反复上演。早在15 世纪,德国发明家古登堡就在西方引入了活字印刷术,而这一技术对整个社会结构的冲击或许超出了他原本的想象。在此之前,一般民众无法便捷地接触到《圣经》,由于生产力的限制,这本著作的所有者局限于贵族、僧侣等特殊阶层,而这一社会结构又巩固了神权在当时社会的垄断地位。然而随着活字印刷的普及,《圣经》不再只是少数人持有的产物,普通民众无需经由僧侣等特殊阶层便可获得《圣经》。当每个人的卧室里都放着一本《圣经》时,也就意味着每个人都拥有了诠释它的权利,而这样的技术进步意外引发了特殊阶层的坍塌,原始的社会结构被一个全新的社会结构所替代。社交平台的出现也导致了类似的结果,它进一步加快了社会从"高塔"到"广场"的转变,更确切地说,它是在消解"高塔"的唯一垄断性,与此同时,它让"广场"人声鼎沸,为越来越多的人所重视。如果将这一演变轨迹放置到具体的广告产业语境中,那么你会发现社交平台在其中扮演的角色大有可为。

腾讯的逆袭

当"人"变得越来越重要时,腾讯从中找到了机会。

以往，无论以字节跳动为代表的资讯聚合场景还是以阿里巴巴为代表的电商场景，平台在其中均有着不容忽视的作用，这在某种程度上成为一个"悖论"。互联网在最初出现时代表着一种去中心化的思维，但事实上，随着互联网技术的成熟及嵌入社会系统的程度越来越深，一些中心化的节点日益显现。在大多数时候，人们都对技术的客观中立较为偏执，具有深度学习和自我迭代能力的人工智能，其第一条命令语言的输入基于人类的经验，因此，当前技术还无法摆脱人类的游戏规则。部分观察者坚信存在着"算法权力"，而这一权力意味着技术及技术所背靠的平台在大多数时候掌握着"生杀予夺"的资格。这一点并不难佐证，在搜索营销仍然占据着决定性地位的时代，所谓的搜索引擎优化（SEO）公司手中最有力的武器即是其对决定搜索结果位序的规则了如指掌，也正是依靠这中间存在的信息差，这些公司有了立足之本。而放眼当前的数字营销环境，类似的境况依然不胜枚举。例如，现在在市面上活跃着大量的短视频教学班，它们以帮助创作者快速掌握算法分发规则为目标，希望通过经验的宣导让人们创作的短视频内容能够快速迎合算法的价值观，最终获得尽可能多的曝光。在西方，有人提出了应该以"数字劳工"的框架重新审视正在发生的一切。所谓"数字劳工"，其背后指代的意涵显而易见，即人们已经成为机器、算法和其背后庞大系统的俘虏，每个人需要想方设法去迎合它。如果用更简单的话来表述，那么可以按照中心化与非中心化的标准形容社交平台的部分优势。以往，营销者不仅需要想方设法地取悦自己的目标受众，而且还需尽可能地取悦算法及掌控算法的平台。而当社交链条开始在数字营销行业中扮演重要角色时，这场游戏的规则就变得简单不少。

对于社交平台而言，要在数字营销生态中占据重要位置，首先需要解决场景离最终转化链条末端较远的问题。在移动互联网环境下，原本传播渠道与销售渠道相互割裂的问题得到了根本解决，从广告展现到销售转化都开始在数据的贯通下搭建起了全链，这一调整意味着广告主的需求开始发生变化。以往，广告主更在意的是注意力资源的整体规模和质量，因此发行量、收视率、媒体调性等成为是否投放广告的核心指标。但在有可能进行效果科学评估和归因后，人们自然而然地将重点移转到转化效果和效率上，这时投资回报率等效果向指标也就成为通用指标。消费者决策是建立在链路的基础上的，这个链路又由多个环节组成，环节之间的衔接必然意味着部分流量和用户的流失，因此广告主往往喜欢靠链路末端更近的广告位，因为这使损耗更少、投资回报更高。在这一思维的引领下，电商场景成为当之无愧的黄金资源，而搜索场景也相对其他媒体来说有着更强的竞争力。与其他平台相比，腾讯生态中最为主要的社交场景和资讯场景均离末端较远，这是其亟需解决的核心问题。随着小程序脱颖而出，腾讯广告原本备受制约的短板开始补齐。

2020 年 1 月 9 日，2020 年微信公开课 PRO 在广州举办，这场每年都会举办的会议是外界管窥微信这款国民应用未来发展动向的绝佳窗口。在这一年，作为微信创始人的张小龙没有像往年一样亲临现场发表数小时的演讲，但这并不影响这场公开课的含金量。在这场会议上，微信公布了与小程序相关的一系列数据：小程序在 2019 年的日活跃用户超过 3 亿人，累计创造了8000 多亿元的交易额，这一数值相较前一个统计周期同比上涨了 160%，这是组多少有些令人惊讶的数据。在 2017 年微信公开课 PRO 中，微信小程序首度与公众见面，它的声势相较微信并不令人惊喜，即便如此，微信小程序依然创造了出人意料的成绩。有行业观察者向我们提到，2020 年年初爆发的疫情或许会成为小程序快速普及的"助推器"。在疫情防控的严格要求下，各地政府开始依托小程序推出"健康码""健康宝"等各项产品，并且要求民众在出入公众场合时主动扫码。这种高频和硬性的使用场景不仅让互联网平台省去了教育用户需要耗费的巨大时间和资金成本，而且还让用户自主产生了频繁使用小程序的惯性。在疫情爆发前，小程序的年 GMV 已经达到8000 亿元，而在疫情导致小程序用户规模倍增之后，这一高增速或许还将持续较长时间。在位于上海的腾讯广告会议室内，我们与腾讯广告行业销售运营总经理范奕瑾进行了讨论，她也提到翻倍甚至更快的增速将在未来几年持续下去。

如果横向对比其他以社交为核心驱动力的平台的表现，就会发现，以小程序目前的销售量级来看，其已算重量级玩家。数据显示，拼多多的总零售额在 2019 年同期为 1 万亿元左右，抖音和快手等短视频平台的电商销售转化为 500 亿元，其他社交电商平台的年销售额预估在 2000 亿元左右，而微信小程序凭一己之力就在 2 万亿元的市场大盘中拿下了 8000 亿元的份额。微信小程序在推出仅仅三年之后，从社交生态中迸发出的巨大商业势能就已令人侧目。当更多的交易在社交平台中产生时，社交场景离交易链条末端转化环节过远的问题也就迎刃而解，最早从这一红利中大量掘金的商家是类似爱库存这样的社交电商或微商平台。

在我们的访谈中，范奕瑾提到了一个重要的指标——货币化率。货币化率原本是一个经济学概念，它的计算公式是一定经济范围内通过货币进行商品与劳务交换的价值占国民生产总值的比重，被用来衡量社会的货币化程度，也就是金融发展的水平。随后这一指标被引入电商行业，用来衡量相关网站或移动应用通过广告等方式变现的水平，而电商网站的变现手段通常包括从公域流量获取目标受众需要支付的推广费、每笔交易完成后平台需要抽取的佣金及进行店面维护所需要耗费的成本。对于商家来说，如果一个市场的货币化率很高，也就意味着其运营成本更高。因此在有更多选项的情况下，商家将交易引向货币化率更低的市场是一种根植于理性经济体思维深处的冲动。在这个问题上的经典案例是，后起之秀淘宝于 21 世纪初战胜了东进的国际巨头 eBay。作为中国早期电商行业的执牛耳者，eBay 在当时占据着中国电商市场高达三分之二的份额，而新兴力量淘宝则在市场领导者的光环之下艰难寻找突破的机会。双方势力范围在几年之后迅速翻转，淘宝占据了高达五分之四的 C2C 交易市场，而 eBay 的市场占有率则迅速萎缩至个位数。短时间内戏剧化的翻转部分源于淘宝在成立初期提出的免费交易模式，淘宝对货币化率进行有意控制，在淘宝上进行交易的商家不需要像在 eBay 上那样支付 2% 的手续费，能省下每件商品数元的上架费等，这对于寻求成本控制的商家而言无疑是一种巨大的诱惑。随着面向 C 端服务的发展，淘宝又推出了旺旺等即时通信工具，越来越多的用户开始聚集在这个本土电商平台上，由商户与用户构成的双边市场的正向循环由此顺利形成。

范奕瑾之所以提到货币化率，是因为我们当时正讨论到 DTC 浪潮为什么首先发端于海外市场。DTC 是 Direct to Consumer 的缩写，它代表的是一群绕过中间商直接面向消费者进行沟通的品牌，其在西方的典型特征是品牌方十分重视建设自己的品牌官网，引导大量消费者直接通过官网完成商品购买。如果放置在中国营销生态的语境中，这种模式就被概括为"私域流量运营"。当我们问到范奕瑾这一问题时，她认为原因非常复杂，西方的信用卡体系较为发达，用户可以绕过互联网平台提供的工具完成支付，网站的域名命名规则采用了西方消费者便于接受的英文，国外电商平台货币化率较高也倒逼了一些实力弱小的商家采用 DTC 的发展模式。

"以美国为例，亚马逊的销售额占比是 37% 左右，前十大综合电商网站加到一起也不超过 50%，独立站和官网可以说是销售的主要渠道。"范奕瑾这样表示，"但中国的情况刚好相反，85% 的销售额由平台电商提供，几乎也没有官网和独立站的销售。"但她同时也提到一个需要关注的现象，那就是中国部分商家反映，电商场景下的货币化率出现了翻倍增长。在市场竞争越发激烈、红利空间不断收窄的情势之下，成本的上升让不少商家或主动、或被动地开始寻找那些对自身处境更为友好的替代性选择，而腾讯希望抓住这样一个难得的机会。

对腾讯广告团队来讲，他们也找到了一组精巧的比喻向客户通俗易懂地阐释自身的优势。2020 年 9 月 17 日，在 Tencent In 腾讯智慧营销峰会上，腾讯公司副总裁栾娜在上午的主会场上面对着台下的大量广告主和服务商，详细盘点了腾讯广告过去一年的动作和未来一年的动向。其中，"租房"和"产权房"的隐喻成为整场演讲中的点睛之笔。"你可能租过可以拎包入住的房子，住进去很方便也很舒服，但房子所有权总归不是你的，你需要定时交房租；但我们提供的可能是个产权房，你装修起来或许并不轻松，但装修完之后这个房子的产权是你的，你不用反复给我们交费。"栾娜这样说道。在前后几次不同的场合中，栾娜都在反复强调着"租房"和"产权房"之间的差异，背后的话外之音显而易见，即社交平台更易于积累私域流量，而私域流量本身也就代表着更低的运营成本。

"如果你仔细观察，腾讯广告基本上从来不谈私域流量，我们更多谈的是公私域联动。"范奕瑾这样提醒我们。在她看来，正是公私域联动的模式为腾讯广告提供了生存和发展的空间。在私域流量的概念被提出并广受追捧之后，一些质疑的声音也纷至沓来，诸如，很多人认为私域流量的终点必然是死于流量。范奕瑾坦言自己在一定程度上赞成这样的观点，她用"不太靠谱"来形容纯粹的私域流量运营模式，在观察一些只做社群运营的 DTC 品牌后，她发现这最终会成为一场圈地自嗨的游戏。随着用户流失率的加大和新增用户的减少，流量的活跃度和转化率直线下降。这样的结果并不难理解，一潭死水的终局往往是毫无波澜，而那些有新增渠道的活水才会保持常换常新的状态。广告作为公私域联动的中间介质，扮演着让"死水"变"活水"的角色，虽然私域流量的沉淀在新的媒介环境和电商生态下已经不是选答题，而是必答题，但通过广告等手段将大规模公域流量中的高价值用户导入私域流量池也是个不能偏废的工作。对于商家来讲，社交平台还有一个显见的优势，那就是国内社交平台的用户总量高达 12 亿人，而电商平台目前覆盖的用户数为 8 亿人，两者之间相差的 4 亿人便是电商平台不能覆盖但社交平台却能触达的群体。对于商家而言，面对着流量红利日渐下滑的现实，找寻新的客户增量来源成为当务之急，这一问题的紧迫性使得他们不得不向社交平台极速靠拢。

事实上，当前的腾讯广告体系是腾讯整合旗下广告资源后形成的产物。在经过内部"赛马"机制之后，原本的腾讯社交广告（TSA）胜出并获得了资源整合后的主导权。原本的腾讯社交广告之所以能够胜出，很大程度上源于由这一体系带来的广告销售额超过了它原本的竞争者，而广告主愿意为此买单的原因十分简单：它在新的媒介环境中拥有更好的效果。在成立全新且整合化的体系后，腾讯广告内部已经进行了多轮的组织架构调整，而最新的一次调整将旗下的销售体系划分成了三个部门。不同于以往按照行业或资源这个单一标准进行部分划分，新一轮的整合标准是按照广告主的需求和转化链条的同质性进行分类。在重构组织框架之后，新的行业一部将负责商品交易类的广告需求，这个部门对接广告主的特点是，致力于有形产品向消费者的交付，下辖行业不仅包括零售、IT、3C 等传统消费品大户，也涵盖平台和垂直电商等平台。行业二部的服务对象一般被称为"大网服"行业，包括游戏、应用、线上教育等。它的特点是商品的交付一般依赖线上履约，这使得广告主数字化的程度整体较高且线上广告投放经验非常丰富，对高质量增长的需求有着硬性标准。行业三部的服务对象是汽车、房产、医药等大宗交易，这些广告主的特点是，一般在线上完成信息传达后需要回转到线下交付，这就要求部门同时调动线上和线下资源。腾讯广告内部组织架构的多轮调整可以被视为一个试错迭代的过程，在不断服务客户的过程中，一些问题暴露出来并亟待解决，而腾讯需要据此进行架构调整并给出解决方案。

从这个角度去审视，不难发现新一轮的架构调整是应广告主需求而越发个性化的必然。广告主所面对的媒介环境今非昔比，过去大家在传统媒体需要有限的几项目标，无非是寻求媒体平台的信誉背书、通过媒体的大量曝光获得关注及通过饱和式攻击的手段强行占领用户心智。在过去信息供不应求的条件下，这样的方式没有问题，但随着广告主在新媒介环境下手中可用的工具越来越多，单一的链路模型就无法解决企业自身的问题了。

举例来说，仅在广告投放的整体目标上就可以划分出直购优先与加粉优先两种截然不同的价值导向。寻求生存的大量中小企业，通过直购缩短回款周期是首要需求，因此如何在社交流量中快速实现交易就成为它们关注的核心议题。与之类似的是那些对于用户来说相对陌生和新鲜的品类，企业也亟需推动消费者完成第一次购买，只有打破了购买这层窗户纸，才有可能让消费者从外围观望者变身为积极行动者。范奕瑾提到了一个名为 WonderLab 的代餐奶昔品牌，或许不少微信用户都在朋友圈中被其广告反复触达，广告内容常常是以一个极为优惠的价格获得试用装。类似的策略在其他广告主的数字营销实践中亦有体现，通过优惠助推消费者完成购买并在随后刺激复购，这是链路背后的主要逻辑。如果是更重视直购的企业，它们在搭建链路的过程中往往会将小程序商城、小程序领券页等作为点击广告跳转后的目的地。尽量省去中间的沟通环节，让消费者一键直达购买成为常见模式。

而与直购优先相比，加粉优先则代表着一种截然不同的价值取向，这部分企业不急于寻求短期价值的兑现，而是更着眼于长远用户与生命周期价值的回收。例如，针对一些高黏性且用户会在短期内频繁复购的产品，企业往往就会寻求首先将其沉淀为自身私域流量池的粉丝，从而避免在完成"一锤子买卖"后失去与用户持续保持联系的平台。另外，一些高客单价且具有特殊功能的产品也适用于加粉优先，消费者在购买类似美妆这样的商品前往往需要大量信息辅助决策。消费者的审慎有以下几个方面的原因，一方面美妆这样的产品有着不低的客单价，另一方面产品质量对于用户的身体健康也有着不容低估的影响，两方面因素共同决定了购买此类商品风险相对高。如何解决产品与用户间的信任问题，"加粉"就成为不容忽视的选择。这类商品往往会引导目标消费者关注公众号，通过公众号信息的高频推送在消费者心目中树立自己的"行业专家"角色，从而获得认同。与此同时，部分企业也会将目标用户经由导购引向企业微信，通过建立类似于一对一的购物咨询体验，为消费者创造良好且可信的购物氛围，在弭平潜在信任危机的同时寻求交易的时机。

郭骏弦作为腾讯广告行业销售运营总经理，其主要服务的对象就是此前所说的"大网服"行业。看似链路趋同的"大网服"行业，企业增长需求的目标也有细微的不同。在与"大网服"赛道的广告主进行多次接触后，郭骏弦很清晰地将企业分成了三种增长模式：IAA、IAP 和 to VC。IAA 是 In-App Advertising（应用内广告）的缩写，在这一模式下，企业增长的流量最终希望依靠广告完成变现，实现这一增长目标意味着腾讯广告需要为应用开发者挖掘高活跃和高黏性用户，只有用户愿意在应用中付出大量的时间才能产生更多的广告位资源，进而提升广告收入。IAP 则是 In-App Purchase（应用内购买）的缩写，该模式代表着企业希望依靠用户的购买行为实现变现，这一目标决定了增长目标与 IAA 模式截然不同，纯粹的高活跃和高黏性用户并不能满足广告主的投放需求，那些具有强支付能力和高支付意愿的使用者才是它们竭力挖掘的对象。除了前述两种常规模式，还有一类企业可以归结为 to VC 模式，它们暂时不寻求短期变现，而是希望通过流量的持续导入获得不错的数据表现，在赛道中加紧占据一个更为有利的位置，并且更顺利地向风险投资基金寻求融资，这部分网服企业只要尽可能地引入新增流量即可。当然，郭骏弦也坦言随着经济环境的逐步吃紧，热钱退潮导致 to VC 的网服企业相较以往大幅萎缩，越来越多的广告主开始寻求稳定、可预期的效果回报。无论如何，即便是在"大网服"这个独立赛道中，广告主也有着若干大相径庭的增长需求。从中不难发现，企业需求多元化成为广告媒介环境大幅变革后的重要趋势，也成为腾讯这类社交平台需要积极应对的挑战。

有趣的是，原本被认为后链路能力较弱的腾讯最近几年开始"补课"，而这多少仰赖于天时、地利、人和的共同发力。从天时来看，疫情的爆发强化了整个社会的数字化转向，无论广告主还是消费者都无法规避这个扑面而来的浪潮，他们开始将更多的投放经费和注意力资源投向这里。从地利来看，社交平台在用户消费决策中的重要性与日俱增。范奕瑾提供的数据显示，用户在平台电商购物时搜索的品牌数量已经从原本的 1.7 个下降至 1.3 个，这表示他们现在在终端购物前更加确定想要购买哪个品牌的产品，而这一决策很多时候是在社交场景下做出的。从人和来看，腾讯广告的团队在经历几轮调整后更加致力于提升自己的客户服务能力，随着对不同企业主与垂直赛道理解能力的提升，腾讯广告顺势步入了发展的快车道。

如果用动态的眼光进一步审视腾讯广告未来的发展潜力，或许它的前景会比一些人的预想更加乐观，它手中有不少的牌可打，有不少的空间可挖。例如，范奕瑾提到"搜一搜"未来在腾讯广告的生态中具有扮演重要角色的潜力。"在国外，DTC 品牌之所以能够快速发展也与相对完善的搜索生态相关，那么在国内能不能帮助品牌建立自己的 brand zone？搜一搜和小程序的组合就能够很好地完成任务。"范奕瑾这样表示。从 2019 年开始，一股大消费的热潮开始席卷资本市场和消费市场，越来越多的新晋消费品牌开始突破强势品牌的市场垄断，脱颖而出。形成这一趋势的原因除了信息获取渠道的丰富和用户追求多样化的购买习惯，其相互叠加也为新入者提供了成长土壤，腾讯这样的社交场景为用户的口碑相传提供了"基础设施"。WonderLab、元气森林、阿芙精油、娇韵诗、Tim Hortons 等都在社交平台上获得了新的增长动能，而搜一搜直连小程序的玩法让小程序日后有望成为国内 DTC 品牌与消费者沟通的首选。另外，范奕瑾也提到搜一搜与视频号等其他产品的贯通也值得注意，例如，在与腾讯视频自制综艺《超新星运动会》合作的过程中，可口可乐在搜一搜功能上加载了明星应援等玩法，最终品牌搜索量提升四倍，累计新增用户近 100 万人。在某种程度上，腾讯广告希望做的不仅是让"社交场""内容场"成为"交易场",它也在努力让自己成为企业开展搜索营销的可靠伙伴。

在访谈中,范奕瑾反复提及腾讯生态内的流量不存在扶持的说法:"所有企业面对的流量都是特别公平的。"腾讯要做的是搭建好游戏规则并且提供尽可能多的运营工具,哪个广告主能够熟练地应用这些工具,就能从这个正蓬勃兴起的"交易场"中获益。这种价值观本身就意味着腾讯希望更清晰地区隔出中心化和去中心化的差别,并让自身去中心化的优势被更多广告主感知、认同。"未来要像亚马孙森林一样,不管是多小的细胞,都可以在这个生态里面得到应有的养分和成长。等你长大以后,阳光自然会照到你身上。"栾娜在一场演讲中这样阐释去中心化的好处。在她看来,一个好的生态必然类似于亚马孙原始森林,无论大体量的巨木还是小体量的草丛都能在其间找到属于自己的位置。而对于腾讯广告来说,如果任由那些枝繁叶茂、根茎壮实的大树抢夺阳光、土壤、养分,那么也就意味着社交生态的独特优势将荡然无存,这是栾娜希望避免的问题。

"腾讯没有想过通过中心化的方式实现粗暴收割,不干扰用户是第一要义。跟其他媒体不一样,腾讯广告的 Ad Load(广告加载率)一直很低,坦白说要让广告费翻一番很容易,在微信上多推出几个广告位就解决了,但是平台本身的价值观不允许我们这样做。"范奕瑾在访谈的最后向我们表示。这让我们想到在 2018 年的戛纳国际创意节上,我们与林璟骅进行的一场颇具深度的采访。当时,作为腾讯集团副总裁的林璟骅负责腾讯社交广告的业务,在随后的两年多时间里他被委以重任,不仅担任新整合后的腾讯广告体系的负责人,还同时兼管着腾讯智慧零售的相关业务。同时管理着广告与零售两摊业务,不仅反映出公司对林璟骅的重视和期待,也展示了腾讯对广告业务的理解不仅局限于广告业务本身。恰好,林璟骅采访前的那场演讲主题就是"打破线上和线下的边界",他在当时就提到广告的未来将有更多的想象空间，小程序、扫码、服务号升级等都有可能成为打破线上线下边界的工具，但对广告能力的开发并不以用户体验的损耗作为交换代价。

"腾讯一直希望广告业务能够有比较稳健的增长，但这种增长可能更依赖广告投放精准程度的提高，这样才能带来更高的转化率和点击率，也不至于通过广告位的无限开发提高收入。"他这样说道。但同时，他也认为腾讯广告在变现上相对"克制"的论调并不符合现实，他认为"谨慎"相较"克制"更为准确和妥当。按照对词语的通用解释，"克制"是指克服、制服自身的冲动，而"谨慎"往往指对外界事物或自己言行的密切注意，以免发生不利的事情。林璟骅对词语刻意纠正的背后实际是一种姿态的体现，看似相差无几的两个概念间实则存在着微小差别，"克制"体现的是我能做但却不做的毅然决然，而"谨慎"指的是逐渐摸索、小步快跑的探索精神。在 2018 年采访林璟骅时，腾讯广告的逆袭之路其实才刚刚开始。但在两年之后，我们能够看到腾讯广告的小跑步伐明显加快，而且比以往显得更加自信和从容，而这大概源于"人"的生意越发重要让其底气更足。

"二次崛起"和微博的宿命

微博还没有完蛋？为什么还有人在用？是什么人在用？犀利的三连问出自新浪微博时任副总裁曹增辉在混沌大学举办的一场演讲。更准确地说，其实他只是在转述从别人那里听来的疑问。如果你为新浪微博的成长轨迹画一条曲线，那么这条曲线在中国的互联网生态中必然是绝无仅有的，因为很少有产品能够经历多轮的大起大落。一般情况下，受到用户喜新厌旧的影响，不缺新产品和好产品的互联网行业大部分时候都是个惨烈的竞技场，一旦吃了一场败仗几乎就确定了未来的悲观走向。但微博偏不，这款 2009 年推出的现象级产品在 2013 年因为微信的横空出世陷入停滞的状态，但 2015 年之后它开始力挽狂澜，重新站回了舞台中央。

微博对当下社会的重要性不亚于古登堡时代的印刷术，这一点在美国的几轮大选中有着淋漓尽致的展现。2008 年，作为政治新人的奥巴马之所以能够接连挑落劲敌于马下，很大程度上源于他对推特的熟稔使用。在竞选过程中，他在推特上发布自己的行程并与民众对话，最终增强了在互联网平台上的能见度并吸引大批青年粉丝，在社会上树立了良好且时髦的优质形象。类似的套路在随后的 2016 年再次出现，特朗普成为推特的头号使用者，通过在推特上高频发布信息，成功绕开了大媒体的"把关人"，将自己希望设置的议程强行塞给民众，他成为本无悬念的竞争中的意外获胜者。推特是在 2006 年推出的，承载着人们所谓信息民主化的愿景，而微博的诞生则是在三年之后，它在发展期依靠众多明星和意见领袖夺走了部分舆论话语权。但微信的出现打乱了它的既有安排，人们开始将社交活动从微博迁移到微信上，在微博上，用户发布内容和信息的活跃度骤降，随之而来的便是声量的持续下滑。2013 年至 2014 年算是微博成立后的"至暗时刻"，在此背景下，曹增辉在混沌大学上提出了前述三个问题。当所有人都以为微博即将从高处跌落谷底继而一蹶不振时，微博在 2014 年后开始大幅调整自己的策略。它开始将精力从大流量的明星与意见领袖身上挪走，转而与大量的垂直 MCN 合作，由这些 MCN 协助其不断丰富内容生态。最终，"生态化"的微博开始重新获得用户的青睐，而用户也开始逐渐在微博和微信间找到了定位的区隔，这一区隔让两款产品得以在同一个手机上共存。

在 2017 年接受《财经》记者采访时，新浪董事长兼首席执行官曹国伟表示："我相信市场一定会容纳两款社交产品，一个是公开的，一个是私密的。"他在经历迷茫期后开始替用户重新找回微博的价值，而这个价值用曹增辉在混沌大学发表演讲时的一句话就能概括："想通了，我们只做社交媒体，不做社交通信。"这一定位其实也决定了日后微博对广告营收重度依赖的必然性。如果审视国内外所有的主要媒体，就能发现成功实现用户付费策略的案例屈指可数，大多数媒体兜兜转转之后最终还是回归广告的怀抱，这对于微博来说或许意味着宿命。当它开始将自己定位为给用户提供信息但并不过度要求用户互动的"社交媒体"时，广告就会自然而然地进入团队的视野中央。曹国伟和曹增辉的发言时间都在 2017 年前后，这并非偶然。从 2015 年重新找回舒适发展节奏的节点算起，这个社交平台在两年之后的二次崛起也已成型，2017 年成为团队对外分享喜悦的合适时机。

在当时所有媒体对微博为什么能够意外二次崛起的报道中，大家几乎口径一致地将一大因素归功于更清晰的商业化模式，换言之即广告变现的跑通。在此之前，阿里巴巴在 2013 年 4 月宣布以 5.86 亿美元投资新浪微博，持股比例占到总股本的 18%。这笔钱让微博得以度过艰难时期，而阿里巴巴希望从中获得能为自有电商生态稳定导入新增流量的渠道。但对于微博来说，资金只能解决短期问题，却无法确保长久发展，是否有可持续的商业模式才是更为重要的议题。就在这样的情形下，与媒体相匹配的广告成为微博发力的主战场。在经过短暂的失意之后，微博站回了舞台中央，而且相较以往，它找到了一条更为明确且广告主能够广泛接受的商业化变现路径。相关的财务报告数据足以证明这一点，微博发布的 2016 年年报显示，它的净营收同比增长 43%，达到 2.127 亿美元，超过公司此前的预估。具体到广告营销上，它的营收相较上年同期增长了 45%。对于资本市场而言，那些拥有可预期且稳定营收的"现金牛"公司往往是其心头好。微博找到了稳定营收的支柱，投资者也恢复了信心，它也受到华尔街机构的追捧。股价的一路上扬甚至使得它的市值超过了曾经对标的推特，"青出于蓝而胜于蓝"的故事成为它的二次崛起之路上的一个最佳注脚。

在那个时候，抛开枯燥乏味的财报数据，仔细观察人们日常的媒介接触行为就能发现，微博找到了一条适合自己的路径。打开热搜榜看看发生了哪些新鲜事已经成为不少用户每日早起的标配动作，仅这一项功能就为微博贡献了数量不菲的 DAU 数值。而现在，要想判断社会事件或娱乐事件是否真正"破圈"乃至火爆，去看一下微博服务器是否因此宕机即可。一切迹象均显示出，微博已经成为人们最及时的信息来源及获取资讯的重要窗口，广告主和他们手中握有的预算永远紧跟着人们注意力变迁的步伐。微博首席执行官王高飞在 2017 年也表示，微博的再次崛起得益于产品积攒的优势："微博快速增长的用户规模、丰富的营销产品，以及作为中国社交媒体平台的领先地位，使我们在企业营销向移动、社交和视频转移的大趋势中获益。"而作为此前直管微博广告业务的前副总裁，王雅娟在当时也表示，微博重获广告主的信任，部分原因是用户的回归，也因为微博重新定义了社交营销的新范式，让企业能够通过更精细化的方式经营好这个价值愈发凸显的渠道。在信息供给无限丰裕且处于供过于求的环境中，用户忠诚成为一件对企业来说极为奢侈的事情，而积极通过社交媒体这个难得的接触点构建稳定的用户关系，也将决定企业在未来的市场竞争中能否占据一席之地。

随着微博及微信的相继崛起，它们成为了国内广告业认知社交营销的启蒙者。然而，在早期阶段，在每个人都对 Social（社交）头头是道时，能够真正理解其本质的人寥寥无几。大多数人对社交营销的初印象或许始于杜蕾斯，这个避孕套行业的领导品牌天然具备社交裂变的独特优势，而刚好它和它的服务商很好地利用了自身的优势。2011 年 6 月 23 日下午 5 点开始，北京突然迎来了一场瓢泼大雨，善变的夏日气候让大多数人在出门时并未多做准备。而下午 5 点又刚好是一些公司的下班时间，大雨让不少上班族被困在了公司，这时一家广告公司的创意人员在经过团队头脑风暴后用个人账号发布了一条微博："北京今日下雨，幸亏包里有两只杜蕾斯。"与此同时，三张图片详细地展示了他是如何用避孕套包住鞋子的。由于话题本身迎合场景，大量正闲的上班族开始疯狂转发，最终相关的微博获得了近十万次转发和一万条评论，成为当时微博平台上的热点事件。随后，杜蕾斯乘胜追击，结合与"性"相关的话题推出了多场营销活动，不定期推出的事件营销使得杜蕾斯官方微博呈现出脉冲式上升的态势，从效果数据端来看，这些内容都获得了不错的成绩。

所有企业都看到了杜蕾斯的成功，它们认为杜蕾斯的成功可以复制，希望自己在微博上的声量能够成为第二个"杜蕾斯"，但最终绝大部分企业都未能如愿。一些企业成功地在社交平台上打造过一两个事件营销活动，但并且没有沉淀长效影响。如果仔细剖析当时广告主的营销心态，其问题在于对社交营销的理解。对于大多数广告主而言，他们陷入的最大误区是，他们以为社交营销就是在社交平台上发布内容，但实际上它绝不只是发布内容这么简单。企业在进行社交营销时常常陷入一种迷思，幻想通过高频的信息发布增强影响。然而，在极端碎片化的当下，一条好内容的传播力远大于一百条平庸的信息。与其每天在微博上向受众道着早安、午安或者晚安，还不如增强自身持续生产优质内容的能力。

与此同时，社交营销的运营目标也不能与粉丝增长画上简单的等号。新媒体端数据的发达使得企业在制定 KPI 的过程中，往往有着有过度量化的倾向。尼尔·波兹曼作为媒介环境学研究的代表性人物，在他的著作《技术垄断：文化向技术投降》中提到，任何媒介都有自身的意识形态偏向，如果用通俗的话来解释大意就是：手拿锤子的人看什么都像镰刀，而操作计算器的人看什么都像数据。当数字媒介的发展和营销全链的贯通让人们可以借助数据进行运营活动时，一些值得警惕的现象也就随之产生了。如果在官方微博运营的过程中将粉丝数量作为考查的重要目标，往往会导致两种后果：一种就是目前正被广告主放大检视的数据造假，具体到微博平台上就是"僵尸粉"大规模出现；另一种就是重增长、轻维护，只求吸引用户的关注，却对如何运营这么庞大的受众资源一头雾水。实际上，在社交平台中吸引粉丝只是万里长征的第一步,企业后续的经营能力才会真正决定最终的营销效果。当然,部分企业还存在着社交营销就是或付费、或免费地寻找 KOL 转发等片面认知。在微博等社交平台刚刚出现的时候,这确实是扩大影响的必经之路,因为只有 KOL 的转发才能让内容从茫茫内容池中被发现,继而扩散形成影响,但如果认为这就是社交营销的全部,就是大错特错了。伴随着流量精耕细作时代的到来,KOL 的转发已经不能保证带来好的效果,相反,不断高企的价格成为企业的额外成本。从粗放到精深,企业在利用微博这类社交媒体的势能时需要全盘考虑更多的因素,其中就包括对传播路径进行预先设计等。无论如何,社交营销对于大多数企业来说都是没有经验的无人区,它们不得不摸着石头过河,以防投放的费用打了水漂,而这需要它们抱持着开放心态不断积累经验、适应环境。随着外部环境的剧变,不低的流量费用和竞争日益激烈的注意力市场倒逼着社交营销进行新一轮的调整,而竞争的重点就是要花更多的时间精心制作内容,以及设计传播路径。

微博需要做的就是,让广告主更深入地理解平台优势,让广告主为微博提供更多的工具及玩法。一般来说,企业在选择社交营销平台时往往需要注意两个因素:其一,这个平台本身是否拥有广泛覆盖的能力,这直接决定了平台传播效果的广度;其二,这个平台是否能够满足用户的社交需求,这与营销过程中社交链的质量息息相关,而这决定了传播的速度。传播作为一个动态过程,要想达到好的结果就需要关注速度和广度两个层面,前者决定了信息能跑多快,后者决定了它到底能跑多远。无论广度还是深度,都是微博相较其他平台具有的优势——与其他平台不同,微博基于单向的关注,只要一方关注另一方即可建立社交链条,而无需双方互相同意。相对开放的社交链条使其成为社交网站中媒体属性较强的平台,这让企业的信息传播理论上能够触达更远的边界。与此同时,用户本身对广告营销等商业信息的接受程度更强。在微信这样的封闭社交链平台上,用户的私有领地意识更强,用户对陌生人发来的外来信息保持着更高的警惕,如果企业操作不慎,就容易引发受众的逆反心理，产生不良的品牌影响。而微博是开放的社交链平台，用户将它当作媒体平台，因此对广告的抵抗不太强。

在通过开放平台吸引用户的同时，微博也在积极推进自身的垂直化战略，这也是其实现二次崛起的原因之一。从电影到网剧，从足球到篮球，微博的官方数据显示，20 个垂直领域的月均阅读量超过了 100 亿次。在社交平台中，垂直意味着受众基于兴趣组成了一个圈层，这些小的圈层往往会产生惊人的传播力甚至购买力，想一想你身边的歌迷和球迷，你就能感觉到那股蠢蠢欲动的能量。为了实现产品的垂直优化，微博于 2017 年引进了多种传播形式，从文字、图片、短视频再到直播。丰富的形式能够传递更多丰富的内容，圈层的黏性也就随之增强。譬如微博在 2017 年 3 月宣布和 NBA 中国结成长期合作伙伴，共同推出 NBA 赛事实时短视频、比赛集锦、原创节目等产品。有了这些信息内容作为支撑，可以预见，微博将成为 NBA 粉丝的重要交流平台，而这种氛围的形成就给运动服饰等体育品牌带来了精准营销的机会。一些具有创新能力的企业在微博上和受众玩了起来，譬如雕牌就曾为了重塑自己的品牌形象、吸引年轻粉丝，推出了一个名为"雕牌雕兄说"的账户。这个账户发布的 15 分钟短视频集在短时间内顺着年轻人的社交链不断延展，7 天打造了一个金 V，视频播放量超过了 2.2 亿次。不仅如此，它还成功地帮助雕牌在年轻人中塑造出了一个贱、萌、暖的新品牌形象，实现了品牌形象的重塑。总之，相对开放的生态环境决定了平台的覆盖面广，垂直化战略的推进又让对碎片化环境的再聚类变得简单。微博很好地平衡了这两者，因此它的媒体价值逐步显现。

微博被人们认为是种媒体，但微博与传统媒体之间有着极大的不同。传统媒体往往只是信息发布的渠道，它的主要任务是兢兢业业地传播广告主希望其传达的信息。然而，新媒体不只是作为一个渠道这么简单，广告主需要它做一些有趣的事情，最好能与用户形成良好的互动。王雅娟在 2017 年接受采访时向我们提到了一个她认为的经典案例，即微博如何帮助 OPPO 和 vivo 通过微博在智能手机市场逆袭。在王雅娟看来，OPPO 已经不只是将微博视为一个媒体渠道这么简单，而是把它当成企业社会化运营的主要阵地。OPPO 与微博的合作规划是按年度进行的，这让整个社交营销变得更加系统性和目的化。以 2016 年为例，OPPO 共计推出了 8 次大的 campaign 及 10 个日常运营 campaign，确保了自己在全年内活跃在人们的视线中。与此同时，OPPO 与多位明星的合作也让自己的话题声量迅速超过了 32 亿。值得注意的是，细分市场内各品牌微博的声量又几乎与市场地位正相关，因此 OPPO 收割了大量的注意力，最终促成实际的购买行为。"这个案例最后的实际传播层级超过 200 层。"王雅娟说道。她对这个数字印象深刻。确实如此，试想一下，当传播链条跨越了 200 个层级，其产生的效力完全可以用社交营销届的"核武器"来类比。在她看来，企业不仅要努力扩大自己的声量，更要思考如何发挥社交平台的优势，沉淀与受众之间的关系。在传统媒体环境下，受众与品牌之间是偶然相遇的弱关系，广告主无法精耕自己的影响力，也无法保证自己的内容持续被某个粉丝接受。但社交平台很好地解决了这个问题，它让那些更为进取的企业看到了将弱关系沉淀为强关系的希望，而这刚好也契合消费市场的发展趋势。

事实上，企业之间在争夺消费者时找到差异是非常重要的。最初，产品生产依赖学徒制支撑的手工作坊，因此差异化的主要阵地在产品差异化上，那些做工精良、质量优异的手工业者往往会成为人们争抢的对象。随着工业革命引发的大工业化生产，不少产品开始按标准化的模式产出，产品之间的同质化程度越来越高，这时差异化的战场转移到了品牌差异化上。在 20 世纪 60 年代，美国广告业掀起了一场轰轰烈烈的"创意革命"，而企业之所以重视创意，大概因为它们需要通过创意塑造品牌形象，而一个令人印象深刻的品牌就会成为企业基业长青的保障。就像可口可乐的一任总裁道格拉斯·达夫特所说的那样："假如可口可乐的工厂被大火烧光，只要可口可乐的品牌还在，一夜之间它就能让所有的厂房在废墟中拔地而起。"这番话显示出，一个好的品牌背后所拥有的无限需求和潜能令人侧目。但当越来越多的企业都意识到品牌的重要性并开始塑造自己的形象时，经营者就需要寻找新的可以与竞争对手产生差异的部分，这时关系差异化就走入了人们的视野。当产品和品牌都趋同时，人们会更愿意去朋友那里买东西，这基于人情与信任。因此，社交营销最后的落脚点永远在"关系"二字上，经营关系的方法又异常公平并且简单粗暴——用心。"机遇总是垂青那些有准备的人。"17 世纪的法国思想家、数学家勒内·笛卡儿这样说道。当移动互联时代下的品牌又站在了同一起跑线上时，这句话道出了在社交营销中取得成功的真谛。

有趣的是，虽然经历了二次崛起的戏剧性时刻，但微博依靠广告收入起死回生后，不久又再度被外界看衰。2020 年 2 月底，微博发布了 2019 年第四季度财报，数据显示其营收和利润同比分别下降了 3% 和 17.7%。广告和营销收入占微博总收入的 86%，收入同比下滑不可谓不是影响企业长远发展的关键问题。同一份财报数据也显示出广告收入的下滑显然不是流量的问题，因为 2019 年第四季度的月活跃用户达到了 5.16 亿人，同比增幅高达12%，而日活跃用户也增加 11% 至 2.22 亿人。活跃用户更多本应带来更多的广告位资源储备，营收和利润双双下滑成为一个令人费解的问题。一方面，这可以用广告市场的持续低迷来解释。一个经济体广告市场营收的规模往往与一个国家的国民生产总值呈正相关关系，例如，美国的广告市场规模在GDP 中的占比基本恒定在 2% 左右，而中国的这一数值则始终在 0.8% 左右波动。两国间这一数值的差异部分源于统计口径的不一致，同时也与本地广告主对广告重要性的不同认知有关。但无论如何，经济环境的优劣最终都会给企业的广告投放意愿带来直接影响。在经济相对不稳定的状态下，微博成为企业收紧广告预算的"受害者"之一。另一方面，除了宏观环境不再乐观，微博自身在广告业务运营上也遭遇到了史无前例的挑战。一般来说，微博的社交媒体属性让它更受品牌类广告主的欢迎，其来自大客户的广告收入几乎占到整体广告大盘的"半壁江山"，而锚定短期转化效果数据的效果类广告主对微博广告生态的兴趣则不算强烈。不同于腾讯、阿里巴巴等平台在效果广告工具布局上的完整性，微博在效果广告技术上的动作相较之下略显不足，再加之微博本身电商场景匮乏，变现率不高成为中小企业投放意愿不强的原因。与此同时，随着抖音等短视频平台的快速崛起，不少品牌广告主和效果广告主在投放经费时拥有了更为多样化的选择，这进一步压制了微博在广告业务方面的成长空间。

　　恶化的情况似乎还在持续。微博 2020 年第二季度的财报数据显示，其净营收同比出现了 10% 的下滑，广告与营销营收的下降幅度则达到了 8%。当疫情让中国企业承压时，受此影响的广告市场很难在短时间内快速恢复元气，而受广告市场冷暖影响巨大的微博也就再度面临严峻的挑战。在某种程度上，这可以被当作微博作为社交媒体的宿命。传统媒体广告收入的下滑并不仅仅在于受众的逃离，更在于单纯卖曝光资源的模式不可持续，这一道理同样适用于微博。技术正在成为数字营销时代的主题，那些能够契合这一主题的平台自然欣欣向荣，而无法跟上节奏的玩家则需要艰难调整。"卖资源，不卖技术"的境况会将现在的大多数媒体平台引向调整或淘汰的境地。官方媒体尚且有媒体公信力和政府资源的背书，私营平台的微博则没有缓冲机会。由于以上种种因素，再加上有力竞争者不多，微博才在此刻陷入广告收入直线下滑的窘境。或许，微博能够再次奇迹般地振作起来。风云诡谲的数字营销江湖永远不缺这种让人意料之外的故事。但不论怎样，可以肯定的是，认真思考如何将用户、场景和广告主的个性化需求精准匹配，搭乘广告技术的东风，带来的并不一定是兑现流量的奇迹。

第十一章
广告升维

不做总统，
就做广告人。

——罗斯福

决策上云

2019 年端午节，黄晓南的公司也没有放假。公司的办公室位于北京双井地铁站附近，那里有不少写字楼，也聚集了不少公司。黄晓南公司的楼上楼下，随着端午假期的到来已经人去楼空，但她自己的公司却是另一番景象——员工在热火朝天地工作。这家公司名叫品友互动，在数字营销领域有着不错的知名度和影响力。公司虽然早在 2008 年就创立，但直到最近几年才迎来快速发展期。决定创业者命运的除了自身的正确决策和员工的勤勉，在很大程度上也与所处行业的外部气候相关，雷军口中那句"猪站在风口上也能飞起来"大概说的就是这个道理。在数字营销领域耕耘十几年后，黄晓南终于等来了属于她的行业发展机遇。程序化购买等技术日益成为驱动数字营销系统的底层基础设施，她的业务刚好与这样的趋势不谋而合。品友互动在品牌程序化广告购买市场保持着竞争优势，在中国占据着六成的份额，算是一个程序化购买市场的"老兵"。来自客户源源不断的需求要求黄晓南和她的员工必须保持着高强度的工作节奏，这样的工作节奏已经持续了不短的时间，至少从当年春节开始就已经没怎么放假了。大多数员工也自愿留在工作岗位上，先把假攒着，等到不太忙的时候再给自己好好放一个长假。然而，这种忙里偷闲的时机可能在短时间内也等不来。在端午节前的三个月，品友互动密集参加了 40 多场招标活动，从这样的数字中不难看出市场正在悄然发生变化。推动品友互动业务量极速增长的，是企业越发迫切的增长需求和希望通过数字化实现对外部环境敏捷响应的愿望。

数字化和技术，是品友互动从一开始进入广告营销行业就在自己身上牢牢贴着的标签。在 2008 年创业的时候，数字营销还未像今日这般蔚为风潮，大量依赖创意、策略等传统广告营销能力的公司有着不错的发展机遇。但随着大数据、人工智能等技术的突飞猛进，风向骤变，一直坚守、等待时机的品友互动成为得以兑换价值的"长期主义者"。从本质来看，以创意为核心的传统广告营销方式和以数据与技术为核心的新兴广告营销手段在方法论层面上有着巨大的差异，前者更强调沟通质量和品牌调性，后者则偏重结果的确定性和可验证性。随着整个消费市场供过于求的态势日渐强烈，企业不得不直面因为有更多选择而善变的消费者及日趋激烈的竞争环境。同时，以上因素还将造成环境的不确定性增加。不确定性是企业长期稳定发展中最大的敌人，也是经营者厌恶的东西。因此，数据和技术带来的确定性和可验证性成为其应对巨变的"救命稻草"。公司业务方向和市场需求动向的高度契合成为品友互动发展的外部机遇，时机上恰到好处，为黄晓南和她的品友互动拓展出了更大的发展空间。

品友互动最初的目标是帮助企业完成程序化广告的精准投放，但广告公司出身的它能做的事情显然不只这些。随着数据越发无孔不入，企业的 C-level 们开始面临着更多需要依靠实时数据做出敏捷商业决策的场景。于是，企业开始建立自有数据管理平台，从而在企业敏捷响应的需求背后创造出一个更加庞大的市场。而这一转变带来的最直接的变化就是，员工休息的时间变得越来越少。早在 2018 年 6 月，品友互动就完成了一次集团的战略调整，在当时举办的互动人工智能大会上，品友互动宣布要在智慧营销之外继续拓展智慧金融和智慧政务两条业务线。从那时开始，品友互动就展现出了将自己的数据和技术发力于所有商业决策场景的雄心，而这一动作也表示品友互动的服务对象将从广告主变为所有的决策者。而到了 2019 年 8 月 30 日，品友互动在此基础上有了更进一步的发展，其宣布正式更名为"深演智能"，在品牌升级后业务场景将进一步拓展到公共决策、疫情预测、商业预测等更为广泛的数字化决策领域。品友互动雄心勃勃背后所展现的是对数据和技术的重视。

对于黄晓南来说，公司能够坚持到这一天并不容易。如同大多数在广告技术领域摸爬滚打的中小型创业公司一样，创业的旅途从来没有"简单"二字，如何向自己想要服务的客户讲清楚技术和数据的重要性，在十几年前是个耗时费力还难以完成的事情。黄晓南仍然清楚地记得公司刚成立时冷峻的行业氛围，最落魄的时候，公司的账上只有 5 万元的资金。黄晓南和她的联合创始人不得不每个月只拿 2000 元的工资，这样的情况持续到了 2012 年。资金吃紧很大程度上是因为寻求融资的过程并不顺利，"当我们对投资人讲述数据和技术的重要性时，投资人大多不认可，他们认为流量和媒体关系代表着未来。"黄晓南向我们回忆初创业时的种种不顺。现在回过头去审视整个数字广告和数字营销市场，不难发现看错方向的不是黄晓南这样的创业者，而是当时的那群投资人。现在，事实证明，依靠流量和媒体关系的"资源型公司"开始面临着或多或少的问题，但那些拥有数据和技术等"硬武器"的公司逐步掌握话语权，技术和数据叠加在流量之上才是眼下能够确保行稳致远的商业模式。

不只是投资人，来自广告主的高层对数据和技术的作用也是半信半疑。在此之前，大多数企业仍然停留在思维惯性之中，而这一惯性来自过去数十年广告投放所积累的经验。市面上有着大量因为传统媒体"高举高打"而一举成名的品牌，通过广告在强势媒体上的覆盖将品牌快速推向市场的招数也屡见不鲜。这种打法更轻松，为什么还要用数据和技术折磨自己？这是彼时广告主的普遍心态。数据和技术需要企业的长期投入，这其中的投入不仅包括资金，还包括团队配置及全公司的知识体系更新，换句话说这是个需要脱胎换骨的系统过程。

黄晓南不信邪，她坚信自己选择的赛道在未来某一天一定能显露出价值，而这种自信或许源自她此前的从业经历。在创办品友互动之前，黄晓南曾经在宝洁工作过一段时间，而宝洁是传统媒体营销上的一把好手，并靠此奠定了自己在日化行业的全球龙头地位。时至今日，宝洁仍然是全球范围内最大的广告主之一。但随着整个社会在新媒体环境下的巨大变革，原有的营销逻辑在新媒体环境下表现越加乏力，这种不可持续的状态与消费者注意力的碎片化有关。越发分散的注意力导致强势媒体话语权不复存在，当强势媒体地位削减后，指望少数几个传播渠道覆盖目标消费者并对他们产生影响便是痴人说梦。这时，越来越多的企业才发现，要想重新聚拢碎片化的消费者，不得不依靠数据和技术。

当然，任何教育客户的工作都是付出极多、收获很慢的工程。在 2012 年之前，从事广告营销业务的技术公司更像一个艰难的布道者，在拓展业务之前必须刷新广告主的认知，而广告主是否能够成功改变观念却是未知数。这一情况在 2012 年之后出现了 180° 的变化，企业对业绩增长的需求越发迫切，对内部规范化管理的需求也越发迫切，而这些都需要来自数据和技术等科学量化体系的辅助。同时，在 2012 年年末，"大数据"这一概念也随着舍恩伯格的著作《大数据时代》在中国面世而广为人知，这对于广告营销技术公司来说无疑是一次效率极高而且免费的社会舆论造势。从官员到消费者，每个人都被卷入"大数据"这一概念的浪潮中，企业的经营者开始重新审视布局数据和技术的必要性。较早入局的创业者开始享受红利了，日益成熟的数据和技术也让企业看到了更多可行性。《大数据时代》和随后刮起的舆论旋风让品友互动不再需要向企业"布道"，越来越多的企业迫不及待地自己找上门来。

与创业初期截然不同的氛围持续到了 2019 年，从短时间内出现大量招标需求这个小切口进入，广告营销行业的技术公司已经感受到了整个市场的急速变化。"企业在什么时候会选择招标这种形式？一是这件事情足够重要，二是其愿意在这件事上花足够多的钱。"黄晓南说道。当下的企业已经在同类成功案例和自身业务需求的引领下意识到了数据和技术对于其整体决策的重要性，与此同时，为了答好这道"必答题"，其也愿意花更多的钱来提升自己的数据和技术能力。在这样的情况下，品友互动的主要业务方向已经不再是仅仅提供程序化广告投放的解决方案，它变成了数据管理平台（DMP）等技术的系统与服务提供商。数据管理平台的出现是为了对更大规模的数据进行有效管理，而这些数据的来源也趋于多元化，除了覆盖投放端环节的"数据画像"等常见功能，也开始向前覆盖生产和物流环节，向上覆盖企业的整体决策环节。当业务链条从广告这个特定环节向企业的决策环节渗透时，业务的平滑过渡也帮助像品友互动这样的公司逐步向外拓展发展边界。

与传统营销相比，数字营销的特点是可实时反馈、获取海量数据。在前数字化时代，虽然咨询公司在辅助企业进行决策时，也会使用一些量化数据，但当时的数据普遍偏宏观，无法对消费者个体进行分析，数据的规模较小而且是非动态、零散化、高成本的。但在大数据的席卷之下，企业开始逐渐掌握全方位、全链路且颗粒度非常细的数据，这极大地提升了数据在企业运营中的被重视程度。在某种程度上，近年来大火的私域流量概念就是数据和技术变得日益重要的佐证。首先，不同于以往与消费者在接触渠道的相对有限选择，眼下企业生意的增长需要依靠与消费者在不同接触点上频繁接触，好的私域流量运营工具有着管理内部触点的功能。其次，私域理念背后反映出的是，企业开始重视对用户生命周期进行管理，而这是数字营销从流量时代向用户时代演进的必然结果。

一个明显的趋势是，以中心城市为主题的第一轮流量红利期已经过去，根据中国互联网络信息中心的数据，可以发现中国网民与手机网民的基数已经增无可增，这迫使企业需要在存量基本固定的情况下尽快找到新的增长引擎。越加疲软的行业让从业者不得不摆脱思维惯性，寻找新的替代思维。以往，互联网公司的强项是"跑马圈地"，尽量多地收割新增流量是当务之急。眼下，这种想法显然不可持续，不少企业不约而同地转向用户思维。从流量思维到用户思维，从关心数字到关心数字背后实实在在的人，这是数字广告营销正在发生的巨大变革。数字营销行业在很长一段时间里都曾经习惯性地高估流量的价值，甚至让行业陷入了唯流量论的陷阱之中。这一思维的危害不可谓不大，普通受众在平台方粗暴开发广告资源的背景下，被迫接受过度的广告信息，不少广告主也深受其害，"高展示、零转化"的极端情况时有发生。之所以出现这样的窘境，原因很简单，人们过于重视流量的数值，但却忽视了流量的价值。这样的认知落差让越来越多的搅局者寻觅到可乘之机，其通过数据造假、点击欺诈等不同方式赚得盆满钵满。但这是广告主需要的流量吗？答案显然是否定的。

流量思维最知名的体现便是在业界中盛行的漏斗模型。一个入口大、出口小的漏斗，将消费者的决策链条各环节置入其中，它传递出的信息无非两点：要让尽量多的流量汇入漏斗入口，要让每个环节中流量的流失率降到最低。从本质上看，流量思维背后导向的是"一锤子买卖"式的单向交易；这种思维的终点必然是对流量不计后果的粗暴开发，类似的弊端已经在过往数字广告的发展中不断凸显。简单来说，流量思维不关注用户的生命周期价值，这在行业高速发展时没有任何问题。但是，当属于数字广告的蜜月期一去不复返时，唯流量论就不再被视为一种对行业负责的思维。这构成了数字广告行业从流量思维向用户思维转变的全部逻辑。对广告营销而言，重视流量背后的人已经成为一股不可逆的趋势。不管何时，广告主需要的从来都是实实在在的关系沉淀及销售转化，唯一的差别是在不同时空背景下，企业手中是否有合适的工具满足其目标。以前的技术难以满足广告主的要求，但当产业数字化趋势越发明显后，广告主最本质的要求有了能够独立考核绩效的指标体系。所以简单来说，流量思维不是广告营销的终点，而是中继站，由真实用户带来的关系沉淀和销售转化，才是广告主最想抵达的目的地。作为服务广告主的个体，数字营销平台开始从流量思维向用户思维迁移，就成为这个过程中再自然不过的事情。

对企业来说，从流量思维向用户思维的转变意味着运营难度更大；但对于品友互动这样的广告技术公司来说，这成为其快速发展的契机。随着外部和私域数据量的膨胀，单纯依靠人力对数据进行分析已经不再现实，这时引入人工智能等技术成为应时之选。在数年前的一次主题演讲中，黄晓南曾经有过一个在当时看起来颇为大胆的论述，她认为当时只有广告场景中的 AI 才是 AI，因为广告是所有 AI 商业化落地场景中最有效的。在某种程度上，她的大胆表态也是事实。根据亿欧智库发布的《2018 中国人工智能商业落地研究报告》，中国 AI 创业公司几乎都苦于寻找可持续发展的支柱。2017 年，中国 AI 创业公司累计融资超过 500 亿元，但累计产生的收入却连 100 亿元都不到，高达九成的 AI 企业处于亏损状态。风险投资者毕竟不是慈善家，他们可以为了未来宏大的发展蓝图接受短期的亏损，但如果长时间无法找到可行的商业模式，那么其在这一赛道的投资意愿将会降低，哪怕它代表着一个看起来足够光明的未来。

为什么会出现这样的情况？这与数字广告产业本身的特性相关。在人工智能行业中有着"AI 通用三要素"的说法，即 AI 的发展与数据、算法和算力密切相关。但黄晓南认为这个说法漏掉了一个至关重要的因素，也就是应用场景。在她看来，应用场景的重要性丝毫不亚于其他三个要素：其一，应用场景是 AI 从后台走向前台的大门，外界对技术的了解乃至崇拜往往需要通过实实在在的应用场景直观了解，好的应用场景有助于加快技术在社会中的接受度。其二，当技术找到了可落地且可盈利的应用场景，才拥有了自我造血的功能，这将有助于吸引更多的资本加入，技术才真正拥有了持续稳定发展的能力。其三，合适的应用场景能够成为技术迭代的"练兵场"，从这个角度来看，广告也具有先天优势，因为毫秒级和大体量的效果反馈机制能够不断反馈给算法，在这样高频率的训练之下，技术也能够获得长足进步。就品友互动的数字广告业务来说，其每天需要接触接近 300 亿个行为，而在其他的场景中接触几个亿的数据量已经算是个不小的体量。另外，广告的程序化投放决策也会受到大量不同维度变量的影响，并且在毫秒级上做出投不投广告、投哪个广告、花多少钱、退哪些量等大量的决策。与之相比，金融场景主要辨别对方是否是骗子，对方会不会买车，这种单一的预测在数字广告面前有些"小巫见大巫"的感觉。

基于广告对 AI 的强需求，品友互动决定"All in AI"。事实也是如此，品友互动在 2019 年就已经将一半的研发费用投入到 AI 的相关业务上，开始逐步将服务对象从广告主延展为所有需要做出决策的人。黄晓南也注意到，在最近广告营销技术公司的招标过程中，一些变化正在悄然发生。早期的招标过程基本只由 CMO 定夺，但目前越来越多的 CMO、CIO、CTO 等其他 C-level 级别的高管开始共同出席招标会。这代表着广告营销和用户运营的重要性已经从部门扩展到了整体公司发展的层面。品友互动从广告投放到消费者数据管理是它的首次转型，瞄准商业决策场景则是个更大的突破。但黄晓南也坦言，很多时候的转型都是被广告主的旺盛需求推着往前走的，而这种状态只是眼下整个数字广告营销行业的一个缩影。此前，全球最大的 CRM 巨头之一 Salesforce 耗资 157 亿美元高价收购了大数据平台 Tableau，谷歌以

26 亿美元的现金收购了数据可视化分析公司 Looker，这些一连串的巨额投资项目让黄晓南充满信心。从 Salesforce 到谷歌，巨头频繁的动作背后瞄准的其实是整个营销云市场，而营销云覆盖的则是几乎所有与企业营销有关的决策场景。"从 Tableau 到 Looker，巨头收购的这些公司都还只是小工具而非平台，所以你想想这个市场拥有的潜力到底有多大？"黄晓南反问道。

在广告主的需求越发多样化下，品友互动摆脱了广告公司的身份，例如，一家海外药企久找到品友互动请求其做一个有关流感疫情的预测，目的是通过预测的结果决定中国市场的整体战略。传统预测模型一般依靠温度这些简单的数据判断疫情有可能在哪里大面积爆发，但是在中国，这家药企希望能够建立一个更加复杂而精准的模型。

最终，在双方的共同协作下，决策模型除了沿用传统数据，也采用了百度搜索关键词指数及人口等宏观指标。与此同时，品友互动还建立了正样本和负样本的对照组，通过对照过往的数据，探索疫情爆发前一些特征与结果的关联度，并最终据此构建了计算模型。在黄晓南看来，这个思路与数字广告行业每天的日常工作一模一样："我们每天都在预测消费者对什么感兴趣，会不会点广告，广告效果如何，消费者会不会去电商网站购买，逻辑是大同小异的。"从广告这个窗口切入后，广告技术公司还有着更为广阔的施展才华的舞台。而对于这类公司来说，中国相较其他经济体的数字化程度更高，这是不可多得的优势。人们的大量行为都在线上进行，这有助于更快地对结果进行动态预测。例如在某个地方大家都开始搜索百服宁，就是一个显著的流感预警信号。这家药企在海外其他市场也进行了类似的流感预测，不过其他市场的预测需要联动十几家公司，但在中国只需要一家公司来联动十几家公司的数据就可以了，独特的产业环境成为中国弯道超车的加速器。除了对流感的预判，品友互动还与一家大型金融机构合作，基于用户交易数据预测了用户未来短期内可能的消费场景。这家金融机构的目的是为消费者精准发放优惠券，通过优惠券促进消费者的购买行为，因此，要准确判断消费者的需求。最终，在算法工程师和企业的共同协作下，品友互动完成了对用户后续行为进行预测的服务。

无论对疫情的预测还是对消费者未来消费行为的预判，这些都是显而易见的商业决策场景。如今，企业的很多管理工作都能在 AI 的辅助下高效开展。广告场景中较大的数据量和对敏捷响应的高需求，让广告营销领域内的技术公司向决策场景进行过渡变得相对轻松和简单。但即便如此，黄晓南仍然对数据和技术的作用有着清醒的认识："我不认为 AI 能够解决所有问题，人脑智能加上 AI 才会产生最好的解决办法"。在她看来，算法工程师要走出办公室，更紧密地与客户沟通和协作。这无意中也成为面对来势汹汹的海外竞争者时，中国的技术公司防御、抵抗的护城河。在黄晓南的印象中，品友互动与国际上的玩家同台竞技时几乎未尝败绩："中国的客户几乎都需要有所谓的服务，大家期望的是'软件+服务'；而国外的公司几乎只提供标准软件，但如果这个软件没人用，那么交付就是失败的，你就很难再获得客户的信任。"所以此时，AI 不能解决的问题就需要人脑智能的辅助，中国市场足够独特的差异性让品友互动这类国内技术公司暂时无需担忧未来的发展。品友互动可能是中国数字广告行业发展的一个镜像，它的发展历程代表着整个行业在不同环境中调整身姿的过程。从这样一个典型的研究样本中，我们能得出清晰的结论：广告营销在未来的发展不会局限于某个环节，所有的商业决策都有可能影响企业与消费者的沟通效率。

当丰富的决策场景带来庞大的工作量使得决策环节不得不上云时，企业敏捷响应背后的大市场，也将成为品友互动这类原本立足于广告营销业务的 AI 和大数据技术公司不断向前腾挪的跳板。

技术的轨迹

如果从历史的纵深角度审视广告产业当下的变化，你会发现整个行业可能正站在史上重要的十字路口。虽然人类社会在此前经历过多轮工业革命和技术革命，但广告产业的本质并未迎来太大的变革，这使得不少从业者慨叹：号称最富创意的广告产业在技术浪潮下却表现得最为保守。但情况似乎正在变化，全球广告产业已历经了从劳动密集型到智慧密集型的第一次范式转换，而当前正处于从智慧密集型到技术密集型的新范式转换时期。最早，脱胎于报业母体的广告业首先以"版面掮客"的形象出现，基于推销人员赚取版面差价是当时的商业模式。随后以 1869 年艾尔父子广告公司的成立为标志，现代综合性广告代理公司的运作模式出现，创意、文案、设计等富有创造性的活动成为产业的典型特征。伴随大数据、云计算、AI 等新技术的出现，技术对广告产业整体发展的驱动效应越发明显，其中的典型事件是，2008 年雅虎前副总裁布罗德明确提出"计算广告学"概念。布罗德认为计算广告学需要完成"特定语境""给定用户"及"广告活动"间的"最优匹配"，而技术密集型范式背景下，不断扩张的广告技术也基本依循此目标诞生，如响应式设计（Responsive Design）、蓝牙信标（Bluetooth Beacons）等技术就是为了解决"特定语境"的匹配，数据管理平台（DMP）、消费者数据平台（CDP）等帮助广告主和服务商更好地识别"给定用户"，动态创意优化（DCO）等新兴技术和解决方案旨在产出与"语境"和"用户"高度适配的"广告活动"。传媒产业的发展格局对传统广告与营销体系产生了巨大的冲击，此后的一系列连锁反应正逐渐让传统广告与营销体系失效。畅销书作家奥莱塔在《广告争夺战》一书中甚至指出"广告业界乱用概念作为障眼法的行为揭示了行业的紧张情绪"，这个观点因为选择性忽视了广告在技术化转向过程中产生的诸多实际成果而有失公允，但全球广告业界近年来概念迭出的境况也是不争的事实。值得注意的是，呈散落状分布的概念个体可以被视为广告技术不断发展的信号。某个特定概念的出现带有一定的偶然性，将所有概念聚拢在一起并且按照时间顺序重新排列，就会发现其中潜藏的逻辑关系能够揭示广告热点迁移过程背后所暗含的全球广告业在技术路径选择上的考量。在技术密集型范式下，"技术从何处来、向何处去"成为广告研究的重要议题，而众多相异的概念本身就是探究这一问题的可行切口。或者说当广告受技术因素的影响越来越大时，我们需要画出一条"技术的轨迹"来重新审视过去、预测将来。

如果要为广告行业画出一条技术轨迹，全球技术研究和咨询公司高德纳（Gartner）就提供了绝佳的样本池。高德纳从 1995 年开始每年发布的新兴技术成熟度曲线（Hype Cycle）是其明星产品，颇受全球各地学界和业界的欢迎。这条曲线由创新触发期（Innovation Trigger）、预期膨胀期（Peak of Inflated Expectations）、幻觉破灭期（Trough of Disillusionment）、爬升光明期（Slope of Enlightenment）、生产力高峰期（Plateau of Productivity）五个阶段构成，展示了绝大多数新技术在向成熟技术演进的过程中普遍会经历的"二次崛起"过程。技术成熟度曲线研究了技术创新扩散过程中如何选择最佳时间采纳创新，具有极高的理论意义和实践价值，再加上它对新兴技术和概念的收录较完整，因此在全球范围内获得了极大影响。值得注意的是，在技术力量介入广告产业日渐深远的背景下，高德纳自 2013 年开始每年专门编制"数字营销与广告技术成熟度曲线"，目的是全面盘点广告营销技术领域的热点变化，而我们对广告技术发展轨迹的摹画就来源于此。我们以 2013—2018 年的数字营销与新兴技术成熟度曲线作为研究对象，总共找到了 81 个在这六年中出现在 Hype Cycle 里的广告技术概念。与此同时，为了确保分析过程与结论的可靠性，我们还删除了那些在 2013—2017 年间仅出现一次的广告概念，因为仅出现一次在某种程度上表明它们只不过是被高德纳错误归入曲线、没有强生命力的"伪概念"。最终，我们确定了 66 个真实可靠且在一定时间内保有舆论关注度的广告技术新概念（见表 11-1），并将它们作为主要对象进行分析。

表 11-1 Morketing 基于新兴技术成熟度曲线找到的 66 个广告技术新概念

序号	英文名	中文名
1	Data Management Platforms	数据管理平台
2	Social Marketing Management Platforms	社交营销管理平台
3	Content Marketing	内容营销
4	Social Analytics	社交分析
5	Personalization Engines	个性化引擎
6	Native Marketing	原生营销
7	Influencer and Advocacy Marketing	影响者与宣传营销
8	Multitouch Attribution	多触点归因
9	Bluetooth Beacons	蓝牙信标
10	Ad Verfication	广告验证
11	Event-Triggered Marketing	事件触发类营销
12	Data-Driven Marketing	数据驱动营销
13	Mobile Marketing Analytics	移动营销分析
14	Wearables	穿戴式设备
15	Account-Based Marketing	基于账户的营销
16	Ad Blocking	广告拦截
17	Voice of the Customer	顾客之声
18	Identity Resolution	身份解析
19	Shoppable Media	可购物媒体
20	Location Intelligence for Marketing	位置智能营销技术
21	Predictive Analytics	预测分析
22	Mobile Wallet Marketing	移动钱包营销
23	Customer Data Platforms	消费者数据平台
24	Multidimensional Campaign Segmentation	多维活动细分
25	Multichannel Marketing Hubs	多渠道营销中心
26	Augmented and Virtual Reality Marketing	增强及虚拟现实营销

序号	英文名	中文名
27	Conversational Marketing	会话营销
28	Customer Journey Analytics	顾客旅程分析
29	Programmatic TV Advertising	程序化电视广告
30	Header Bidding	头部竞价
31	Personification	拟人化
32	Artificial Intelligence for Marketing	人工智能营销
33	Real-Time Marketing	实时营销
34	Visual Search for Marketing	视觉搜索营销
35	Consent Management	同意管理
36	Blockchain for Advertising	区块链广告
37	Programmatic Direct Advertising	程序化直买广告
38	Automatic Content Recognition	自动内容识别
39	Social TV	社交电视
40	Neuro-business	神经商业
41	Commerce Experiences	商业体验
42	Responsive Design	响应式设计
43	Tag Management	标签管理
44	Digital Marketing Hubs	数字营销中心
45	Privacy Management Tools	隐私管理工具
46	Crowdsourcing	众包
47	Social Commerce	社交商业
48	Digital Offers	数字优惠
49	In-App Advertising	App 内广告
50	Gamification	万物游戏化
51	Real-Time Bidding	实时竞价广告
52	Online Advertising Data Exchange	在线广告数据交易
53	Dynamic Creative Optimization	动态创意优化
54	Digital Out-of-Home	数字户外
55	Online Product Recommendation Engines	在线产品推荐引擎
56	Mobile Advertising	移动广告
57	Lead Management	线索管理
58	Idea Management for Digital Marketing	数字营销创意管理
59	Email Marketing	邮件营销
60	Web Analytics	网站分析
61	Mobile Search	移动搜索
62	Marketing Talent Communities	营销人才社区

序号	英文名	中文名
63	Digital Commerce Marketing	数字商务营销
64	Personalization	个性化
65	Cross-Device Identification	跨设备识别
66	Mobile Commerce	移动商业

广告技术新概念的出现及随后的发展方向受到其所处大环境的影响，广告营销与一般传播活动不同，带有商业属性的信息传播活动基本上以寻求确定性的商业回报为宗旨。当我们处于生产力大发展导致供求关系发生转变的市场环境时，广告主对于确定性回报的期望开始增加，具体表现为，"增长""品效合一"等成为行业主流议题。在广告活动发起者的强烈要求及技术可行性日益提高的双重背书下，数字化成为指导广告技术热点迁移的社会背景。与此同时，随着移动终端设备规模的扩大及移动流量的快速增长，移动化带来的以个体为单位的精准且多触点的触达也是一大影响因素。

首先，从数字化层面来看，传统广告业正在全链数字化的背景下被解构。营销传播的核心是对需求的探知与满足，而这一目标需要通过大量的数据搜集和处理来实现。根据 IDC 的预估，全球数据总量在 2020 年将达到 44ZB，这是社会整体数字化转型的重要佐证。在数据、算法和算力等关键因素以外，是否能提供足以保证持续发展的商业利益也决定了某一行业数字化发展的速率，广告、金融等行业随之脱颖而出，成为当下数字化发展程度较高的应用场景。如果分析前面 66 个新出现的广告技术新概念，仅内容营销、原生营销、影响者与宣传营销、拟人化、万物游戏化等概念与数据的联系不大，其余 61 个技术词语均紧密建立在数字化基础之上。其中包括"数据驱动营销"等宏大理念、"社交营销管理平台"等管理技术、"个性化引擎"等分发技术、"程序化电视广告"等交易技术，并衍生出了"在线广告数据交易""同意管理"等新商业形态。严格来讲，数据已成为广告产业从智慧密集型范式向技术密集型范式转换的关键驱动因素。随着 5G、物联网及云计算等基础技术分别从数据传输、数据获取、算力提升等维度完成数据流通及价值开发，数据对全球广告业发展热点的迁移影响更为显著。传统的广告实践因为缺少数据，广告从业者经验性的个人智慧主导了广告从用户洞察、创意策划、广告投放渠道到广告优化等环节，也没有广告效果数据的反馈，这与当前广告主追求确定性投放回报的整体趋势冲突。因此，从产业范围势力消长的现况来看，数字化程度加深已成为技术密集型范式下广告业发展的不可逆趋势。

其次，从移动化层面来看，新广告业在精准营销的导向下开始重构。在数字化解构传统广告业及市场格局的同时，移动化带来的基于精准的"最优匹配"开始重构全新的广告业。手机、可穿戴设备等移动终端与用户之间构建起的一对一的匹配关系，让数据分析对象能够以独立个体为单位，布罗德所言的以"给定用户"为目标的匹配具备了技术层面的可行性。广告产业的迁移跟随用户注意力的变动方向，根据 CNNIC 发布的数据，截至 2018 年年底，中国通过手机接入互联网的网民占比高达 98.6%；而以美国为例，公众的移动媒体使用时长的占比从 2010 年的 8% 增长至 2018 年的 33%，广告主在移动媒体上的广告投放金额占比也从 1% 迅速扩大至 33%。随着移动化趋势的深化，全球广告业的发展热点受到移动端的广告投放需求的影响。早期出现了移动搜索、移动广告、App 内广告、移动营销分析等相对宏观视角下的技术热点，而随后又衍生出诸如可穿戴设备、蓝牙信标、位置智能营销技术、移动钱包营销、跨设备识别等瞄准特定场景的解决方案。移动化向纵深发展对广告热点迁移的影响开始体现在四个方面，我们也可以顺着这样的逻辑归纳出四个问题：其一，移动化发展为广告资源的开发带来哪些新空间？其二，如何利用移动化发展带来的精准投放优势？其三，如何帮助广告主应对移动化发展带来的多触点管理挑战？其四，如何在移动化发展的大数据环境中避免"楚门的世界"等问题？在广告技术领域的新概念图景迁移中，我们需要始终思考这四个问题。而这四个问题又引出了宏观层面中广告技术发展轨迹的四条线索，分别是从流量到用户的迁移、从散状式分布到集中式管理的迁移、从单渠道触达到多触点归因的迁移，以及对技术驱动背景下广告业缺陷的补救。

　　第一是从流量到用户的迁移。于早期出现并不断成熟的广告技术领域的热点普遍以流量为基础。加拿大传播学学者达拉斯·斯麦兹早在 20 世纪就提出了受众商品论，其认为媒体用内容诱饵集聚受众的注意力，再将注意力转卖给广告主，以获取广告收入。而在新媒体环境下，日活、月活、访问量、独立访客等流量监测指标在这一视角下被等同于注意力的规模，流量成为技术驱动背景下广告业早期关注的重点。在开拓广告业新发展空间的问题上，受这个价值取向引导的广告概念主要着眼于新广告位的开拓与占有。例如，在 2013 年新兴技术成熟度曲线中首次出现的 App 内广告，就是建立在 App 这一新媒介形式集聚的注意力资源之上的。以游戏 App 为例，从较早的游戏页上下 banner 广告、插屏广告到后期出现的激励式视频广告也同样立足于对流量价值的开发。随着互联网行业流量增长曲线接近平缓，从粗放式流量转型至精细化流量深耕逐渐成为广告业的共识，基于生命周期总价值（LTV）建构的用户思维逐步取代流量思维驱动广告技术热点向前腾挪。例如，2017 年首次在新兴技术成熟度曲线中出现的"基于账户的营销"就被定义为是"一种基于客户意识的商业营销战略方法，组织在这种方法中将单个潜在客户视为一个市场并与之沟通"。相较美国广告人 E·S·刘易斯在 1898 年提出的消费者购买漏斗（the Purchase Funnel）模型，"基于账户的营销"着眼于在漏斗模型下方接入一个"倒漏斗"，其强调与单个已识别目标客户在其生命周期内建立持续联系，完成新销售机会的开拓及价值的持续开发，这与"私域流量"的概念有不少相同之处。从流量到用户的迁移思维在其他新技术热点中也有所体现，诸如 2015 年出现的顾客之声、顾客旅程分析等。与流量思维相比，以个体为分析单元的用户思维是广告业对投放精准化的自然呼应。在数据化和移动化的双重背景下，企业与技术平台对单个用户的追踪及互动成为可能，将视角从关注整体数字规模的流量向关注数字背后个体的用户迁移，无疑将提升实现"最优匹配"的可能性。

第二是从散状式分布到集中式管理的迁移。广告业数字化发展的根本动因之一在于寻求对"给定用户"的完整理解，其后技术热点的迁移也基于这一目标。用户与企业之间、用户与用户之间、用户与自己的朋友圈之间的广泛互动产生了海量数据，这些互动数据的规模及其所蕴藏的信息数量远远多于用户自己提供的信息。通过对这些数据的深度挖掘，企业能够更全面地把握每一个用户的信息，并在这一基础上进行精确的广告传播。伴随数据规模、类型、场景的扩充，对用户个体的识别将变得更为精准。但让整个行业较为无奈的是，数据间的相互割裂阻碍了广告业的数字化进程。散状式分布在不同设备、不同平台、不同"生态体系"间的数据，导致了"围墙花园"（Walled Garden）等现象，这成为广告业发展亟需突破的瓶颈，也成为广告技术热点迁移的又一线索。在 66 个新广告技术概念中，数据管理平台（DMP）是唯一在六年时间内完整经历了从创新触发期到生产力高峰期等五个阶段且发展速度较快的概念，它也已经成为当下数字广告产业发展的基础设施。数据管理平台的出现就是应企业对散状式分布数据进行集中式管理的需求而诞生的，其主要功能是将分散的多方数据汇入统一平台，其数据来源主要为不同独立数据商面向市场公开出售的第三方数据。其能达成细分用户等目的，在实时竞价广告等广告技术中有着广泛使用，Adobe、Salesforce、甲骨文、品友互动等国内外技术公司也都在此领域进行自身业务的重点布局。而随后，2016 年在新兴技术成熟度曲线中首次出现的消费者数据平台（CDP）可被视为数据管理平台的延续。推出 CDP 这个技术的目的是，帮助企业建立自主的、针对消费者的数据收集及管理平台。由于 CDP 由企业自身主导成立，因此 CDP 在集合第三方数据的同时，也能够完成对销售系统、企业客户关系管理（CRM）系统等产出的自有第一方数据和上下游企业等可信任的合作伙伴提供的第二方数据的融合，这一技术的出现能够进一步提升散状式分布数据的集中式管理强度。值得关注的是，当前广告主对数据集中式管理的需求日益增加，其表现为企业方要求互联网平台开放数据的呼声高涨，甚至不惜以导致广告主与平台方间紧张关系为代价。宝洁全球首席品牌运营官毕睿哲就直言"对数字公司宽容的日子过去了"，而这无异于是一种争夺话语权的强势姿态。除了数据管理平台、消费者数据平台，社交营销管理平台、数字营销中心等新概念也体现了广告业热点迁移中这一日渐明晰的取向。

第三是从单渠道触达到多触点归因的迁移。数字化和移动化对广告主的信息传播构成影响，主要表现为接触点规模的大幅扩大。截至 2018 年 12 月，我国市场上监测到的 App 在架数量就达到 449 万款，如果再加上诸如小程序、WAP 网站、云应用等其他形态及智慧屏、可穿戴设备等其他载体，广告主与消费者间的实际接触点还将继续增加。当消费者有限的注意力在触网过程中呈现出类似于布朗运动的游移状态时，对多触点的集中管理与分析就成为广告技术化过程中要着力解决的问题。在从单渠道触达到多触点归因的迁移中，又产生两类不同的技术取向。其一表现为对多触点的整合，以身份解析、跨设备识别等概念为代表，关注对用户跨屏行为的持续识别及追踪。营销学大师唐·E·舒尔茨曾经将品牌接触点定义为"顾客体验品牌形象或某种可传递信息的情境"，这一概念的出现与整合营销传播产生的时代背景相关。当下，正值传统媒体大爆发的时期，品牌需要依靠更多的媒体与消费者接触，如何管理众多触点并让其为品牌发出"同一种声音"成为需要解决的问题，而整合营销传播刚好能应对这样的复杂情形。历史总是出奇一致，当前企业面临的媒体环境与整合营销传播概念提出前后的时代背景类似，但不同的是，此时由技术驱动的广告业产生了更多的触点，而这也需要更多新的广告技术来解决多触点整合的问题。例如，2018 年在新兴技术成熟度曲线中首次出现的"身份解析"概念旨在通过将用户在线行为与消费者的独特身份联系起来，以帮助广告主追踪用户个体的跨设备（智能手机、台式机、联网电视等）行为。其二表现为对多触点的分析，以社交分析、移动营销分析、网站分析、预测分析、多渠道营销中心、多触点归因等概念为代表，这些技术关注对多触点上的广告传播效果进行分析与归因。由于消费者的触网行为呈现出强烈的跨设备、跨平台特征，在广告主对广告投放实际转化效果日益重视的背景下，如何评价不同触点上的沟通质量并对末端转化效果进行归因成为重要议题，部分新兴广告技术概念的出现便回应了这一关切。例如，2013 年首次出现的多触点归因就力图在漏斗模型的基础上跟踪一系列接触点，并将最终转化效果按特定算法和模型归因于前述接触点。其意义在于摒弃了将转化归因于最终单一触点的简单模式，实现对用户在不同触点的行为进行客观评估。总而言之，对多触点的整合及分析，都体现了技术密集型范式下的广告业对消费者购买决策过程中涉及的所有触点的整体重视，而非对某个单一渠道的独立且割裂的考量。

第四是对技术驱动背景下广告业缺陷的补救。"技术已变成自主的事实给了它一个至上的地位，没有什么在它之上能评判它的东西，它把自己变成了一个超级权威，任何事物都要以技术标准来评判。"技术哲学家埃吕尔的这句话表现出了对技术集权化趋向的警惕，而这种警觉同样适用于技术驱动下的全球广告业。在数字化和移动化解构传统广告业并重构新广告业的过程中，用户隐私、数据垄断、思想控制、文化污染等各种情境下产生的全新问题，也成为催生致力于解决这些问题的新兴广告技术概念的"温床"。其一，在广告可见性层面，广告业对量化数据的过度关注催生了广告作弊、点击欺诈等严重问题，例如，2018 年 1—6 月数字广告市场中无效流量占比达到 28.8%。2017 年在新兴技术成熟度曲线上首次出现的"广告验证"就是基于企业对广告可见性的关注发展而来的。这一技术通过允许客户检查广告信息是否在正确的背景、网站和区域中获得展示并向合适的受众投放来保障广告主的利益。其二，在品牌安全层面，基于浏览用户而非浏览内容的程序化交易模式使得企业的多触点管理"失控"，这造成部分品牌广告被投放到暴力、色情等语境中进而导致严重的品牌安全问题。例如，2017 年 3 月就曾出现超过 250 个全球品牌因为视频广告被投放在极端主义视频的前贴片广告位而宣布集体抵制 YouTube 的事件。2015 年首次出现的程序化电视广告技术在一定程度上解决了广告主在投放效率与品牌安全两大考量因素的平衡上的顾虑。其三，在用户体验层面，互联网的广告化生存现况导致部分广告位资源被过度开发，随之衍生出 2016 年首次出现的广告拦截概念。据估计，自 2009 年 4 月至 2016 年 12 月，全球在 PC 端使用广告拦截技术的用户由 2000 万人左右增长至 2.3 亿人左右；而在移动端使用广告拦截技术的用户则从 2015 年的 1.5 亿人左右攀升至 2016 年的近 4 亿人。作为广告回避效应在技术密集型范式下的新型体现，广告拦截技术在保障用户体验的同时也为广告业期待达成的"最优匹配"提出了更高的要求。其四，在隐私保护层面，在 Facebook 剑桥分析门等偶发事件的催化下，互联网用户对数据所有权的需求变得强烈，其中以欧盟于 2018 年 5 月颁布的《通用数据保护条例（简称 GDPR 条例）》为典型代表。GDPR 条例在数据所有权划归上对用户的过度偏袒给数字广告行业的长远发展带来严峻挑战，但与此同时，其揭示出的如何在数字化、移动化背景下避免"楚门的世界"之悲剧的问题同样引发关注。在对数据隐私保护的顾虑甚嚣尘上之时，2013 年出现的隐私管理工具，以及随之在 2018 年出现的"同意管理"等新兴技术概念回应了来自普通用户的急切呼吁。

技术在短时间内对广告业的介入程度之深、范围之广，以及对传统广告公司及从业者产生的强烈影响让人始料未及，由此引发的广告产业经济范式转移昭示了其全面且深远的作用。作为解构与重构广告业的主要施力者，技术概念及符码背后指代的实际技术成为预测广告业发展方向的切口。在对 66 个新兴技术成熟度曲线中出现的概念进行完整盘点之后，不难发现在数字化、移动化两大底色催化下的广告技术已经近乎渗透至广告产业链的每个环节，并引发了相关节点的剧烈变化。上至思维层面"从流量到用户"的迁移，中至数据管理层面"从散状式分布到集中式管理"的迁移，以及分析范式层面"从单渠道触达到多触点归因"的迁移，下至针对技术驱动下广告业出现的新缺陷衍生出的各种补救性技术，广告技术领域热点迁移现象的实质是全球广告产业在不同力量拉扯下形成的、带有时间刻度的记录，而这一记录本身又将进一步影响广告业发展的未来路径选择。但无论如何，在因概念迭出而表面繁荣的广告业范式转移背后，我们仍需冷静地重拾广告的本质，即需要思考技术发展本身是否能帮助从业者通过更有效的方式传递信息并最终促成商品销售。事实证明，在技术概念迅速产生、兴起与消退背后，那些更贴合广告本质的概念在新兴技术成熟度曲线的升降兴衰中也拥有着更为强大且持续的生命力。

大广告与大平台

不管你是否承认，广告自从诞生之后就不是一个能被社会广泛接受的事物。除了在短暂的蜜月期中，罗斯福曾经说过"不做总统，就做广告人"的名句。当时，罗斯福需要带领美国走出经济危机，而广告业则被他视为能够刺激消费和带领经济复苏的关键行业。在这样的背景下，罗斯福表达了对广告发自心底的赞誉。但这种情况在漫长的历史长河中只是偶然，大多数时候人们仍然倾向于低估甚至贬低广告的价值，受众习惯于在广告播出的时候转换频道或是上厕所，这些广告回避效应展示着他们的态度。而观察者也习惯用"广告已死"的耸动标题吸引眼球，在 21 世纪初甚至还爆发过"公关第一，广告第二"的争议，凡此种种都展现了广告本身具有的价值并没有被外界完全感知到。但幸运的是，情况正在发生变化，在数字化的背景下，广告的价值越发彰显，而 2020 年的疫情更是将其推上了高峰，那些具有实力的广告平台开始扩展领地并试图发挥出更大的价值。

以腾讯为例，其广告业务营收在 2020 年第一季度达到 177.13 亿元，增幅为 32%，这个成绩在 Q1 的互联网广告行业中已经算得上 "A+"。"单季度营收破百亿元俱乐部" 的另外两位成员，阿里巴巴与百度的广告业务增速分别录得 3% 与-19%。

第三方调研机构 CTR 发布的统计数据显示，中国广告市场在 2020 年前四个月的刊例收入同比分别下降 5.6%、28.6%、34.6% 及 29.8%。惨烈的广告市场表现源于宏观环境中 "黑天鹅" 事件频发，除了贸易战引发的不确定性，疫情的突然爆发也对经济造成了巨大冲击。因此在这样的情况下，32% 的同比增幅显得 "很不正常"，尤其考虑到腾讯较高的广告收入基数——2019 年，腾讯全年的广告营收达到 683.77 亿元，遥遥领先于大多数平台。在不低的基数上依然维持较高的增长，在恶劣的外部环境下，腾讯一定做对了一些事情。如果我们将时间调转回 2018 年，或许就能找到问题的答案。2018 年 9 月 30 日，腾讯宣布调整组织架构。时至今日，那次架构调整给我们留下了至少三点深刻的印象：其一，产业互联网。当时，腾讯官方公众号宣布此事时的文章标题就是《腾讯启动战略升级：扎根消费互联网，拥抱产业互联网》；其二，中台化。通过整合相似业务避免 "重复造车轮" 造成的无谓消耗；其三，升级广告营销服务线（AMS），将腾讯社交广告（TSA）与网络媒体事业群（OMG）旗下的广告业务进行整合。我们发现，腾讯广告业务当前表现出的防御能力在当时就埋下了伏笔：拥抱产业互联网的战略确立了增强企业级客户服务能力的主基调，中台化成为将战略落地的打法，而建立新的 AMS 条则是将战略、战术融入广告营销领域的支点，三位一体，一脉相承。

2020 年 5 月 29 日，腾讯广告在上海举办了一场年中秀。在疫情之后的重要分享中，腾讯透露了一个明显的讯号，那就是腾讯广告自 2018 年下半年开始的一系列调整，其瞄准的其实是"商业服务中台"这一全新定位。腾讯致力于增强服务能力，并让广告主在腾讯生态内高效提升效率和效果，而这恰好契合了当下企业的迫切需求。"过去很多年里，腾讯从 QQ 和微信开始连接人与人，通过泛娱乐 IP 连接人与内容，通过微信支付、小程序、公众号及企业微信连接人与服务。现在，要开始更多连接人与商业。"腾讯广告行业销售运营总经理范奕瑾在会中这样表示。显然，"商业服务中台"正在成为疫情之后腾讯广告的未来，或者正在成为广告产业的未来。

"商业服务中台"的定位呼应了 2020 年中国企业发展的主题，即数字化转型。某种程度上，这源于突如其来的疫情，同时随后的居家隔离措施彻底改变了中国的数字化生态。在用户侧，在线教育和办公等原本数字化程度较低的领域在此期间快速发展，QuestMobile 的监测数据显示，2020 年第一季度，中国移动用户的人均单日使用时长已经从 2019 年的 5.6 小时增加至 7.2 小时；而在企业侧，被逼到墙角的中国企业开始迅速尝试构建自身的数字化能力。企业家原本以为留给自己完成数字化转型的窗口期还很长，但疫情突然之间打破了这样的幻想。消费者足不出户、线下渠道濒临瘫痪的事实，让这个议题骤然之间变成更为紧迫的"数字化生存"乃至"数字化求生"。用户、企业和社会同步加速数字化的趋势，迫使企业需要尽快完成数字化转型。

需要注意的是，数字化在中国商业的发展中并非一件新鲜事。在 20 世纪 90 年代，中国企业也曾掀起过一波数字化的浪潮，不过当时更多强调的是将内部管理流程线上化，引入 ERP 等 IT 系统是当时的通用做法，这些措施也明显提升了中国企业的管理水平与效率。然而，近年来不断强调的企业数字化与此前的含义全然不同。如果说此前的数字化是以生产者为中心的数字化，那么眼下的数字化则变成了以消费者为中心的数字化。数字化开始强调更彻底的全链数字化，强调企业内外协同的数字化，强调敏捷响应消费市场变化的数字化。在这个进程中，广告作为企业与消费者间"连接点"的角色，成为企业数字化转型中的理想支点：一方面，广告的数字化程度之高、进展之快有目共睹，从原本以创意驱动的传统广告发展到眼下以数据和技术驱动的计算广告，产业的整体转型仅仅耗时十年左右；另一方面，广告活动中实时反馈的数据可以帮助企业即时审视自己的产品、价格、渠道和促销策略，并让企业有能力打通与目标消费者的直接沟通渠道。

在腾讯广告的这场年中秀里，财经作家吴晓波提出 2020 年将成为"企业深度数字化的元年"，他还提到"营销将成为 CEO 工程，成为企业组织再造最重要的驱动力"。事实也是如此，由于打通了广告展示与销售转化两大环节间的数据，广告营销的任务从成本部门进入效率部门，它的地位也变得越来越重要。在企业数字化求生的今天，数字化程度极高且能协同企业内外环境的广告营销，在决策过程中的前置和在战略地位中的升维必然是大势所趋。当然，企业对广告营销的期待也为互联网平台的广告业务发展提出了更高的要求。

从 2018 年的"930 改革"算起，新成立的广告营销服务线在随后基本每年发生一次大变化，所有变化的主轴可以归纳为"整合"二字，而几次整合的目标均指向提升针对企业需求的服务能力。在 2018 年的那次"930 改革"中，腾讯主要完成的是资源层面的整合，原本分属两个事业群的媒体广告与社交广告在 AMS 的框架下合二为一。整合后的好处显而易见，新成立的腾讯广告既可以将社交广告的技术赋能腾讯视频、腾讯新闻等 OMG 旗下的广告资源，从而提升每个广告位的变现效率；与此同时，广告位资源、客户资源等的整合也有助于为广告主输出腾讯生态内的一体化投放方案，降低沟通成本。而 2019 年年中举办的腾讯智慧营销峰会，标志着腾讯广告的整合进程进入第二个阶段，即品牌与组织架构层面的统一。在上海举办的这场会议中，"腾讯广告"作为一个整体品牌首次公开亮相，名为"腾讯智慧营销 Tencent In"的方法论也同步输出。另外，腾讯广告开始更加重视对客户的服务，原本向资源负责的销售团队转变为以客户为重的服务团队，这是其发展中的亮点。通过针对不同客户的特性提供适配的解决方案，成为腾讯广告在 2019 年的改革中致力于增强企业客户服务能力的一个缩影。这样的整合思路到 2020 年仍然在延续。例如，腾讯进一步优化了组织架构，三个行业大部的名称从"渠道管理部"调整为"渠道生态合作部"，名称的变化显露出更清晰的客户服务导向。

在完成资源、品牌和组织架构的整合后，腾讯广告的整合进程开始迈向"深水区"，技术成为下一阶段工作的重点。腾讯广告副总裁蒋杰和他的团队在 2020 年年初加入腾讯广告，便是为了啃下技术这块"硬骨头"。由于腾讯在最初发展广告业务时采用了"赛马机制"，不同团队在经营广告位时往往采用了不同的技术解决方案，因此技术上不对齐、不统一成为腾讯广告成立后的"历史遗留问题"。举例来说，广告主和服务商在腾讯生态内进行广告投放时需要在不同投放平台间来回切换，这造成了投放成本和难度的无谓增加。"很多客户产生了无法投放和投放效率低的矛盾，在这样的情况下我们需要去整合投放端的能力。"蒋杰在年中秀的演讲中这样说道。2020 年 5 月 30 日，腾讯完成了投放端能力的整合，广告主可以通过一个统一的投放平台实现腾讯生态内全流量的触达。而这一整合在短期之内意味着投放成本的显著下降，让企业能够更轻松地搭配广告位资源，形成更具全局性视角的投放方案。而从长远来看，这只是技术整合的第一步，在踏出这一步后的想象空间将十分广阔。蒋杰提到，未来一段时间腾讯广告在技术层面的整合步伐将进一步加快。除了投放端能力的整合，包括底层数据的打通、出价与扩量的高度智能化、实验能力的开放，以及全平台预审核能力的建立等都已经列入日程。甚至其中有些环节已经开始回收成果，比如游戏、电商等领域的广告主，起量时间已经从原本的 3 天缩短到目前的 2 到 4 个小时。

腾讯集团高级副总裁林璟骅此前反复提及腾讯广告要做营销方案设计者，而不是单纯的流量兑现玩家，腾讯广告在广告业务上一贯的"克制"姿态也佐证了这一点。与传统认知不同，流量规模本身不是衡量广告业务增长的指标，它和流量价值共同决定着互联网平台的广告业务营收。已经拥有12亿名月活跃用户的腾讯并不担心自己的流量规模，因此流量价值就成为唯一需要提升的指标。对于腾讯广告来讲，提升流量价值的路径无非是服务客户和满足企业客户的各项需求。从浅层来看是，通过构筑数字化的全链能力缩短转化路径、提升单次变现效率；从深层来看是，构筑长效运营流量的工具和场景，提升每个流量背后的用户生命周期价值。面对企业越发蓬勃的数字化生存需求，流量增加是数字广告业务扩张的前提，持续且稳定的服务能力成为关键。

腾讯广告此番"商业服务中台"的新定位，就是瞄准全方位提升B端服务能力的目标。或者说，这一定位指向的是更全面、更系统、更深入地提高服务质量。对于腾讯广告来说，幸运的是在从广点通一路走来的历程里，其沉淀了大量的产品和技术能力，几乎把数字广告链条中的每个节点都进行了覆盖。而从2018年的"930改革"之后，这些原本相互独立的节点开始有意识地被串到了一起。这种一步步构筑的全链数字化能力对现在的广告主特别重要，因为它直接决定了企业能否精准找到流量，是否能够持续沉淀用户，以及能否对沉淀的用户进行长效运营和维护。如果整个链条中的任一节点成为数字化盲点，也就必然代表着长效运维用户的进程戛然而止。这时，企业只能不断地付出成本、获取流量以期完成一次性交易，而无法实现更长期且可持续的发展。这样的窘境在疫情期间表现得尤为突出，那些未实现全链数字化的企业在线下渠道被迫闭店时，无法在短时间内快速调用数字化能力，无法应对传统经营链路骤然断开引发的危机。"最大的挑战是如何把我们的营销体系和品牌体系建立在数字化营销的全链路上并进行管理，所以工具能力、数据挖掘能力、用户关系的触达能力和用户体验的敏锐度在这时候成为一个营销者、一个品牌最重要的核心能力。"吴晓波在腾讯广告年中秀中如是说。

营销数据可以为产品研发和生产环节提供有关消费者的实时洞察，数字化营销渠道是确保风雨无阻地与消费者持续接触和沟通的新通道，而广告展示环节和销售转化环节的连通让营销传播可以借助数字化全链直接促进用户的转化。疫情就像是突然响起的警钟，敲打着企业家重视数字化营销能力的建设，无论大型企业还是中小企业皆需如此，这就是腾讯广告发力"商业服务中台"的全部背景。范奕瑾在年中秀中介绍了一个名为"超级连接"的方法论。腾讯手中握有大量线上与线下、社交与商业的触点，范奕瑾希望通过"超级连接"讲清楚腾讯打算如何在企业与这些触点间产生深度连接。她提到在全链路数字化营销中，腾讯致力于在四个层面构成连接：在品牌心智上，通过丰富的内容生态，与消费者之间更好地产生情感共鸣；在交易转化上，连接投放平台与商品库数据，更精准地投放，同时配合落地页、小程序等产品完成从流量到转化的闭环搭建，例如，目前从点击朋友圈到进入小程序的步骤由原本的五六步已经减少至三步，避免流量在转化过程中被消耗；在私域用户上，通过与企业微信的连接实现对用户全生命周期的管理，这其中就涵盖拉新、促活和召回老用户等不同任务；在体验创新上，包括将流量引向直播等全新体验场景中，并实现线上、线下场景的充分融合。

"超级连接"很容易让人想起腾讯总裁刘炽平提出的"广告+"。在2019年的腾讯智慧营销峰会上，刘炽平提到，广告可以在腾讯生态内"+技术""+内容""+服务""+口碑"，因此有很大的想象空间。在某种程度上，"超级连接"就是"广告+"更为容易落地和场景化的版本。无论"超级连接"还是"广告+"，其背后显现的重要趋势均是"大广告"的出现。我们需要看到的是，无论主动还是被动，广告都在朝着"大广告"的概念进发。广告成为连接乃至盘活各种资源的核心中介，类似腾讯这样的平台如此，大量正在数字化求生的企业亦然。而与"大广告"匹配的自然是"大平台"，这里的"大"并不单指流量规模和业务营收的庞大，而是指是否建立了从流量、内容、服务、体验、转化到关系沉淀的全链路数字化能力。或者如腾讯所说，广告营销业务是否成为生态内的"商业服务中台"。腾讯只是未来广告产业发展中的一个缩影，几乎所有具有流量、资本和资源优势的平台都在朝着"商业服务中台"的角色迈进，它们的触角甚至从传播环节反向延伸到了选品乃至生产环节，通过积累的广告数据预测消费者会喜欢或购买怎样的商品，更多的 CEO 意识到广告离消费者更近一些。

可以预见的是，广告的作用不再被低估，"大广告"和"大平台"的布局能力将成为未来数字广告市场竞争的主轴。而"广告升维"在这样的背景下也不再只是为行业自身壮胆的空洞口号，它正在成为触手可及的现实。

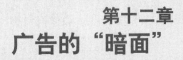

第十二章
广告的"暗面"

这是最好的时代,
也是最坏的时代。

——狄更斯

数据归谁所有？

相较于广告技术飞速发展让行业欢欣鼓舞，或许我们更需要注意广告的那些"暗面"。关注"暗面"并不意味着唱衰行业的前景，而是为了找到它、再找到解决方案继而寻求行稳致远的发展之道。在数字广告的环境下，所有最重要的"暗面"或许都可以归结为一个元问题，那就是"数据归谁所有"。

2018 年 4 月 10 日，美国国会针对 Facebook 首席执行官扎克伯格展开了为期两天、总计十个小时的听证会，44 名国会议员参与了听证过程。这场听证会经由卫星直播在美国国内乃至全球引发极高关注，这源于此前爆发的一起名为"剑桥分析（Cambridge Analytica）丑闻"的事件——Facebook 被指控允许剑桥分析公司在其平台收集用户数据用于选举宣传及政治营销目的，其中因为泄露相关数据波及的用户达到 8700 万人，绝大多数用户并未明确授予相关公司访问个人数据的权限。此事让公众开始广泛担忧数据权利的归属，作为数据生产方的用户个体与作为技术及平台提供方的互联网公司，两者对相关数据权利进行声索的边界划分已成为影响数字广告行业未来发展的关键问题。

数字广告的迅猛发展是这一潜在矛盾集中爆发的导火索。第三方技术公司 AdMaster 的数据显示，高达七成的广告主表示将在 2018 年持续增加在数字营销领域的预算投入，且平均增长幅度高达 18%。相较于倚重大众媒体的"千人一面"的传统广告分发模式，基于大数据等技术的数字营销始终主打"千人千面"的精准性优势。其思路为通过分析用户在互联网上的行为痕迹预判其心理状态和信息需求，实现信息推送的高效触达，从而提高广告传播的总体效率，这驱使广告主将预算向数字营销偏移。在"数据—效率"的整体商业逻辑之下，数据收集的维度和规模与效率间呈现出较强的正相关关系，因而不同互联网平台广告分发体系间的竞争愈发显现为对数据保有量及整合能力的竞争——阿里巴巴建设的"全域营销"（Uni-Marketing）体系提到，不再用分散独立的数据库，而是整合进一个品牌数据银行。腾讯此前曾宣扬过的"WE+"营销体系则是以"数据共通、全景共鸣、全链共赢"作为中心思想。这些大型平台的探索和尝试显示出伴随互联网从平台时代向以强势平台为中心的生态时代跃迁，数据基于提升使用效率等目的，在不同商业主体间的流转将趋于频繁。

用户个人数据的整合、流转甚至交易成为常态并不断为企业带来商业利益，与此同时，这一进程又往往与用户本人的自身意愿和利益强烈冲突，大量原本潜藏的矛盾就将凸显，隐私保护、品牌安全、数据交易等与广告变现体系息息相关的问题层出不穷。广告业由创意驱动迈向"创意+技术"双轮驱动的转型关键期，数据这一新时期下关键"生产要素"的权利归属成为所有矛盾表征背后的深层症结。所以，行业需要厘清相关问题，这将有助于缓解用户、互联网公司、政府及其他利益相关者间愈加激烈的矛盾，为数字广告的后续健康发展扫清障碍。

所有权并非新鲜事物，它又被称为完全物权，具体可细化为罗马法和日耳曼法等两种模式。中国当前法律体系采用罗马法模式的解释，将所有权诠释为权利人拥有的一种对物的完全、排他、专属和绝对的支配权，核心思想是"所有权遍及全部，不得属于二人"。学界普遍认为，所有权究其本质归属精神层面而非物质层面，人们对某一事物产生的"为我所有"的思想是这一权利的核心要素。但事实上，"为我所有"的思想和对事物的实际掌握是完全不同的两件事情，这也意味着所有权与实质上的占有状态相互独立。在这种情况下，标的物即使作为一种物质脱离权利人的占有，如果权利人本身并未丧失对其的精神掌控，那么所有权仍然存在。

在互联网发展的早期，真实世界与虚拟世界间泾渭分明，人们生产的数据呈现零散化、小规模、单一维度等特点，数据本身的应用场景不多，且价值不高，互联网企业也缺乏开发与挖掘数据潜藏价值的动力。随着互联网的不断发展，数据成为社会运行不可或缺的要素，社会生活的方方面面极大地倚赖互联网技术，大规模、多维度的数据汇聚并沉淀于各大互联网平台之中。在大数据思维的指引下，互联网平台开始系统并且有意识地进行数据的清洗、分析和挖掘，这又带来了巨大的商业利益，其中以数字广告为典型代表。一方面，在个人数据挖掘基础上推送的精准广告提升了广告变现体系的整体效率，透过精准匹配使得每个广告位"物尽其用"，因而备受广告主欢迎，同时实现了互联网平台广告营收规模的大幅扩大。另一方面，广告业对精准的过度"迷信"倒逼用户产生不信任的心理，用户的隐私保护观念逐步加强，人们开始将精准广告视为对私人生活的一种窥视和侵犯，反抗矛头直指数据所有权这一广告精准化的"基底"。2018年年初，有用户曾质疑某App使用麦克风窃听语音信息并用于信息流广告的精准投放，互联网平台随后快速发布声明澄清，但这一公共舆情事件的突然爆发可被视为个人隐私保护理念加强的佐证之一。

对于隐私保护的重视及数据潜藏的巨大商业价值促使用户将数据视为一种财产权利，并开始要求掌握数据所有权。在国外，荷兰学生肖恩·巴克尔于 2014 年 4 月建立拍卖网站出售包括住址、电子邮件内容、在线聊天记录、消费偏好和浏览器历史记录等在内的个人信息，吸引 40 个买家竞标，并最终以 350 欧元的价格将相关信息打包出售。中国曾有网民于 2013 年起诉某互联网平台，指其在未告知的状态下利用网络技术记录和跟踪搜索关键词，在自己浏览的网页上进行广告投放，泄漏了自己的兴趣爱好，导致其感到恐惧且精神高度紧张。这一案例显示出，数据所有权不再被认为天然归属于通过提供技术和存储服务实现数据占有的互联网公司。当用户对个人数据形成精神层面"为我所有"的思想时，数据所有权及其延伸的相关权益即处于争议状态。

大体量和多维度的数据对于广告精准投放的重要性日益显现，这使得在"创意+技术"双轮驱动格局下的数字广告开始重视数据的收集、流动与使用。由于用户及其行为是形成有效数据的源泉，因此用户可被视为数据的生产者。然而在操作上，双方一般不会通过交易构成所有权转移，这一现状导致互联网平台有义务在使用数据时对用户进行明确告知。但事实上，在互联网平台的广告变现体系中，告知与被告知这一本来应该前置的环节常处于缺失状态，由此引发了大量问题。

数据收集是数据在广告变现体系中发挥商业价值的首个步骤。随着用户连接互联网的入口由 PC 端变为移动端，设备与人之间形成的近乎"一对一"的对应关系，使得广告平台对独立用户个体进行精准画像成为可能。时至今日，受众注意力本身的规模已不足以支撑媒体作为一种广告渠道的价值，是否能对独立用户个体进行"高颗粒度"的辨识与开发更关乎企业的商业利益。为了对大批量数据进行规模化处理并适配机器学习等场景，互联网公司一般采用标签化的方式对多维度信息进行结构化处理。而在数字广告实务操作上，标签的功能并不仅限于辅助广告主找到目标客户，从而提升广告投放效率，它也常被当作一种议价工具——当广告主选择增加标签以确保投放的精准性时，CPM 或 CPC 也将相应地向上浮动。

在互联网企业愈加强调生态或"共同体"建设的背景下，不同互联网企业也开始尝试进行数据层面的合作，数据共享乃至数据库打通的可能性大大增加，由用户产出的数据开始在不同的商业主体间相互流动。数据量及其维度决定了数据潜藏的商业价值，互为补充的互联网平台间基于商业利益考量进行数据共享的行为，在无适度规制的状态下将会增加。而在互联网平台与用户间互信程度不高的状态下，即便是数据的有限开放也可能造成用户个体因为不了解规则而引发不适。举例来说，拥有较高转化率的重定向广告（Re-Targeting）是一种典型的基于数据的数字广告形式。它通过监测并追踪记录在用户 Cookie 上的购物行为数据，将用户搜索过的相关品类的商品信息精准投放在用户浏览的其他网页上，以增加消费者对商品的复购次数。虽然整体投放进程依赖于机器自主进行，极少有人为干预的情况存在，但最终仍有可能暴露用户隐私。例如，当用户于电商网站购买隐私属性较强的商品后，仍有可能在较长时间内在其他网页上收到相关商品的推介图片，受众希望摆脱这种烦恼。

毋庸置疑，无论数据在企业内部的挖掘还是与外部公司基于业务发展考量的相互交换，用户个人数据为互联网企业的广告变现体系带来了巨大的商业利益。然而在要求用户让渡数据权利时，企业常常采用"一刀切"的模式，即在首次下载 App 或使用相关服务时弹出"隐私政策"，要求用户点击"同意"或"不同意"，如点击"不同意"，用户就不能继续使用产品或服务。这种强制要求用户通过一揽子方案且不可分割（即不同意让渡部分权利）的做法，使得用户被迫让渡数据所有权。一方面强制要求用户让渡隐私，而这些由用户个体产出的数据为企业带来了大量商业利益；另一方面又缺乏与用户构建合理利益的分配机制，在数据泄漏事件频频发生的状态下，成本与收益的严重失衡使得对数据所有权的争夺进一步激化。随着用户的逐步觉醒，这种情况可能钳制数字广告的发展步伐，危及未来的发展。

数据立法浪潮袭来

不少具有前瞻性的企业及政府组织已经提前预见到对于数据所有权的争夺将成为未来广告业发展的热门议题，从而开始在不同维度上倡导更加有效的行业自律与法律规制。

例如，在行业自律层面，微软曾于 2012 年宣布在 IE9 浏览器中支持 DNT（Do Not Track，禁止追踪）协议，该协议旨在向网站所有者告知，用户不希望被追踪，从而防止用户数据被网站滥用。随后，微软在迭代版本 IE10 中将此协议进一步设置为默认启用状态，虽然短短数日后在广告主的强大压力下，微软放弃默认启用的设置，但这一行为本身彰显了对用户作为数据利益相关方地位的尊重。除此之外，DNT 协议也被包括 Mozilla、Opera、Safari、Chrome 等在内的大量互联网产品采用，成为一种行业共同认可的惯例。中国互联网协会则牵头于 2013 年对外发布《网络营销与互联网用户数据保护自律宣言》（简称自律宣言），其中提及 "尊重用户知情权和选择权" "尊重用户上网体验" "维护用户合法权益" 等原则，成为中国互联网行业重要的自律原则之一。但值得注意的是，相关行业自律措施的出台常与突发事件引发的外部舆论压力紧密相关，并非完全的行业自发行为。例如自律宣言的出台源于 "3·15 晚会" 对部分安卓系统手机应用软件及网易等公司跟踪用户 cookie、分析邮件内容行为的曝光。

在法律规制层面，欧盟在全球范围内对数据所有权较为重视，其相关法律法规相较之下也较严格，主要法规包括《数据保护法案》（*Data*

Protection Act)《隐私与电子通信指令》(*Directive on Privacy and Electronic Communications*)等。而于 2018 年 5 月 25 日正式实施的《通用数据保护条例》(*The General Data Protection Regulation*,GDPR)更被视为欧盟历史上最为严格的数据保护法案,这一法案在原有法案的基础上更加强调用户的知情权,规定企业在使用数据前必须进行明确询问并征得同意。与此同时,GDPR 还赋予用户随时撤回"同意"的权利,而企业也必须支持这种撤回诉求,并对已收集的数据进行必要的处理。

但在欧盟以外,绝大多数经济体并未出台严格的保障用户数据所有权的法案。在中国,《刑法修正案(七)》《关于加强网络信息保护的决定》《关于维护互联网安全的决定》《侵权责任法》,以及《电信和互联网用户个人信息保护规定》均表达了"禁止网络服务提供商侵害他人民事权益""严禁截获、篡改、删除他人电子邮件或其他数据资料"等观点。但总体而言,法律条文较为零散,虽然强调了保护用户的合法权益,却并未明确主张数据所有权归属于用户。不过目前情况有所改善,《数据安全法》《个人信息保护法》等法律都已宣布进入立法程序。美国针对数据所有权及用户隐私的立法同样较为缓慢,主要通过联邦贸易委员会的行政手段进行监管。这一情况的出现很大程度上根植于蓬勃发展的互联网行业,广告收入在这些科技巨头中占据着不低的份额,Facebook、推特、谷歌等大型企业的广告收入在总体营收中占比均超过九成。在此情况下,过于强调数据所有权归属于用户将导致数字广告发展严重受阻,进而有可能威胁互联网行业的未来发展。因此在多种力量的角力和平衡之中,各经济体内部的立法进程被迫延宕。

针对数据所有权的归属问题始终存在着两种不同的观点。一种观点认为,数据由用户及其行为产生,事关用户隐私,因此主张用户个体对数据享有优先财产权利,以此对互联网企业的数据使用和交易进行制约。显然,这一权利归属方案有利于约束互联网企业的行为边界,从而避免其在数字经济环境下挤压个体生存空间，导致更严重的社会问题。但另一种观点认为，从收集、识别、存储直至分析，如果没有互联网企业在硬件、研发、人才等环节的持续运作和投入，数据就无法产出应有的价值，因此数据所有权因归属于互联网企业。这种观点还认为，如果数据所有权完全归属于用户，将抑制互联网企业的研发投入动能，严重减慢互联网行业的发展速度。

以欧盟颁布 GDPR 后在全球范围内引发的连锁反应作为分析对象，就能看出在用户个体权益与以广告变现为代表的商业利益激烈冲突的境况下，划定数据所有权归属的敏感性。事实上，这一法案的首要目标是将个人信息的所有权归还到用户个人手中，相较以往法案的最大突破是，在考虑属地管辖因素之外，增加了属人因素。GDPR 规定，无论机构成立地是否位于欧盟，或者是否使用欧盟境内的设备进行传输，只要相关数据涉及欧盟公民，法案都将对相关公司具有约束作用。欧盟是全球最重要的经济体之一，这一法案能够约束全球范围内绝大多数的大型互联网企业。从"属地"到"属人"的转变，能看出欧盟立法机关对个体作为数据所有权归属者的重视。

与此同时，该法案还规定了高额罚款的条款，企业违反相关法案最重将被处以 2000 万欧元或者上一年度全球营收额的 4%（以较高者为准）的罚款，在具体的条文内容上也有大量偏向用户个体的陈述。例如，不能以任何形式默认用户授予数据使用权，用户有权让企业剔除个人数据并通知有合作关系的第三方删除相关数据，用户拥有"数据可携带权"（即可向企业索取数据并将其转移至其他企业）等。由于用户对数据所有权的要求得到满足，数字广告行业面临更为严格的合规要求——GDPR 正式实施当日的凌晨，欧洲程序化广告的需求量锐减 25% 至 40%。除此之外，Instapaper、Verve、Drawbridge 等企业均宣布关闭其在欧洲的相关业务。存储管理软件提供商 Veritas 则在 2017 年 GDPR 报告中披露，在受访的 900 名企业主中仅有 7% 表示企业完全符合 GDPR 的要求，多达 18% 的受访者担心高额罚款导致企业破产。广告技术公司 Grapeshot 首席运营官 Kurt Kratchman 则认为，GDPR 的实施将使英国废弃多达 75% 的营销数据。

由此可见，当数据所有权归属于用户个体的主张获得法律层面的支持时，其对数字广告产业发展的波及较为猛烈，这源于数字广告已与数据形成紧密的勾连关系。当互联网企业的广告化生存态势难以在短期之内借由营收结构多元化实现根本逆转时，在数据所有权层面过于"袒护"用户同样对互联网行业的未来发展不利。部分学者也开始提示其中可能潜藏的风险，例如，北京师范大学法学院教授刘德良在受访时指出"极端个人主义本位可能有碍社会经济的发展"。站在产业发展的十字路口，数字广告行业需要重新寻求商业利益和用户权益之间的平衡。在保护个人数据权利的同时促进数据流通和价值开发，这是探讨数据所有权归属的基本方向。

当前围绕数据所有权问题的主要矛盾集中在两个层面。其一，作为数据存储者及使用者的互联网企业并未有效地保证用户个体隐私数据的安全，数据泄露事件甚至呈现出愈演愈烈的态势。2017 年发生的征信机构 Equifax 数据泄露事件导致 1.454 亿美国人的个人数据被盗，而 2018 年运动品牌 Under Armour 自有 App 被攻击，导致多达 1.5 亿名消费者的用户名、电子邮件地址和密码泄露。其二，在用户早前并未充分认识到个人数据所保有的价值从而表现出集体漠视数据所有权的背景下，互联网企业在获取用户数据并通过技术手段实现商业变现的全链条中，通常既未充分履行向用户告知数据收集模式及退出机制的义务，更未设置与用户进行商业利益再分配等有助于解决现有矛盾的制度，用户在让渡自身数据的同时并未实际享受数据通过广告变现实现商业价值开发的利益，用户在整体过程中缺乏参与感，激化了已存在的矛盾，从而使分歧逐步深化。

环境的变化催促着行业需要尽速找到解决的方案，产业的持续发展不能被类似的权利争夺问题拖后腿。我们可以从以下两个场景分别探讨数据所有

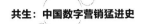

权的归属。

首先，明确那些未经加工的原始数据由用户完全所有，在收集原始数据的过程中，互联网平台和技术公司需要以充分告知、自主选择及退出为前提，尊重用户个体的数据所有权。原始数据由用户及其行为产出，互联网公司并未在其中有过多投入，且原始数据并未经过匿名化处理，因而含有大量隐私信息，因此原始数据的所有权人应是用户个体，互联网公司不应有任意处置的权利。这一观点正受到司法实践层面的支持，自 2018 年年中开始，公安部门与监管部门就开始联手整治大数据行业，多家大数据企业被调查，原有的灰色空间被极大压缩。除此之外，互联网公司获取数据所有权让渡的前提是需要充分履行告知用户个体的义务，向他们提供自主选择数据分享规模和维度的权利，并设置退出机制，以方便用户随时收回所让渡的数据所有权。这一机制基于用户完全享有原始数据的所有权。

其次，充分加工且匿名化的数据集，由互联网公司享受一定程度的所有权，并与用户探讨适当分配商业利益的制度。互联网公司在对原始数据充分加工并实现匿名化的进程中进行了技术和人力资源的投入，且已在技术层面切断了数据与用户个体的联结，使得由数据追溯用户个体难以完成。在此基础上，互联网公司对数据具有一定程度的所有权，但仍然需要在使用数据的过程中向用户及时沟通使用目的，并向他们分配部分商业利益。从 2019 年开始，不少国民级应用开始纷纷推出自己的网赚版本。虽然这背后更多是出于增加下沉市场粉丝规模的考量，但背后也显示出企业向用户分配利益的趋势。当用户个体产出的大量原始数据经由互联网公司的清洗、加工与开发形成商业利益时，由互联网公司向用户进行价值层面的适量让渡，将在一定程度上平衡用户与互联网公司间不均衡的关系，从而使得以精准为代表的数字广告产业在获得用户谅解与支持的情况下更加可持续。

当数据成为互联网生态环境下广告变现体系的重要生产要素时，如何厘清数据、用户和互联网企业之间的关系就成为数字广告产业能否向前发展的重要一环。Facebook 剑桥分析丑闻等不少互联网平台广告变现体系频频遭遇舆论压力,从深层来说均是数据所有权归属不清所致。因此,在明晰数据所有权归属时,既要避免完全忽视用户的合法权益导致围绕数据所有权的争夺愈加激烈,也要避免过于刻板地强调用户对数据所有权的完全掌握从而使互联网产业的发展受限。要解决这一问题,不仅需要不同利益主体之间合理部署机制,更需要各方放眼长远,做出适当的妥协与让步。

数字营销,前路漫漫

用户开始索要数据所有权,全球行政力量也开始就势掀起立法浪潮,这当然不是数字营销眼下面临的全部问题,但这些问题却是其中最值得警觉的、也是最有可能动摇产业根基的问题。数据是数字营销的"石油",而缺乏这一能源在极端情况下最终可能导致整个系统灰飞烟灭。在某种程度上,我们也必须承认这是整个数字营销行业的责任,甚至可以说数字营销行业是造成问题的"罪魁祸首"。

长久以来,整个行业将绝大部分时间和精力花在了与广告主和业内人士的沟通上,这类沟通从短期来看最具价值,它们能够带来更多的广告投放经费及技术的快速精进。但在重视这部分传播过程的同时,整个行业也陷入了"内卷化"的困境之中。过度复杂和新奇的概念虽然显示出整个行业在思想上的蓬勃发展,但是也成为横亘在受众与数字营销行业面前的一堵墙。数字营销行业缺乏与受众沟通的动力,而受众也难以理解数字营销行业的运作逻辑,双方的误解越来越深。数字营销行业以为精准的广告能够帮助用户解决生活难题,但事实却是不少用户因为收到了太过精准但又了无新意的广告而产生了被一个呆板"老大哥"监控的恐惧。当不少用户开始怀疑互联网平台和技术公司通过各种方式非法监控自己的数字生活时，数字营销行业只会在问题发生甚至发酵后才解释称，所谓精准的广告是基于群体分析和投放的结果，并不涉及对用户个体信息毫无节制的发掘。但无论如何，这种缺乏互信的环境使得消费者越发反抗，当数字营销行业肉眼可见地衍生出巨大商业价值时，受众自然也会因为"拿我的隐私数据赚钱"的愤怒而变得情绪化。在与广告主和同行建立连接关系之外，如何将消费者视为产业中的重要参与者并与他们建立连接，这是关乎行业发展远景的课题。

除了数据所有权，数字营销行业还要回答更多的问题，例如，未来广告产业发展中的"人—机"关系到底走向何方。在程序化投放在数字营销领域非常成熟后，技术又开始将视角转向创意环节，越来越多的程序化创意乃至动态创意优化技术出现。吉姆戈尔登在谈到广告行业时曾表示："我们这个事业所拥有的就是创造力和创意，一旦有人侵害到这一点，就会动摇我们事业的根基，使我们的事业走向死亡。"创意一度因为其高度非标准化和不确定性被认为是技术难以颠覆的堡垒，但现在这样的认知开始松动，我们或许也应该杞人忧天地思考这个问题：如何保证技术为我所用，而非从业者被技术束缚，成为支撑整个系统高速运转的附庸？尤其是在当下略显技术崇拜的氛围中，探讨这个问题显得更为必要。传播学学者波兹曼曾提道："每一种技术既是包袱又是恩赐，不是非此即彼的结果，而是利弊同在的产物。"他也用"独眼龙似的先知"这样的隐喻告诫人们，不要对技术持有过度乐观又过度悲观的单向思维。当我们肯定技术在提升效率、丰富体验等方面的优势时，也需要警醒它的问题，例如，当整个产业在追逐客观、效率、标准化和进步时是不是忽视了"人—机"之间的关系。

抛除这些偏宏大的叙事议题，其实行业本身还有很多近在咫尺的问题需要解决，如品牌安全、数据造假及算法黑箱等。这些问题的产生源于新技术，并且它们之间也有着非常复杂的勾连关系。以品牌安全为例，这一问题产生的根源来自投放思维的不同。在传统媒体时代，广告主的媒介购买更多仰赖于对注意力资源整体规模和质量的粗估，最终的表现形式是购买点位，而这一模式决定了企业对广告出现的时间、地点和上下文语境有着较强的把握。但是以 RTB 为代表的程序化购买颠覆了这一思维，企业开始从购买媒体变为购买受众，从对注意力资源整体规模和质量的粗估变为以用户为颗粒度的精细化运营，机器、算法和技术开始接替人决定广告该投放在哪里。媒介购买人员权利的削减使得企业对广告投放渠道的掌控力下降，因而广告出现在那些极端主义视频前就无法完全规避了。另外，由于技术本身有着较高的理解门槛，因此算法黑箱的问题尤为突出，在某种程度上它还造成了技术人员对数字营销行业的"知识垄断"。不少不便阐明的问题或是明知的隐私侵犯被包裹到了一套"算法黑箱"的说辞当中——在某种程度上，数据造假就是黑箱的产物，它利用人们对技术既无知又崇拜的认知获取利益，并最终成为整个行业需要费力才能诊治的顽疾。在行业中，一些平台利用人们对算法的"无知"进行过度包装、虚张声势，类似的问题成为埋藏在行业深处的"未爆弹"。"皇帝的新衣"如果被大家广泛认可，必然需要皇帝真正穿着新衣这一事实，否则谎言最终会在未来的某个时刻被戳破。对于数字营销行业而言同样如此，"算法黑箱"的问题理应解决，互联网平台需要基于所有参与者的整体利益让整个生态变得更透明、更易于理解。

但值得我们庆幸的是，至少目前，关于整个数字营销行业的发展更多的还是好的消息，广告主开始将更多的投放经费挪动到这个市场，更多的互联网平台加快了商业化步伐并且推出了更多元化的产品和工具。这些产品和工具瞄准广告主的通用需求，有的锚定汽车、房产等垂直广告门类，有的开始将触角向选品、运营等前后端环节延伸，它们最终的结果都是让广告营销变得比以往任何时候都重要。更多的广告技术公司、数据服务公司等中小企业开始崛起，共同构成了一个充满活力的 AdTech 和 MarTech 生态，并且向外界传达出广告不仅没有死，它反而将在未来变得更为重要的信息。

"这是一个最好的时代，也是一个最坏的时代。"狄更斯在《双城记》中写下的这句话被不同领域的人们反复使用。在某种程度上，它也反映出广告营销行业在数字时代下的生存现状——既面临着有史以来最大的挑战，但同时迎接它的是扑面而来的巨大机遇。我们最后决定用"破局"这个词作为这本书的收尾，这是 Morketing Summit（全球营销商业峰会）2019 年的大会主题，其中的"局"指的是"事情的形势和情况"，它反映出的现实是，任何事物要想持续存活，就需要对外界环境保持敏锐，并根据"局"的发展做出相应调整。达尔文的"物竞天择，适者生存"不是说说这么简单。广告营销行业面临着"局"的调整，而且调整幅度是空前激烈的，其中既有传统行业从业者的身影，也有新兴进入者的野心。

一个新的游戏规则正在建立，各怀其心的玩家需要使出浑身解数冲出重围、奠定优势，而破局能力就是其中必不可少的内容。

所以，我们最后用这句话收尾：数字营销，前路漫漫；有破有立，突破棋局。故事结束了，但只是暂时结束了。

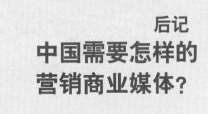

后记
中国需要怎样的
营销商业媒体？

现在回想起来，我的创业是个十足的意外。

我大学毕业后成为一名"北漂"，当时想着只要能在北京找到一份工作落脚就已足够。我是一名新闻专业的学生，不太可能回到江西老家，因为那里没有太多对口的机会。我在当年报考大学的时候，就希望自己能跑得更远，内心只有一种声音："我要在北京生存下来。"

我找工作时广发简历，最后一家广告类媒体回信希望录用我。我此前对这个行业不甚了解，就这样阴差阳错地进入到这个未来充满勃勃生机的赛道。

在这家传统纸媒，我的经营天赋被倒逼出来，现在回想，很感恩当时杂志社的工作经历。当时我所在的杂志社，媒体采编团队和经营团队并没有完全分开，记者也需要背负经营任务。对其他人来讲，这可能是一种压力；但对我而言，它是一种能够带来自我成就感的工作。商业在某些时候并没有那么难，它考察的是人心。当你和采访对象之间建立了信任时，随后的合作也就自然而然地达成了。

让我印象深刻的是，我们当初正处"传统媒体为王"的时代。依靠占有各种头部传统媒体广告资源，地方代理公司赚得盆满钵满。有一期内容，我们的观察视角聚焦在这部分地方代理公司身上，我需要联系他们外出采访。

我翻着电话黄页找到联系电话拨过去，虽然对方此前并不了解我们是个什么样的媒体，但通过介绍最终欣然应允。我坐飞机过去，采访、修改、成稿，最终的文章颇受认可，就这样也顺带完成了合作。

做营销商业媒体，难吗？不难。它考验的是你和企业、读者之间建立的信任关系。一旦信任关系建立起来，几乎所有事情都可以水到渠成，并不需要过于刻意。

随后，因为一些意外，我离开了这家纸媒。而后，我经营了两年的女装店铺，在此过程中，我卖过爆品，做过团购。在当年盛行美丽说、蘑菇街的年代，我打造过 10 多个达人账号，每个账号都有 10 多万名粉丝。我一边给其他商家提供推广业务（本质就是 2020 年重新兴起的达人种草），另一边植入、推广我自己的线上女装单品。因此，我掌握了站外引流的技巧。在做了一到两年，到达一定体量后，我希望能规模化经营。让我记忆深刻的是，我那时候光买各种拍摄设备、搭自己的小摄影棚就砸了 15 万元以上，而这个数额对于那个体量的生意而言其实是很有压力的。另外，独立定制专版单一 SKU 女装，有的款畅销，有的款滞销，那时也并没有所谓的售后发货的模式。然后，随着不断积存的库存压力，我明显感觉到自己的生意操盘和营销系统知识完全不够……

恰巧，因一个移动广告公司的市场 PR 机会，我重新回到了广告营销行业，期待重新去系统化地了解营销知识。而在移动广告公司就职的那一年，我深刻感受到，一股移动化的潮流正在涌动，正等待着引爆的时机。

人类历史清晰地告诉我们，技术变革带来大破大立，而大破大立往往意味着旧结构的坍塌和新秩序的重塑。当移动设备和其背后的大数据及相关技术持续冲击着传统的广告营销行业时，这也就代表着一个新范式即将到来，必然会给新广告营销媒体的诞生提供肥沃的土壤。

在我脑海中，Mobile 和 Marketing 两个单词就这样不断缠绕在一起，它们最终碰撞出了 Morketing 这个生造的词语。在这个灵感的激发下，我宅在狭窄的出租屋里打开笔记本电脑做出了 Morketing 的第一个构想 PPT。虽然条件简陋、制作粗糙，但其中迸发出的思维火花还是让我兴奋。我把 PPT 截图发到朋友圈，几乎同时，我的前老板舒义给我发来微信，他花了很长时间提供创业建议和表达投资意愿，他的举动让我坚定了做 Morketing 的意志。

在这个方向上创业，肯定是一件对的事情，我这样想。所以，就这样在趋势预判和灵感迸发的基础上，我踏上了漫长的创业征程。

做营销商业媒体，难吗？不难。在这个创新思维、理念和模式不断涌现的朝阳产业中，它考验的是你的趋势预判能力和及时跟进能力。一旦判断正确跟上了历史大势，就像是坐上了一辆高速行驶的列车，等待驶往远方。

再往后，我开始招募人才和组建自己的团队，并在一栋居民楼里终于有了自己的第一个办公场所。从这个时候开始，我们转型成为小规模的内容创作团队，我们有了更多的能量在行业议题上发声。

譬如我们最早关注 DSP 创业浪潮，并且进行连载分享。当时大多数垂直媒体还在关注各种案例、创意和 4A 公司人事异动，并没有察觉到技术即将带来的巨大影响。那时，我们连续发布了七八篇系列文章，引发了较多的行业关注，也获得了最初一波来自行业资深人士的关注和认可。

2016 年，当积累了一定的行业资源时，我开始有了办一场行业峰会的意愿。

一切都像是偶然。早早预定的会场临到举办日期因为其他原因被酒店毁约，看起来这场峰会即将拥有一个不太美好的结局。但在和酒店的法国主管唇枪舌剑、据理力争后，她决定帮我们订下相邻酒店一个更大的会场作为替代，这意味着参会人数需要翻三四倍才能填满整个场地，而原本对于第一届 Morketing Summit 的规划需要推倒重来。

事情来了，怎么办？其实创业这些年，依旧只有一个答案：干。

最终，这场包含两个主会场和多个分会场的峰会仅凭我们这个蜗居在居民楼中的十人团队做下来了，而这个在行业中规模较大的峰会可以说帮助新生的 Morketing 打响了声量。紧接着的第二年，我们的客户和订单额就呈倍数增加，Morketing 成为营销垂直平台中不可忽视的头部参与者。

做营销商业内容，难吗？不难。你需要一些像场地订单被毁约这类说不清是好运还是厄运的运气，当然，更重要的是，需要具备在面对机遇或困难时始终勇敢向前的执行力。

随后的故事可能大多数人都知道了，我们搬进了更宽阔的办公场地，落地窗外可以俯瞰北京最繁华的 CBD 地区。我们稳定维持着三四十名员工的团队规模，经营着包括 Morketing Research、Morketing Global、新消费 Daily、游戏魔客等在内的多个内容 IP，这是我们的 IP 矩阵。它们就像是 Morketing 伸向消费、游戏、出海等领域的触角，联同每年由 Morketing 主办的数十场活动，代表 Morketing 持续输出对这个伟大行业的实时洞察。为什么这么做？我个人有个很独特的观点，营销就像横切商业的整个大版图，而当营销到了深水区后，我们需要纵深发展，也即深入产业的能力，所以新消费 Daily、游戏魔客等就对应了我们的纵深布局。

但这个时候，如果你再问我做营销商业媒体，难吗？我的回答是，难。

看起来，即便狂飙突进了十余年，新范式下的广告营销行业丝毫没有驻足停留的意思。从 DMP 到 CDP、从 CPC 到 oCPC、从 RTB 到各种类型的 PMP、从大数据到隐私安全，广告营销行业目力所及的每个层面都在持续发生着各种变化。置身这个行业之中，我们面临着稍有松懈就跟不上行业进展的压力。

如果站在比广告营销行业更宏观的视角上，我们还能够看到更多变化。譬如 2020 年爆发的疫情，不可逆地加速了几乎所有企业的数字化进程，这一点从我和首都经济贸易大学广告系学者王水合作撰写的这本书中也有所体现。

在这个过程中，广告营销成为不少企业加速实现数字化升级的抓手，它们开始热衷于通过直播带货，更偏向于投放可监测投放效果的数字广告，也开始通过 CDP 和各类数据平台深度管理数据和用户资产。可以说，每一个部分都和广告营销相关，广告营销不再只是纯花钱的成本部门，而是能够带来实实在在效益的效率部门。有了这种身份的转换，我们可以预期广告营销行业的重要性还将在可见的未来持续提升。

正是因为这一进程，我认为成就一个好的营销商业媒体服务平台正变成一件日渐艰难的事情。你需要时刻保持对新理论、新理念、新产品、新技术的高度敏感，否则就有从内行变外行的风险。同时，由于广告营销行业和企业的战略、策略、其他业务部门的勾连日渐加深，因此也有更多头部的商业、财经或科技媒体开始将注意力聚焦广告营销领域，即便此前它们对这个领域的知识并不熟稔。即便成为数字广告营销行业的头部媒体，我们也没办法松懈，因为一场新的长跑即将鸣响号角。

但这些于我而言还不是最重要的，胜败只是暂时的。如果从长远角度去看，Morketing 无论再怎么成功，也不太可能摆脱企业生命周期的规律。但眼下面对一个崭新而狂放的广告营销生态，我更希望思考这样一个命题：中国到底需要一个怎样的营销商业媒体？

十年前，全球三大广告中心是纽约、伦敦和东京。但现在，如果我们重新审视广告行业，美国和中国无疑在大洋两岸构成了新的双极市场。甚至，由于互联网产业的快速发展，中国的数字广告营销业表现出了很多引领性的特征。但与大国广告、大国营销、大国品牌极不匹配的是，我们似乎缺少与该定位相称的营销商业媒体，这导致了一些亟待解决的问题。譬如广告营销行业与受众之间存在着大量的误解。广告营销行业开始生造大量看似高级的词语，但却错误地认为所谓"精准"必定契合用户的需求，而受众也将广告营销行业强行钉在了"耻辱柱"上。或许这种说法有些过于极端，但人们对广告营销行业的负面评价却是不争的事实，并且这一问题丝毫没有被扭转的迹象。

想到这里，我觉得 Morketing 的前路仍然任重而道远。关于中国需要什么样的营销商业媒体，我很难给出圆满的答案。但我相信，它会潜藏在我们的每个选题、每次对话和每个作品中，并随着时间的积淀日渐清晰。

在新的环境下，Morketing 没有停止自己的脚步。就在我落笔的今天，Morketing 的上海办公室正式起用，我们拥有了北京以外的第二个据点，在这里，我们将关注更多新消费品牌和传统广告营销业的最新进展。

就像我们在书中提到的安迪·沃霍尔德的那句话——"在明天，每个人都能成名 15 分钟"。无疑，这句话描述了新媒体时代的特征，每个人都迫切地希望用新的流行事物去替代旧的流行事物。但我希望 Morketing 在日新月异的广告营销行业中，能够不仅仅为这个伟大的行业发声 15 分钟，而是发声 15 年、150 年……与整个行业的脉搏共振、荣辱共鸣。

最后，我还要特别感谢 Morketing Research 事业部的两个同学孙鹏和清水洋平为本书的数据及制表提供的支持。

曾巧

Morketing 创始人

图书在版编目（CIP）数据

共生：中国数字营销猛进史 / 曾巧，王水著. —北京：电子工业出版社，2021.11
ISBN 978-7-121-34432-9

Ⅰ．①共… Ⅱ．①曾… ②王… Ⅲ．①网络营销－研究－中国 Ⅳ．①F724.6

中国版本图书馆 CIP 数据核字（2021）第 210163 号

责任编辑：黄 菲 文字编辑：刘 甜
印　　刷：天津嘉恒印务有限公司
装　　订：天津嘉恒印务有限公司
出版发行：电子工业出版社
　　　　　北京市海淀区万寿路 173 信箱　　邮编：100036
开　　本：720×1 000　1/16　印张：20.25　字数：320 千字
版　　次：2021 年 11 月第 1 版
印　　次：2021 年 11 月第 1 次印刷
定　　价：98.00 元

凡所购买电子工业出版社图书有缺损问题，请向购买书店调换。若书店售
缺，请与本社发行部联系，联系及邮购电话：（010）88254888，88258888。
质量投诉请发邮件至 zlts@phei.com.cn，盗版侵权举报请发邮件至 dbqq@phei.com.cn。
本书咨询联系方式：1024004410（QQ）。

中国数字营销进史（1996-2021）

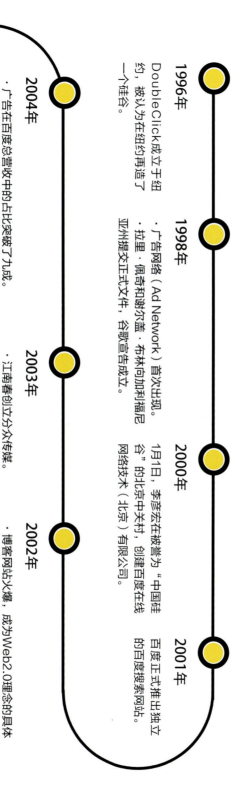

1996年

DoubleClick成立于纽约，被认为在纽约再造了一个硅谷。

1998年

· 广告网络（Ad Network）首次出现。
· 拉里·佩奇和谢尔盖·布林向加利福尼亚州提交正式文件，谷歌宣告成立。

2000年

1月1日，李彦宏在被誉为"中国硅谷"的北京中关村，创建百度在线网络技术（北京）有限公司。

2001年

百度正式推出独立的百度搜索网站。

2002年

· 博客网站火爆，成为Web2.0理念的具体体现。
· 百度的广告收入猛增，短短一年时间广告收入就翻了20倍，总额达到429.2万元。

2003年

· 江南春创立分众传媒。
· 淘宝网诞生，并推出了支付宝服务。

2004年

· 广告在百度总营收中的占比突破了九成。
· 淘宝正式成立。
· 好耶推出Smart Trade，其是中国最早的一批广告联盟。

2014年

· 中国进入4G时代。
· 百度广告营收的增幅出现了回落态势。
· 蓝色光标在国内外发起了数十次投资并购。

2014年3月30日

聚焦"移动营销"的专业商业媒体Morketing创办。

2014年4月

数据所有权问题进入大众视野。

2014年5月

美图正式推出美拍。

2015年1月底

微信朋友圈推出第一支商业广告。

2015年

百度广告的同比增幅首度下降到32%左右。

2014年9月

Apple Watch推出3D触控技术，增加了交互的想象空间。

2014年7月

秒拍App正式发布。

2015年6月

蓝色光标完成对Domob Limited和亿动的收购。

2015年10月

马云提出，未来计算能力将成为一种生产能力。

2016年

· 百度放缓了商业化变现的步伐。
· 淘宝开启了内容化战略。
· 萃弈正式挂牌上市。

2016年1月

董本洪担任阿里巴巴首席市场官，并提出"全域营销"的方法论。

2017年1月

1月9日，微信小程序正式上线。

2016年9月

抖音上线。

2016年下半年

欧莱雅尝试网络直播业务，李佳琦成为被公司选中的幸运儿。

2016年4月

智能手机的大规模普及，让我们与虚拟世界间的距离更近。

2017年5月至6月

· 5月，抖音的日活跃用户突破百万人。
· 6月，抖音的首支视频广告正式问世。
抖音海外版TikTok正式上线。

2017年8月

李彦宏提出"世界正在从Copy to China变成Copy from China"。

2017年11月

百度推出新的Slogan"有事搜一搜，没事看一看"。

2018年

"手机百度"更名为"百度"。

2018年9月30日

腾讯正式对外宣布组织架构调整方案。

2018年8月31日

信息流成为新版手淘的"主角"。

2018年7月

微信朋友圈广告投放次数从每天一次增加至每天两次。

2018年上半年

蓝色光标的名称从"北京蓝色光标品牌管理顾问股份有限公司"变更为"北京蓝色光标数据科技股份有限公司"。
· 蓝色光标的数据科技业务占到九成。

2018年12月

中国网民规模达到8.29亿人。

2018年（第四季度）

· iPhone的市场份额达到18.2%，远远超出了乔布斯在iPhone诞生之初的预期。
· 百度活跃广告主同比增长15%（至52.9万人），

2019年春晚

百度斥资4亿元投标拿下了春晚红包的合作资格。
· 百度系App在春节期间长时间"霸榜"。

博客中国页面右侧出现了一则LG的广告，标志着博客行业正式开始商业化进程。

《连线》杂志主编克里斯·安德森首次提出长尾（Long Tail）理论。

· 美国Right Media建立全球第一个广告交易平台。
· 日本电通提出了AISAS模型。
· 张一鸣以技术合伙人的身份加入团队，负责解决饭否网和海外网两家平台的搜索技术问题。

2007年

百度完成了从以技术服务费主导到倚重广告收入的转型。

2006年至2007年

中国移动旗下移动梦网的注册用户超过1亿人。

2006年3月

· 推特推出。
· 分众传媒以3000万美元收购北京凯威点告网络技术有限公司。
· 凯威点告积累了近7000万名WAP用户。

2006年1月

马良骏创办亿动广告传媒。

2007年1月

苹果公司推出iPhone，此后手机产业大规模从功能机向智能机迁移。

2007年4月

· 谷歌以31亿美元收购DoubleClick。
· 阿里妈妈的雏形出现。
· 阿里妈妈面向的是全网，模式类似于广告联盟，其发布的第一个广告产品是淘宝直通车。

2008年

· iPhone占当年手机市场份额的1.1%。
· 雅虎前副总裁安德雷·布罗德明确提出"计算广告学"。

2008年9月

淘宝仅依靠广告收入就已经实现了当月的收支平衡。

2008年，奥运会前

CMMB移动终端在全国各大主要城市快速铺开，大规模的CMMB实验开始。

2008年3月

· 中国的网民规模和手机网民规模分别仅有2.98亿人和1.18亿人，手机网民占比只有39.6%。
· 以移动营销业务为主的分众无线因垃圾短信问题受到很大冲击。

2009年

· 饭否网被封停，张一鸣决定重新创业，他瞄准了正步入上升通道的房地产行业。
· 萃弈成立，专注于为广告买家提供程序化广告服务。
· 张勇将11月11日确定为网上购物节。
· "钻石展位"成为阿里妈妈的第二个明星级广告产品。

2009年1月

"淘宝客"的产品线在紧锣密鼓地推进。

2011年3月

"GIF快手"正式诞生。

2010年3月

谷歌宣布退出中国市场。

2009年11月

· CNNIC的数据显示，中国的网络购物用户刚刚破亿。
· 第一届"双11"购物节，单日成交金额仅有5000万元。

2009年8月

内测版微博迎来巅峰期，聚集了大量的活跃用户。

2011年9月

· "原生广告"（Native Ads）被提出。
· 名为TANX的RTB（Real Time Bidding，实时竞价广告）平台上线。

2012年9月

李彦宏提出"C2C"（Copy to China）。

2013年

中国正式进入3G时代。

2013年12月

2013年9月

2013年4月

2019年6月

· 百度以90.9%的品牌渗透率遥遥领先。
· "老师好我叫何同学"上传了一则短视频，测试5G到底能带来多快的网速，人们通过这个视频认识到了5G的强大。

2019年5月

· 腾讯广告首次在腾讯智慧营销峰会上亮相。
· 百度高级副总裁、搜索公司总裁向海龙宣布辞职。

2019年4月

· 埃森哲收购Droga5。
· 阿里妈妈推出名为"超级推荐"的新产品线。

2019年8月

字节跳动首次宣布进入搜索引擎领域。

2019年11月11日

· "双11"购物狂欢节走过第11个年头，最终的日交易额尘埃落定，2684亿元。
· 我国网络购物用户已达6.39亿人。

2019年12月

在典型平台观看直播的去重活跃用户已达5.8亿人。

2020年2月

字节跳动推出名为"头条搜索"的独立App。

2021年

《共生：中国数字营销猛进史》出版，暂时结束。

2020年9月

字节跳动各业务账号搜索权限打通，开始向搜索场景发起猛攻，巨量引擎所有竞价账号均可投放搜索广告。

2020年4月

· 董明珠在快手、京东和淘宝等平台带货直播。
· 爱库存平台通过人际网络总共售出了超2.5亿件商品。